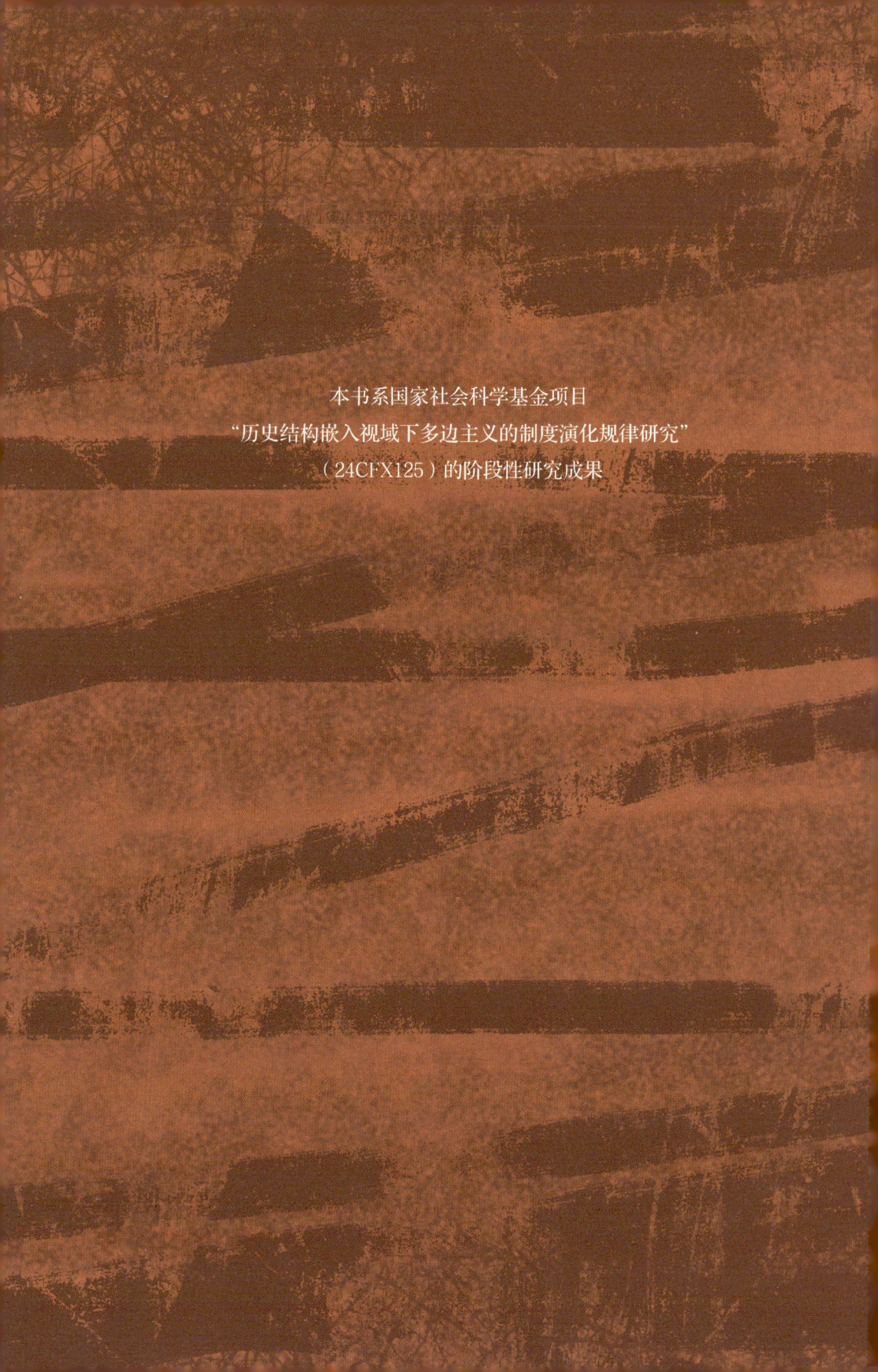

本书系国家社会科学基金项目
"历史结构嵌入视域下多边主义的制度演化规律研究"
（24CFX125）的阶段性研究成果

李将 —— 著

国际法上的个人责任

INDIVIDUAL RESPONSIBILITY IN
INTERNATIONAL LAW

历 | 史 | 与 | 法 | 理

HISTORY
AND

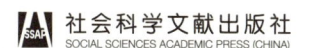

社会科学文献出版社
SOCIAL SCIENCES ACADEMIC PRESS (CHINA)

JURISPRUDENCE

序

非常高兴得知李将博士所著《国际法上的个人责任：历史与法理》将在社会科学文献出版社出版。该书是李将在其博士论文基础上进行必要修改和调整而来，是李将博士从国际法基础理论层面解读个人与国际法律责任关系的一个有益的尝试。我是李将的博士后合作导师，见证了他在博士后研究期间继续从事相关研究，并获得一定的后续研究成果的历程。在书稿提交给出版社之际，李将博士发信邀请我作序，我欣然应允。国际法上的个人责任与我的研究领域国际人权法紧密相关，从《世界人权宣言》、《防止及惩治灭绝种族罪公约》到《经济、社会及文化权利国际公约》、《公民权利和政治权利国际公约》、《消除对妇女一切形式歧视公约》、《禁止酷刑公约》，再到更晚近的《儿童权利公约》、《残疾人权利国际公约》等一系列的国际人权文书，可见现代国际法经历着人本化的转向过程，对和平、战争时期个人的权利保护成为国际法研究的重要方面。从另一个侧面看，国际法对个人权利进行保护的同时带来个人在国际法上承担法律责任的学理探讨和理论发展，李将博士的著作正是从责任角度来认识个人与国际法的相互意义。

在实在法层面，国际法上的个人责任起源于第二次世界大战后的两次国际审判。这两次世纪审判开创性地追究个人因犯有特定国际罪行所应承担的法律责任，这成为现代国际刑事司法的源头，李将博士在书中详细阐述了国际检察官、法官对于个人承担国际责任的观点和论述。整体上看，个人责任原则绕开了自由战争权、国家行为理论、国家代理人、官方身份、服从命令等责任层面的法理限制，塑造了具有时空延展性的话语、价值和规范形态，这种历史与现实的互动逻辑和时空传递值得探求。同时，围绕国际法上个人责任进行的国际造法，国际或国内执行活动面临的价值冲突、义务碰撞，司法目的的妥当平衡，单边管辖引发的法律攻防等挑战，使得对国际法上个人责任的法理和历史研究具有理论必要性和现实意义。

该书从个人责任的历史渊源谈起。国际责任的集体性是原始法律秩序或前自由社会的典型责任形态。责任集体性源自身份混同与威慑假定，意味着个人在行为及其后果评价中的个性被集体行为所覆盖或替代，这主要表现为相对措施、报复和赔偿。集体责任存在诱发危害循环、回避真实责任归属、忽视规范功能发挥等弊端。在总结这些缺陷之后，李将博士指出，降低集体性色彩、摆脱身份捆绑、突出规范要件的责任客观化实践开始萌生。在此背景下，以双边关系为架构、财产损害为要件、赔偿为主要内容的国家责任制度垄断着国际法的法律制裁体系。万民法及近代自然法蕴藏着个人因违反普遍规则而承担法律责任的理论与实践，实证法层面的探讨（如书中所论的"麦克劳德原则"）使国际法渐趋屏蔽个人的主体地位和责任角色。本书揭示了个人责任原则产生的法理背景，并论证了国家责任与个人责任制度渊源的统一性和历史延续性。

该书对个人责任原则得以产生和发展的基本理论做了详细论证。李将博士在书中通过梳理、分析和论证得出以下结论，即个人责任通过司法介入所具备的框定、记录和区分功能促进国际责任去集体化过程，实体责任说、抽象实体说、个人义务说、法律规定说等提供了其衍生的理论正当性说明。个人责任源于对传统国际责任集体性的悖反，通过修正责任形态回应了国际法演进带来的国际义务差异化及其诱发的法律制裁区别化。不过，李将博士也注意到，个人责任原则所秉持的法律主义立场在其巩固时被推向极致，个人责任原则的概念由道德、规范的维度扩展到功利、理性与秩序的维度，多元目标被累积性地纳入绝对正义的系统内。伴随理论移植和体系构建，这导致了针对个人责任原则内在价值的合理性质疑，现代国际刑事司法所构筑的正义系统内的多重价值面临理论充足性的检讨，相互间也存在抵牾。

该书对第二次世界大战后特别是冷战结束以来个人责任原则的实践状况进行了分析。李将博士认为，个人责任的执行体系与规范体系存在发展错位，这引发了实用政治介入、单边管辖、豁免例外、义务冲突、机制独立性与灵活性平衡等法理争议。一方面，书中分析了以国际法庭为中心的国际合作式执行机制规范逻辑和潜藏的权力冲突，总结了特设法庭对刑事责任理论的创新发展；另一方面，该书关注依托国内法律体系和司法制度执行个人责任的国家执行机制，尤其是纳入攻防和比较视角下个人责任的国内执行所呈现的规律性和政策考量。鉴于个人责任创发阶段的合作导向、普遍且临时执行特征，加之国际法平行结构对国际刑事执行产生的影响，国际执行机制受到持续推崇但面临制度保守性带来的阻力，这使得让渡主权以规定、解释和执行个人责任的国际机制中不得不纳入审慎、多元和权力平衡的基本立场。另外，个人责任原则的国家执行机制是当前国际法实践中常有的实践，也因为如此，跨国刑事司法领域的法律能力建设成为重要的研究议题，这包括被禁止行为的国内立法，确立司法管辖、起诉、惩罚的权力，关于引渡、司法协助或国际合作的实体和程序规则，取消官方身份、遵守上级命令等豁免抗辩，以及受害人权利保障等。

该书也提出了推进个人责任原则学术研究的主要领域和议题。例如，联合国国际法委员会在"编纂和逐渐发展"职能下正在从事与个人责任原则相关的实体或执行规则的造法活动，如外国官员刑事管辖豁免专题、"强行法"专题、防止和惩治反人类罪专题、习惯国际法认定专题等，这些专题都值得从个人责任原则视角进行深入追踪和研究。另外，应当特别注意到统筹推进国内法治和涉外法治视角下对个人责任原则的研究，这包括但不限于以下内容。第一，探索符合我国法律体系的妥当的管辖制度，明确相关国内立法的域外适用效力问题，提升反映全人类共同价值的相关原则、规则在我国法律体系中的有效融贯与执行。第二，研究执行个人责任原则的立法与解释问题，在国别考察基础上就确立个人责任原则相关的司法管辖、规则适用和执行机制等问题进行归纳总结，考虑对等原则、制裁与反制、例外适用和国际制度选出机制等内容在我国法律体系中的体现方式，提升应对跨国刑事司法挑战的法律能力。第三，挖掘和总结我国针对国际罪行进行审判的历史资料、实践经验和法律资源，推进国际刑事司法领域中国自主知识体系的建构。

中国社会科学院国际法研究所副所长、研究员

柳华文

于瑞士日内瓦

目 录

摘　要 ·· 001

导　言

一　本书的研究背景 ·· 002
二　本书的基本思路 ·· 004
三　本书的创新点 ··· 006
四　本书所指向的国际法基础理论问题 ························ 008

第一章　个人责任的历史渊源及其实证转向

一　国际责任去个人化的历史原貌 ······························ 014
二　早期战争法中的个人责任 ···································· 019
三　追究个人国际责任的初步尝试 ······························ 023
四　传统国际责任去个人化的制度架构 ······················· 034

第二章　传统国际责任模式及其客观化

一　责任模式转型与"区分问题" ······························ 039

二 集体制裁的逻辑及弊端 ………………………………………… 043
三 传统国际责任及其客观化转型 ………………………………… 051

第三章 个人责任原则确立的司法法理

一 追究个人责任的学理讨论 ……………………………………… 058
二 纽伦堡审判与个人责任 ………………………………………… 062
三 东京审判与个人责任 …………………………………………… 067
四 作为法律原则的个人责任 ……………………………………… 074

第四章 个人责任原则的理论架构

一 复合维度之下的个人责任 ……………………………………… 077
二 正义面向：实现刑事功能 ……………………………………… 081
三 法治面向：增强制裁效力 ……………………………………… 083
四 秩序面向：构建和平与民族和解 ……………………………… 094

第五章 个人责任与国际法的效力

一 防止个人援用豁免规避责任 …………………………………… 106
二 上级承担促进规则遵守的义务 ………………………………… 112
三 下级人员作为理性个体面对追责 ……………………………… 118
四 确保共同犯罪的参与者承担应有责任 ………………………… 122

第六章 个人责任包含的法理争议

一 主权与个人责任的内在张力 …………………………………… 134

二　个人责任的实证效果 …………………………………………… 142
三　司法追责与和平价值 …………………………………………… 151

第七章　个人责任的执行机制

一　国际法的结构性及其构成 ……………………………………… 159
二　个人责任的执行机制 …………………………………………… 162
三　国际执行机制与个人豁免 ……………………………………… 172
四　个人责任的政治化及选择性司法 ……………………………… 179

结　语 …………………………………………………………………… 188

参考文献 ………………………………………………………………… 192

缩略词表 ………………………………………………………………… 198

摘 要

相对于国家责任，国际法上的个人责任（后或称"个人责任"）① 是国际责任（international responsibility）领域相对新颖却又充斥争议的概念。纽伦堡审判和远东国际军事法庭的审判（以下简称"东京审判"）创造性地追究个人因计划、参与、实施违反国际法的侵略罪、反人类罪以及战争罪的法律责任，这是两次世纪审判留给人类的法律遗产。对于战后国际法的飞跃发展，质疑的声音从未平息，以追究个人责任为目的的司法实践被冠以胜者正义、强权政治、复仇、民族耻辱等名义，甚至，这些质疑被援引为否认和美化历史的工具。联合国国际刑事法庭的设立再次使国际刑事司法复归兴盛。追究个人责任的国际法实践搅动着国际关系的敏感神经，管辖、豁免、制度性合作、义务冲突等使国际刑事司法卷入了政治选择和法律解释的纷争旋涡中，绝对主权观、内部事务、司法政治化、选择性司法以及安理会的介入等又使个人责任原则坠入政治旋涡。

从历史来看，个人责任是人类探索、反思的精神以及思维创造性在国际法层面的产物，它反映着人类对国际秩序更为深入和全面的理解。从现实来看，个人责任已经构成国际社会基本共识的组成部分，体现的是对人类整体命运的关怀，展示的是对国际法治、和平秩序的热爱。承认、反思

---

① 本书所称"国际法上的个人责任"（individual responsibility in international law）与个人的国际责任、国际法上的个人刑事责任等几属同义，个人的国际责任侧重主体特征，国际法上的个人刑事责任侧重责任性质。本书采用"国际法上的个人责任"或简称"个人责任"这一用词，其在概念上与国家责任相对应，而且契合国际责任去集体化或客观化的基本线索。

和借鉴历史，支持国际正义事业是负责任国家和现代世界公民应展现的姿态。对于个人责任，探求其法理的任务永不过时，以下具有时空延展性的问题值得思考：作为新生事物，国际法上的个人责任突破了哪些传统的思想、观念和规则？它的产生蕴含着哪些延传至今的法理考量？作为独立的责任模式，它又如何增强国际法的强制力？国际刑事司法实践在当代面临怎样的挑战？这些挑战又有着何种理论的根源？这是本书试图从法律史视角解答的问题。

本书谈及的"山下奉文案"（Yamashita Case）[①]，是两次世纪审判前就开始的司法追责实践，虽具程序和实质争议，但其开创性地追究指挥官对战争罪行的责任，是扭转"麦克劳德案"（the Mcleod Case）[②] 中所确立的法律原则的前奏。不过，该过程不无争议。美国最高法院两位法官在"山下奉文案"的上诉判决中发表了不同意见，他们聚焦复仇与正义之间的微妙关系，这揭示了围绕国际法上个人责任最为根本的争议问题：如何使国际法上的个人责任免于胜者正义或强权政治的指责，即区分问题。谈及国家，总会有强弱之别，说到战争，常会有胜败之分。历史上，及至第一次世界大战（以下简称一战），战争胜者采用集体责任、集体惩罚进行战后安排，其形式主要表现为相对措施、报复和赔偿。集体责任存在巨大弊端，包括造成更大危害，回避真实的责任归属，忽视规范功能的发挥等。当然，以国家为代表的集体责任并非毫无用处，它在当代仍然以特定的方式发挥着规范作用。集体制裁的时代并非没有审判个人的实践，但它们主要是国内和政治性质的。直到一战后，个人责任才作为实在法上的概念正式地出现在国际法层面。

第二次世界大战（以下简称二战）后，国际责任的客观化、去集体化过程开启，两次世纪审判的贡献是开创性的，它们将个人责任原则在国际法层面确立下来。个人责任的论述主要来自两次审判的检察官的论述，这是因为，如果个人不能作为国际法责任的主体，那么，整个审判程序便无法进行下去。两次审判揭示，个人责任的确立并非偶然为之，相反，它是

[①] "山下奉文案"是二战后美国军事委员会（马尼拉）和美国最高法院对日军将领山下奉文进行的审判。该案被认为是指挥官责任最早的司法适用实践。

[②] "麦克劳德案"是美国法院对参与边境军事行动的英国公民麦克劳德所提起的刑事诉讼。该案是最早讨论个人承担国际法律责任问题的司法案例。

实在国际法长期积累和发展的结果；同时，自然法也为追究个人责任提供了正当性基础。如同一战后政治家的考量，在检察官的逻辑中，个人责任首先是源于社会和法理面向的必要，因为，唯有惩治操纵国家实施暴行的罪魁祸首，国际法规则才能够得到有效的执行和遵守，稳定与和平的秩序才可以被期待。此外，个人责任的确立体现着对个人理性的尊重，同时也是实现国际正义的必要。

与国内刑法中的责任不尽相同，国际法上的个人责任是一个多面向的概念。第一，本质上，刑事责任属于司法概念，它具有独立的意义，其基本含义是有罪必罚，其根本价值追求是正义。具体而言，个人责任就是要通过正当程序确定犯罪事实、责任和惩罚，它是实现国际正义的要求，不仅为了保护受害者，同时，也是尊重被告人的权利。第二，对国际法而言，执行和遵守始终是事关效力甚至存亡的关键问题，历史揭示，促进国际法的遵守是政治家和法官论证个人责任原则必要性的重要法理依据。审判和惩罚个人是怎样产生遵守动力的？威慑是遵守逻辑的核心，基于刑事威慑，审判和惩罚负有罪责的个人能够发挥一般预防的作用。第三，国际法追究个人责任还被期望基于框定、区分和记录功能服务于一定的社会目的，即构筑和平秩序和实现民族和解。历史揭示，政治家们对个人责任社会面向的考虑甚至要先于其正义和法治面向，直到今天，国际刑事司法的秩序价值都还是一个极具争议的话题。

个人与集体身份混同的直接后果是，责任主体模糊，其逻辑后果是，个人可以毫无忌惮且不顾后果地行动，并采用转移责任主体或合法化行为的方式来进行无罪辩护。第一，为实现国际正义和促进规则遵守，以官方身份及豁免做出的抗辩必须被限制。第二，鉴于集体的组织特征，上级在保证下属人员遵守国际法规则上拥有特殊的职责来预防和惩治国际罪行，如果他们疏于或怠于发挥相应的控制功能，国际法将追究上级的刑事责任。第三，个人是遵守国际法规则的基本单元，作为理性的个体，他们拥有行为选择的意志自由，因而，必须为自己实施的国际罪行负责。第四，国际罪行往往呈现出集体性，如何追究参与共同犯罪之个人的刑事责任，事关法网的严密。

围绕个人责任的基本法理存在诸多争议。第一，个人责任原则的规范机制与执行机制间存在落差，实践揭示，执行机制普遍地落后于规范机制的发展；普遍管辖原则是执行个人责任的理想模式，但是，它的司法适用不仅存在巨大的国别差异，且与主权平等、法律治理等原则产生激烈冲突。第二，刑事威慑与民族和解是对责任个人化进行逻辑推导的结果，不过，自个人责任原则产生之始，它们就处于理论自洽的状态，现实中，它们面临来自实证层面的质疑。第三，建立和维护和平秩序是国际刑事司法的重要使命。理论上，正义与和平价值之间是互为支撑的关系，实现正义是构建和平的基础；现实中，国际刑事司法经常被认为阻碍着和平进程。

作为纽伦堡审判和东京审判的重要法律遗产，个人责任原则为人类对抗国际罪行的事业提供了最具穿透力的理论基础。冷战结束后，国际刑事司法迎来了发展的重要时代，与此同时，个人责任面临着实体和程序方面的挑战。绝对主权观倾向于否认国际刑事司法的权威性，它认为，国际罪行的惩治机制应当遵循主权原则包含的限制性；制度性成果与内政产生了持续的对抗，司法政治化、选择性司法等批判国际刑事司法机构冲击着既有机制的正当性。因为制度性执行与主权豁免、管辖的矛盾，国际刑事司法机构、成员国、非成员国以及安理会都卷入了因豁免而引发的争议旋涡。个中原因及破局方案须追寻个人责任的基本法理，其能够提供最具穿透力、最为基础性的理论启示。

导　言

尽管只是超越能力边界的信念，但我别无选择，唯有同意。
——穆罕默德·萨哈布丹[①]

人类文明的生存是最为根本的考虑。如果没有一定形式的法律的约束，国际社会便会陷入无政府状态的暴力统治当中，为暴者便会为了私利而不惜牺牲其他团体、个人甚至整个人类社会的利益。就国际法治而言，良好规则的制定及执行永远都是难题。法律不可能控制所有暴力，现实也可能是惨淡的，但人类别无选择，必须在现实底色覆盖下的法治道路上一往前行。同时，这也是1945年《联合国宪章》（以下简称《宪章》）所反映的精神，即坚持《宪章》宗旨和原则，坚持国际法、正义以及基于法治之国际秩序，这被认为是和平、繁荣和公正之世界的必要条件。在国际罪行的定义和惩治历史上，国际法治发展缓慢而艰难，权力与正义交织，传统与创新冲撞，从而形成了当代复杂而又深刻的国际刑事司法格局。不过，这一切都要追根溯源到一个新兴实证概念的诞生，即国际法上的个人责任，这使得20世纪上半叶之前通行的国家行为理论出现裂痕，进而迸发出防范和惩治国际罪行这一世界秩序的重要治理维度。

国际责任是违反国际义务或国际法本身规定而产生的法律后果，是国际法体系包含的制裁形式。国际法上的个人责任创立了国际责任的新型范式，开辟了国际关系新的法权地带，营造了国际关系法律实践、互动与斗

[①] Mohamed Shahabuddeen, *International Criminal Justice at the Yugoslav Tribunal: A Judge's Recollection*, Oxford: Oxford University Press, 2012, p.235.

争的规范空间。在实在法意义上，国际法上的个人责任起源于二战后的两次国际审判，其开创性地追究个人因犯有特定国际罪行所应承担的法律责任。国际法上的个人责任绕开了自由战争权、国家行为理论、国家代理人、罪责转移等责任层面的法理限制，同时塑造了具有时空延展性的话语、价值和规范形态，这种历史与现实的互动逻辑和时空传递值得探求。同时，围绕国际法上的个人责任进行的造法与执行面临价值冲突、义务碰撞、责任要素平衡、单边管辖与法律攻防等问题，这使国际法上的个人责任的法理研究具有持续的理论必要性和现实意义。

一　本书的研究背景

20世纪中叶之前的两次世纪审判已经过去七十多年，直到今天，国际社会还在纪念和探讨着"纽伦堡审判"和"东京审判"这两个具有超越时空意义的历史事件。没有概念像两次世纪审判所确立的个人责任原则一样，如此深刻地对历史进行了切割。[①] 当然，有关它们的争议也一直在持续着。除了否认已被司法认定的犯罪事实之外，别有用心者还质疑司法本身：那些作为被告的个人本来就不应该承担责任，他们只是胜者正义或强权政治的牺牲品。在当今世界范围内，相关的争论还有很多。当然，现代的争议已经基本超越了个人是否应该为国际罪行承担责任的阶段，更多的是围绕如何公正、有效地追究个人责任这个话题，即便如此，个人责任依然是个牵涉历史、国际政治和国际关系、国际组织职能、国际法基本理论的综合性问题。虽然现代社会已经离两次世纪审判时代越来越远，但是，几乎所有围绕个人责任的基本争论都可以在那个时代和那两场世纪审判中觅得踪影，因此，本书回溯到二战甚至一战之前的法律发展史，并不是为了历史而探讨，而是以古鉴今，探究国际责任制度领域的古今关联，这是理解和探讨国际法上个人责任的必要。

国际法上个人责任的概念滥觞于19世纪70年代的国际公约草案。1874年的"关于战争规则的布鲁塞尔会议"最早在国际条约层面对个人责

[①] 参见王志强《正义审判——第二次世界大战后战犯审判纪实》，北京：科学出版社，2016年。

任进行规定。该会议的 15 个参加国起草并发布了一项最终未生效的《战争法规和惯例公约（草案）》，其第三部分规定："战争法规和惯例不仅禁止对敌方所实施的、不必要的残酷和野蛮行径，而且，要求合适的机构在这些行为并非绝对必要所导致的情况下，惩罚负有责任的个人。"[1] 虽然有此零星的规范体现，但是，追究个人违反国际法的刑事责任的理念尚未被广泛接受，其概念体系也并不完善，整体而言，二战前，国际法排斥个人责任在法律制裁中所扮演的角色。

关于国际法上个人责任的法理研究存在一个历史前提，即一战前，国际法中不存在追究个人责任的普遍的想法和概念，二战前，这样的想法和概念不曾被付诸实践。直至纽伦堡审判和东京审判，这样的概念才在国际法上切实地确立下来。

本书以下述规范状况为历史背景展开：国际法首先是调整国家间关系的规则体系，它原本并不追究个人的责任，无论是针对身处高位的官员，还是依据命令行事的下属，他们代表国家或作为武装力量成员的所作所为都将被归于国家。在国内法中，个人（包括法人等法律主体）责任与法律义务相伴而生，破坏法律规则、侵犯法律权利或者没有履行义务，个人就要承担相应的法律责任。这种看似平常的思路在国际法中并不是自古有之，相反，它是新生事物，与它相关的思想在国际法层面出现至今也不过七十多年[2]。

虽然新颖，如同国际法本身一样，个人责任原则的出现和发展有着博大精深的法理根基。同时，自它确立之日起，围绕它的法理和规则上的争议就不曾断过，例如，胜者正义、外交豁免、普遍管辖权、追责与和平的关系、执行机制缺陷、主权国家内反人类罪的调查和追责等。为了理解和回应这些争议和挑战，就必须认识这些争议出现和存在的原因，厘清争议的纠结点，这不可避免地要回到个人责任原则产生的时代，去翻看和学习政界和司法实践的故纸堆，分析当时的社会背景，弄清政治家和司法者选

---

[1] Rebecca Crootof, "War Tort: Accountability for Autonomous Weapons", *University of Pennsylvania Law Review*, Vol. 164, No. 6, 2016, pp. 1358-1359.
[2] 谢里夫·巴西奥尼（Cherif Bassiouni）指出，在 1919 年之前，国际法层面根本没有追究国际法之下个人（包括政府官员和其他对其公民实施犯罪的人）刑事责任的思想或实践。Cherif Bassiouni, "Justice and Peace: The Importance of Choosing Accountability over Realpolitik", *Case Western Reserve Journal of International Law*, Vol. 35, No. 2, 2003, p. 194.

择和支撑该原则的法理逻辑。

另外，纽伦堡审判和东京审判已经过去七十多年，回过头去研究它们还有什么意义？暂不论它们为当代国际刑事司法奠定了法理基础，当代很多人对这两场战后审判和追究个人责任的历史还存在错误的认识，有的人甚至否认审判所确认的事实，并为被判有罪的个人翻案，也就是说，有关个人责任的历史问题对当代社会观念和社会关系存在重要的影响[1]。对此，学界自然不能置之不理，相反，应当充分地了解个人责任的基本法理，从社会、法理和司法三个面向论证个人责任的必要性、合理性和正当性，并为实践中正确认识国际刑事司法、回应错误实践提供有益思路。

二 本书的基本思路

本书以"国际责任"为基本研究对象，聚焦个人在国际责任制度中的基本位置，探究其历史演变，对国际法上个人责任所蕴含的法理以及当代挑战进行系统研究。须指出的是，并不是指所有违反国际法规则的行为都会产生个人责任，只有涉及国际法核心罪行[2]的行为才会产生国际法层面的个人责任。[3] 它首先应当与聚焦于国家间刑事司法合作的跨国刑法相区分，因为，后者产生的仍旧是依据国内法所归咎的普通的刑事责任，对此类犯罪行使管辖权主要是依据国内刑事立法，当然也有国际公约。[4] 另外，它更不同于国际贸易法、投资法、商法领域的责任模式，后者涉及的主要是国家责任，或者个人和团体的民事责任。

本书从历史渊源、基本法理和当代挑战三个角度分析国际法上的个人

---

[1] 例如，日本政府官员公然宣称，东京审判只是战胜国的审判。参见朱文奇《安倍东京审判谬论于国际法无据》，《法制日报》2013年3月19日，第1版。
[2] 国际法核心罪行（Core Crimes）指侵略罪、战争罪、反人类罪和灭绝种族罪。
[3] 国际刑事犯罪之所以被认定为犯罪，其原因在于它们违背国际习惯、条约及其所体现的价值，破坏正常的社会关系，威胁人类社会的共同利益；具体行为是否构成国际罪行取决于国际社会的法律发展、道德和司法公正的要求，它是否被列入国际罪行之列则由国家统一决定。一旦被认定为国际罪行，所产生的就是个人责任。朱文奇：《国际刑事诉讼法》，北京：商务印书馆，2014年，第58-59页。
[4] Neil Boister, *An Introduction to Transnational Criminal Law*, Oxford: Oxford University Press, 2012, pp.13-19.

责任。

（一）研究个人责任，不仅要从规范视角解析它的本体，即它的概念和构成，也要理清历史发展问题，即它缘起于何处，如何产生，为什么会产生，较之以前的责任模式有何变化。只有从历史的角度来分析和解读个人责任，才能够理解 20 世纪中叶国际法发生革命性演进的根源；在追根溯源的基础上，才能对现代国际法的发展脉络有清晰的认识。[①]

（二）研究个人责任，不仅要认识它在规范体系和司法实践中的具体体现，更要考虑在其背后支撑其发展和功能的道理，或者说逻辑。法律必须得到信仰和执行，否则便形同虚设[②]，个人责任原则及刑事司法追责不仅形成了国际社会的普遍共识，而且为国际法安装了牙齿；与个人责任相联系的另一个重要考量是国际法的遵守，即个人责任与国际法规则的执行和遵守紧密相关；不过，它如何发挥这样的功能，在发挥如此功能的过程中存在什么障碍或者缺陷，这均值得探讨。

（三）研究个人责任，不仅要分析它在国际刑事司法中所扮演的角色，还要关注它在当代所面临的困难或挑战。当然，其中既有源自历史的固有顽疾，也有现代社会发展所产生的新生杂症；这些挑战具有否认个人责任的宏论，但更多的是追究个人责任所面临的程序障碍。司法实践证明，这些挑战对国际司法追责产生着巨大的影响：它们考验着整个国际社会终结豁免、追究责任之信念的坚定性，考验着整个国际法体系进行司法追责的功能。

相对于国家责任的学术研究[③]而言，国际法学界对个人责任的法理问题研究较为缺乏，而且，现有研究的关注点较多地聚焦于个人责任的构成、形式或特定犯罪的责任问题等。马呈元教授在其博士论文《国际犯罪及其责任》[④] 中对国际罪行的概念、理论基础、历史发展、个人责任以及

[①] 学者斋藤宏指出，如果要解决历史问题，那就必须理解东京审判为何成为政客以及诸多关于历史争议的纠结点。Hiro Saito, *History Problem：The Politics of War Commemoration in East Asia*, Honolulu：University of Hawaii Press, 2017, p.131.

[②] 〔美〕哈罗德·伯尔曼：《法律与宗教》，梁治平译，北京：中国政法大学出版社，2003年，第3页。

[③] 参见赵建文《国际法上的国家责任——国家对国际不法行为的责任》，博士学位论文，中国政法大学，2004年。

[④] 参见马呈元《国际犯罪及其责任》，博士学位论文，中国政法大学，2001年。

国家刑事责任等问题进行了比较全面的探讨。另外，有学者集中关注战争罪（或违反国际人道法的罪行）的个人责任问题，他们的研究点相对较为具体，主要关注战争罪的概念、构成要素、责任原则、责任形式、共同犯罪、追责机制等问题。[①] 国外学界对国际法上个人责任的研究比较全面，尤其是对共同犯罪的责任、豁免、恐怖主义等热点问题做了专章分析，其研究既有实践，也有理论，既谈历史，也谈现实，是比较好的参考文献。[②]

总的看来，既有研究的发散度比较高，虽有触及相关的法理问题，但并没有从历史纵深层面系统地展开，尤其是围绕责任这一主线的论证梳理，以及对个人责任本身的理论结构的解读相对欠缺，从责任之本体出发对当代国际刑事司法的诸多问题的研究更是缺乏。有鉴于此，本书以责任为逻辑主线，以规范、理论分析探求国际法中个人责任的起源和演变，就其衍生的法理和理论结构进行剖析，并试图揭示当代责任纷争的历史渊源和法理征兆。

三 本书的创新点

国际法上个人责任的研究涉及国际刑法的目标或者目的问题，即国家，或者国际社会在国际法层面创设并追究个人责任究竟出于什么样的考虑。国际刑法目标维度的研究相当缺乏，21世纪伊始，学界才开始关注国际刑事审判的目标问题。相对于国内刑事审判，国际刑法缺乏"其缘何存在的自主意识"。国际刑事司法的目的，或者说是追究个人责任的法理，支撑着国际刑事司法发展的正当性。如果基本法理不明，人们就会对在国际法层面审判和惩罚个人的必要性和重要性产生疑问。

[①] See Albin Eser, "Individual Criminal Responsibility Mental Elements-Mistake of Fact and Mistake of Law", In Antonio Cassese et al. eds., *The Rome Statute of the International Criminal Court*: *A Commentary* (Vol. I), Oxford: Oxford University Press, 2002; Barbara Goy, "*Individual Criminal Responsibility before the International Criminal Court*: *A Comparison with the ad hoc Tribunals*", International Criminal Law Review, Vol. 12, No. 1, 2012; 杨咏亮：《战争罪的刑事责任问题研究》，博士学位论文，武汉大学，2010年；颜海燕：《违反国际人道法犯罪的个人刑事责任研究》，博士学位论文，华东政法大学，2011年；喻贵英：《国际刑法中的共同犯罪行为研究》，博士学位论文，吉林大学，2012年。

[②] See Ciara Damgaard, *Individual Criminal Responsibility for Core International Crimes*, Berlin: Springer, 2008.

国际刑事司法的目的问题是个人责任的法理研究的基本内容之一，它源于历史且呈现于现实，只有对目的进行足够的解释和探讨，才能为讨论最为细节的国际刑事司法问题奠定基础，也才能够理解围绕个人责任的法律争议的症结点。有观点认为，追究个人在国际法上的刑事责任仅仅是出于报复或者报应惩罚的考量，但果真是如此吗？报应惩罚便指国际法层面的个人责任是文明世界对严重罪行所做出回应的全部？[①] 显然不是，否则，联合国安理会在成立特设国际刑事法庭的决议中也不会将追究个人责任与规则遵守、和平、安全等宏大的议题联系起来。

对于国际刑事司法的目的——同时也是追究国际法个人责任的目的，学界和司法实践讨论较少。施塔恩（Carsten Stahn）指出，长期以来，目的问题在国际司法中位列末端，鲜有关注，但是，正如"马"需要被放到"车"的前面一样，追究个人责任的目的也需要被摆到优先的研究位置。其思路在于，只有将能够被相信和追求的目的切实地树立在那里，明确国际司法所服务的司法目的和社会目的，国际刑事司法的可信度才能够经得起实践的考验；同时，国际刑事司法的灵活性才能体现出来，普遍、区域和代替性司法路径之间才可能相互补充，而不是对某一种路径的盲信。[②]

作为创新点之一，本书从三个面向来理解国际法上的个人责任的理论架构，并通过三个面向的互动和历史延展性来解读历史和现实之间的关联线索。国际法上的个人责任不仅仅是个司法意义上的概念，相反，它首先包含社会和法理层面的含义。

第一，社会面向。国际法层面个人责任的产生最初源于政治家的抉择，思虑深邃的政治家们一改历史上战胜者们所惯常采用的集体制裁或惩罚方式，转而将追究个人的国际责任作为战后安排的重要内容，他们寄希望于通过惩罚和审判个人，避免历史上国家间循环往复的复仇战争。因此，个人责任产生之初，它便包含服务于社会秩序的理论渊源，它不是立足于实践验证，却被拥趸视为至理；也正是如此，民族和解和构筑和平成为追究个人国际责任所具有的重要目的，围绕该目的，当代国际刑事司法

---

① Ciara Damgaard, *Individual Criminal Responsibility for Core International Crimes*, Berlin: Springer, 2008, pp. 15–17.

② Carsten Stahn, "The Future of International Criminal Justice", *The Hague Justice Portal*, Vol. 4, No. 3, 2009, pp. 259–261.

产生了相当激烈的争议。

第二，法理面向。遵守国际法规则是维护和平秩序的重要保证，要实现这样的目标，国际法本身需要具备可被期待的执行力。根据实证法学派的观点，法律必须具备足够的制裁，如此，国际法才可能被确认为法律，而非所谓的实证道德或软法。历史似乎证明，对于侵略战争及战争罪行，传统的集体责任无法作为有效的制裁手段，国际法需要新型的个人化的责任和惩罚模式来补强，如前所述，国际法制裁的效力应当落实到个人，如此方能真正地发挥威慑和预防的规范功能。根本上来讲，追究个人责任的法理面向的核心是个人化的威慑，在此基础上，其社会面向才得以呈现。

第三，司法面向。侵略和战争罪行是对正常国际关系和社会秩序的严重破坏，他们操持着国家机器，通过故意、放任或过失基础上的行为，对实在国际法上禁止战争和战争暴行的规则予以践踏，将个人生命、尊严和人类的文明和福祉抛之脑后。一方面，追究个人责任是法律对个人所犯罪行作出的否定性评价，作为实施罪行的主体，承担责任是正义的首要要求；另一方面，对于受害者及其所在社会而言，实施国际法罪行的个人承担责任也是实现国际正义的重要内容，如果个人的责任不被追究，社会关系的重建和恢复便不可期待。

四　本书所指向的国际法基础理论问题

国际法的遵守问题是个人责任研究的核心问题之一，即个人责任的产生、演进和存在如何促进个人、团体和国家对国际法规则的遵守。本书将在第五章探讨个人责任增强法律制裁效力的基本法理。

第一，国际法中的遵守问题及其变化。遵守指，行为者的行为与特定规则之间相一致或相符合的状态。[①] 遵守理论所要探讨的是行为与规范之间达成一致或符合状态的主观动机或客观原因。当然，行为者所面临的客观状态都会经过主观动机的思辨，而后转化为现实的行为，因而，遵守理论的任务在于辨识行为者服从制度或组织之命令或要求的义务感

---

① Kal Raustiala & Anne-Marie Slaughter, "International Law, International Relations and Compliance", In Walter Carlsnaes et al. eds., *The Handbook of International Relations*, London: Sage Publications, 2002, pp. 538-558.

来源,① 规范或实证层面可鉴别的原因是多样的,并不局限于从内在的规范视角探讨义务是否存在。遵守理论研究者在解释行为体遵守、吸收、偏离或拒绝国际法规则的最佳路径上存在争议。尽管说法不一,但是,遵守研究必不可少。缺乏遵守及其理论塑造,国际法共同体的学术意义和实践作用将会弱化。②

"几乎所有国家,在几乎所有的时间,都在遵守着几乎所有的国际法原则和几乎所有的义务"③,著名法学家路易斯·亨金(Louis Henkin)对国家遵守国际法的整体状况持乐观态度,国际法本身可以产生自愿遵守的牵引力。不过,理论和现实均表明,国际法研究与实践无法回避规则的执行和遵守问题,遵守是国际法学界永恒的研究命题。缺乏普遍的遵守,国际法规则便无法实现其规范意旨,国际关系也无法得到有效的调整,秩序、正义等价值最终也无法被贯彻。对国际法规则的遵守决定着国际法的法律性质及国际法在调整国际关系中作用的发挥,同时也构成国际法体系有效性的基础。④ 尤其是在国际人道法和国际刑法领域。因此,不仅存在国家遵守条约和习惯法的问题,更为紧迫的问题是,如何促使个人做出符合国际法规则的行为选择。过往的遵守研究几乎完全关注国家行为,规则与个人行为间的关系没有得到充分的讨论,毫无疑问,对个人责任的理论和现实来讲,遵守研究应当采取沉浸视角,由国家层面拉低到个人层面。

第二,法理学对规则遵守的论述:国际法是否具有充足的制裁能力?约翰·奥斯丁(John Austin)强调法律的强力支撑,他否认国际法本身具有促进遵守的能力,因而,他将其归入实证道德规则的范畴。奥斯丁在论述实证道德时指出,国际法仅仅是施加于国家或主权者之上的国际社会的一般意见,政府之间不存在如政治领导般的相互命令。就作为实证道德的国际法而言,肩负对未来违法者采取措施之职责的主体无法确定或指定,

---

① Oran R. Young, "International Law and International Relations Theory: Building Bridges—Remarks", *American Society of International Law Proceedings*, Vol. 86, 1992, pp. 172–175.
② Andrew T. Guzman, "A Compliance Based Theory of International Law", *California Law Review*, Vol. 90, No. 6, 2002, pp. 1823–1888.
③ Louis Henkin, *How Nations Behave: Law and Foreign Policy* (2nd edition), New York: Columbia University Press, 1979, p. 47.
④ See Robert Howse & Ruti Teitel, "Beyond Compliance: Rethinking Why International Law Really Matters", *Global Policy*, Vol. 1, No. 2, 2010.

实证法所必须的法律制裁缺失,① 达成国际法遵守可依恃的是所谓的道德制裁,国际法上的权利也只能在道德层面得到支持和保护。② 也就是说,奥斯丁将附着于规范的,施加于不遵守行为的制裁作为法律体系的内在特征。但是,是不是说,缺乏源自主权者的强力威慑,国际法的遵守便无法达成了呢?显然,奥斯丁对遵守的解读偏于物化,没有纳入心理因素的考量,同时,也偏于线性,没有考虑到规范的结构性以及法律主体的相互性对遵守问题的影响③。

在《法律的概念》中,哈特(H. L. A. Hart)将外部预测性陈述与内部规范性陈述加以区分,前者强调规则遵守及不遵守所招致制裁的可能性,后者则指是否存在具有拘束力的义务。哈特认为,组织化制裁(organized sanctions)的缺失并不能决定义务的存在与否,国内法语境下保证遵守所不可或缺的制裁要素对国际法来说既非必要,也非有效。国际法规则所需要的是被作为义务的思想和宣示,对哈特而言,国际社会存在遵守国际法规则的普遍压力,诉求与承诺都建立在国际法基础上,违反规则面临的不仅是持续的赔偿请求,违反者也必须面对报复和反措施的可能性。④

根据汉斯·凯尔森(Hans Kelsen)的理论,法律是一种强制秩序,它对不符合法律规则的行为施加由法律本身规定的、组织化的强制措施(coercive act),因而,也只有在法律规范对违法行为规定了制裁的情况下,法律义务才能够被确立起来。⑤ 凯尔森认为,是否存在作为强制措施的制裁是国际法之所以被称为法律、之所以存在规范效力的关键,国际法虽属于原始的法律秩序,但它仍具有其独特的制裁形式,即报复或战争。⑥ 对于制裁和规则遵守的关系,在解读奥斯丁有关论述的基础上,凯尔森似乎并

---

① John Austin, *The Province of Jurisprudence Determined*, In Wilfred E. Rumble ed., Cambridge: Cambridge University Press, 1995, pp. 121-125.
② John Austin, *The Province of Jurisprudence Determined*, In Wilfred E. Rumble ed., Cambridge: Cambridge University Press, 1995, pp. 135-138.
③ Yubraj Sangroula, *Jurisprudence: The Philosophy of Law*, Oxford: The Loquitur Publishing, 2014, pp. 68-69.
④ H. L. A. Hart, *The Concept of Law* (2nd edition), In Penelope A. Bulloch & Joseph Razpp eds., London: Clarendon Press, 1994, pp. 217-220.
⑤ Hans Kelsen, *Pure Theory of Law*, Max Knight Trans., Clark: The Lawbook Exchanges, 2005, pp. 114-116.
⑥ Hans Kelsen, *Pure Theory of Law*, Max Knight Trans., Clark: The Lawbook Exchanges, 2005, pp. 320-323.

未否认行为人对制裁的恐惧与遵守规则之间所存在心理联系，只不过反对将规则的威慑效力作为法律义务存在的先决条件①。就国际法而言，制裁表现为因违反国际法规则而引发的报复或战争。制裁虽然不是确认国际法法律性的根本要素，却构成国际法律规则得以遵行的必要条件。国际法能够为国家和国际法上的个人创设义务，作为强制秩序，制裁及其包含的威慑效力能够促使法律主体对国际法规则的遵守。

整体上看，实证主义学者看来，国际法得以遵守的核心在于法律制裁。当法律规则被违反，法律系统便会通过责任、刑事惩罚、民事赔偿等制裁形式来强化。② 在国际法中，此类制裁可以自发形成，也呈现出制度化的趋势；既有物理形态，也有所谓声誉得失。以制裁为核心的观点和论述形成了国际法遵守理论最为核心的部分。③ 凯尔森指出，在国际法层面，直接加诸个人之义务是由类似于国内法的制裁来实现的，即惩罚和民事执行。国际法可能将确认和执行此类制裁的权限留给国内法律秩序，也可能通过国际条约来确定，具体案件中制裁的适用权限可能交给国际条约建立的国际法庭。比如，依据1945年《伦敦宪章》所进行的审判便是例证。在某种程度上，国际法进入原本国内法律秩序所独立调整的领域，它对个人施加义务或授予权利的倾向愈加明显，集体和绝对的责任模式被基于过错的个人责任模式所取代。④

第三，法律责任与规则遵守。现代国际刑法建立在个人责任的基础上，这是国际法长期积累、突破和演进的结果。历史上，国家依靠战争和报复等相互性手段来执行战争规则。所谓相互性指国家或团体遵守国际规

---

① Hans Kelsen, *General Theory of Law and State*, New York: Transaction Publishers, 2005, pp. 71-74.
② Yubraj Sangroula, *Jurisprudence: The Philosophy of Law*, Oxford: The Loquitur Publishing, 2014, p. 38.
③ 对于国际法的遵守，安德鲁·古兹曼（Andrew T. Guzman）认为，遵守源于国家对违反法律所造成的声誉或直接制裁的关切。See Andrew T. Guzman, "A Compliance Based Theory of International Law", *California Law Review*, Vol. 90, No. 6, 2002. 乌纳·哈撒韦（Oona A. Hathaway）认为，除国内法律体系和跨国行为者对国际法规则的遵守动力外，伴随影响是国家遵守国际法的重要原因。See Oona A. Hathaway, "Between Power and Principle: An Integrated Theory of International Law", *The University of Chicago Law Review*, Vol. 72, No. 2, 2005.
④ Hans Kelsen, *Pure Theory of Law*, Max Knight Trans., Clark: The Lawbook Exchanges, 2005, p. 327.

则以对方履行相应的义务为条件，当一方没有实际履行其所承担的国际法义务，另一方便可以采取回应性且符合比例的违法行为，以达到惩罚或促进遵守的目的。[①] 例如，1863年美国内战时期颁布的《第100号通令》（又称《利伯守则》，Lieber Code）虽然规定了大量的人道主义条款，但其规则设计仍旧以相互性原则为基础，容许交战方进行报复，这一点从守则对报复的一般法理阐述中可知：国际法一般认可规则执行中的报复，同时，它是文明国家所承认的战争的"最为坚实的特征"。[②] 而且，该守则纳入报复条款旨在通过惩罚平衡得失，而非促进未来对战争法规则的遵守。[③]

现代国际法在很大程度上放弃了相互性要求，不论其他成员如何行事，成员方自身应当遵守规则，履行所承担的义务[④]。当此类相互性要求在执行国际法规则中的地位逐渐下降，战争法需要新的理念和机制来阻止违反规则的企图，促进规则的遵守，而刑法恰恰能够发挥这样的作用，通过将违反战争法规和习惯的行为确认为犯罪，审判和惩罚得以在国际法层面开展，对个人责任的追究能够产生类似于报复的威慑效果。固然，代表国家的个人行为能够被归于国家，国家责任仍旧能够发挥威慑的作用。虽然不能排除国家或团体实施国际不法行为的可能性，但是，让个人仅仅因代表国家的身份转移罪责，这既不合理，又存在极大的风险，换言之，"身份在国际刑法上已经不是一个主要问题"[⑤]。不论是以国家身份行事，还是作为政府一员的行为，抑或作为武装团体的单独的个人行动，只要触犯了国际刑法的规定，就必须承担相应的个人责任，从某种程度上讲，这种责任的确定性是威慑力的重要来源。司法实践存在由国家承担刑事责任的讨论，但这个概念存在很大争议，它不仅不被一般国际法所承认，而

---

① 劳特派特曾指出，交战一方遵守战争规则而受损，另一方却因不遵守规则而得益，无法想象这种情况下的交战行为。Hersch Lauterpacht, "The Limits of the Operation of the Law of War", *British Yearbook of International Law*, Vol. 30, 1953, p. 212.

② See General Orders No. 100: Instructions for the Government of Armies of the United States in the Field (Lieber Code), The Avalon Project, http://avalon.law.yale.edu/19th_century/lieber.asp，最后访问时间：2024年5月30日。

③ Sean Watts, "Reciprocity and the Law of War", *Harvard International Law Journal*, Vol. 50, No. 2, 2009, pp. 390-394.

④ 例如，1970年联合国大会通过的《关于各国根据联合国宪章建立友好关系与合作的国际法原则宣言》指出，成员国有责任在使用武力时不做出报复行为，而该宣言被广泛认为反映了习惯国际法的要求。

⑤ 朱文奇：《国际刑事诉讼法》，北京：商务印书馆，2014年，第59页。

且,也曲解着既有相关公约对于国家责任的规定。①

个人责任在国际法层面的确立具有坚实的理论基础。个人责任是法律秩序的当然原则,并不存在纯粹的、排斥个人的集体责任问题,在这一点上,国内法与国际法别无二致。根据凯尔森的观点,法律是调整个人行为的规范,因此,不指向个人的责任、不涉及个人的制裁并不能称之为法律责任。国家是具有"程序权利"的法律实体,但并不能说国家就是法律秩序中唯一的行为者,相反,个人才是法律权利和责任的最终享有者及承担者。在国际层面,个人会以国家(或地区)的名义享有某些权利,做出某些行为,只不过,国际法是以间接、集体的形式赋予个人上述权利,而国际法的制裁也会直接或者间接地影响到个人。② 虽然国际法必须依靠主权国家来执行,个人在国际法上的权利必须依托于国家权利的行使,但是,这不否认个人在国际法层面承担法律责任的可能性,当个人以独立的身份参与到社会关系中时,他就可能因违反国际法规则而承担相应的法律责任。

---

① Application of the Convention on the Prevention and Punishment of the Crime of Genocide (*Bosnia and Herzegovina v. Serbia and Montenegro*), Joint Declaration of Judge Shi and Coroma, ICJ Reports 2006, paras. 1, 4.

② Hans Kelsen, *Principles of International Law*, New York: Rinehart & Co., 1952, pp. 221-223.

第一章　个人责任的历史渊源及其实证转向

本章目的在于解释国际责任制度的统一性、个人责任的自然法渊源以及国际法的实证法转向在个人责任层面的规范影响。实证法垄断时代，以双边关系为架构、财产损害为要件、赔偿为主要内容的国家责任制度垄断着国际法的法律制裁体系。万民法及近代自然法蕴藏着个人因违反普遍规则而承担法律责任的理论与实践，由礼仪、惯例或便宜考量到国际关系实在规则的实证法转向使国际法渐趋屏蔽个人的主体地位和责任角色。国家责任与个人责任制度渊源具有统一性，后者在制度渊源上显示出潜藏的历史延续性。

同国家责任类似，国际法上的个人责任具有悠久的历史渊源，是法律责任文化长期积累的产物，同时也是责任制度发展并到达质变临界点的结果。这里所言的责任文化既有宗教、哲学层面的先贤论述，也有行为习俗或惯例、万民法等对行为结果的规定，但这里主要指自然法对个人违反普遍性规则所应承担不利后果的规定。传统而言，主权国家是国际责任的唯一主体，代表国家或者因服从国家命令而行事的个人的行为责任将归于国家。直至20世纪中叶，国际法上的个人责任才在传统国际责任制度与国际法人本化趋势的交互影响下衍生出来，个人必须为违反特定国际法义务的行为承担法律责任。

一　国际责任去个人化的历史原貌

驾驭和控制战争及其暴行是人类文明史的永恒主题。漫长的近代史中，法治对战争及暴力进行约束的实践其实早已存在，而且一直在发展。在强调"输赢"的战场上，早在15世纪，国际社会就将个人在武装冲突期间做出的某些行为作为犯罪加以审判和惩处。一战结束后，国际社会开始酝酿战争法的改革，政治家和法学家们开始构想将个人责任纳入国际法，审判和惩罚从事违反战争法之行为的个人得到了国际社会的广泛支持。① 个人行为者因违反国际人道法而被追责和惩罚的概念首先是在纽伦堡审判和东京审判中得到阐释的，藉由这两次具有历史意义的刑事审判，个人责任开始成为国际法上的重要原则。②

直到近代，被广泛誉为"国际法之父"的胡果·格劳秀斯（Hugo Grotius）在《战争与和平法》中阐述了战争法则与惯例，该书撰写于欧洲陷入战火弥漫的"三十年战争"时期，战争的残忍及其造成的满目疮痍促使格劳秀斯从规范层面反思历史和现实。他在《战争与和平法》的绪论中写道：

> 我看到整个基督教世界诉诸战争的任意性，即使野蛮民族都会对此感到不齿；我发现，人们会为细微或者不存在的理由而诉诸武力，当拿起武器之时，对神法或人法的崇敬便荡然无存；一言以蔽之，人们的疯狂似乎没有约束，他们可以实施所有罪行。③

19世纪中期以后，国家间战争频发，战争的残忍程度和破坏力增加，战争的残酷性和人类对战争创伤的切身体会促使国际社会不断探讨应对战争和战争暴行的办法，相对于漫长的古代历史，这样的探索在近代明显加速；国际法是这个探索过程的主角，相关领域国际法发展的目标在于，基

---

① *Prosecutor v. Tadic*, Judgment, IT-94-1-T, 1997, para. 663. "塔迪奇案"法庭所提及的15世纪的审判是指1474年的 *Peter von Hagenbach* 审判。著名国际法学家施瓦曾伯格（George Schwarzenberger）分析了该案件的事实、法律和影响，并将其称为人类历史上第一个国际性的刑事审判。二战后的审判中，泰勒将该案件作为回应所谓"事后法"质疑的重要历史证据。Gregory S. Gordon, "The Trial of Peter von Hagenbach: Reconciling History, Historiography and International Criminal Law", In Kevin Heller & Gerry Simpson eds., *The Hidden Histories of War Crimes Trials*, Oxford: Oxford University Press, 2013, pp. 13-17.

② *Prosecutor v. Tadic*, Judgment, IT-94-1-T, 1997, para. 664.

③ Hugo Grotius, *The Rights of War and Peace* (Book III), In Richard Tuck ed., Indianapolis: Liberty Fund, 2005, p. 1753.

于人类理性、道德、常识和自然法理念，借助条约、习惯、国内法等形式，凝聚人类在约束战争及其暴行方面的共识，寻求规范层面约束战争及其暴行的最为有效的办法。为此，战争权和战争方式不断受到规范层面的约束，国内法体系依据战争法规和习惯对战争罪行进行司法追责，直至二战后的国际刑事审判，国际法开始通过追究个人责任来达到报应惩罚、威慑、恢复秩序等规范目的。① 在此过程中，有关战争、战争行为和人权保护的国际法规范不断累积并体系化，而规范目的的达成必须依托规则的普遍遵守；为了保证规则的遵守，历史必须被铭记和借鉴，受害者正义必须得到恢复，规则的威慑力必须得到展现，而国际法追究个人的刑事责任恰恰是为了实现上述目标。

在人类漫长的历史中，战争是国家解决纠纷和满足雄心的一贯手段，没有凌驾于国家之上的权威可以对国家发出避免或禁止战争的命令，这样的国际法律规范更是杳无踪迹。国际人道法未存之时，当战争结束，"向战败者复仇"（*vae victis*）的罗马格言便被战胜者奉为至理名言，他们可以任意对待战败一方。集体责任和集体惩罚是战后安排的传统模式。② 及至近代，才出现了以法治取代复仇的声音和实践，最终，以上级责任为代表的个人责任成了与国家责任相平行的国际法责任模式，这一发展主要通过司法诉讼来实现，相关国际条约的编纂则是后来的事情。③ 纵观国际法层面责任模式的变化历程，寻求恢复并维持社会秩序的有效方法是其发生和演进的重要动因。那么，国际法责任模式的转变是如何逐步实现的？责任模式的"个人化"转变又有着哪些法理层面的考量？

从历史角度看，国际法及其责任制度是屏蔽个人所具有的任何角色的。亨金指出，传统国际法存在几方面的基本假定，其中重要的方面包括：

（一）国际法致力于维护国家价值（state value），包括国家自主、

---

① Ann Tusa & John Tusa, *The Nuremberg Trial*, London: Macmillan Publishers, 1983, pp. 16–17.
② Mohamed Shahabuddeen, *International Criminal Justice at the Yugoslav Tribunal: A Judge's Recollection*, Oxford: Oxford University Press, 2012, p. 5.
③ Beth Van Schaack & Ronald C. Slye, *International Criminal Law and Its Enforcement: Cases and Materials* (2nd edition), New York: Foundation Press, 2010, p. 693.

不干涉以及国家利益;

(二) 国际法基于同意,它由国家创造,而且只调整国家间的关系,言外之意,国际法不调整国家与个人或个人与个人之间的关系;

(三) 国际体系和国际法不调整国家之内发生的事情,如何对待国民是国家自己的事情,这与国际社会和其他国家没有关系;

(四) 国家拥有执行国际法义务的裁量权。[1]

这显然将个人责任及其所涉及的部分实体规定都排除在外,这种基本格局直到二战都没有转变。

从实证法上看,个人不承担国际责任属于一般国际法的原则,个人承担刑事责任原本主要是国内法上的事情,国际法的责任形式还停留在集体责任阶段,它并不直接规定和追究个人的责任,尤其是刑事责任。1838年,针对"卡罗林号事件",阿什伯顿勋爵(Lord Ashburton)呈递给英国女王的函件就事件所引发的责任指出,对"卡罗林号"的攻击是为女皇效力的个人所做出的公共行为,这些人服从上级机构的命令,根据国家的惯例,该事件应该在两国政府之间进行讨论,而不应该针对个人提起诉讼。[2] 随之而来的"麦克劳德案"进一步阐述了从事公共行为之个人不应被追究国际责任的法律原则。[3]

本案中,为解决两国争议,美国国务卿转给总检察长关于美国总统对"麦克劳德案"的指示,时任美国国务卿丹尼尔·韦伯斯特(Daniel Webster)以公函形式向总检察长传达美国总统的指示,公函指出,构成公共权力组成部分并按政府指示行事的个人不应作为私人违法者而被追责,美国无意挑战该原则……上述原则必须被视为有效的抗辩,否则,个人将会因政府行为所造成的损害以及公共的战争行动而被追究责任。这构成英美双方解决争议的基础,由于双方是在一般层面探求双边关系的解决,其中所阐述的法理也构成了当时的"万国法"有关国际关系中法律责任的基本

---

[1] Louis Henkin, "Human Rights and State Sovereignty", *Georgia Journal of International Law and Comparative Law*, Vol. 25, No. 1, 1996, pp. 31-33.

[2] Robert Y. Jennings, "The Caroline and McLeod Cases", *American Journal of International Law*, Vol. 32, No. 1, 1938, p. 93.

[3] 本书将"麦克劳德案"所确立的国际关系中有关责任承担主体的一般原则称作"麦克劳德原则"。

认识：

> 作为公共武装组成部分，并在政府权力之下行为的个人，不应当以个人名义被要求承担责任，这是各文明国家惯例所支持的一项原则……因此，为政府工作、遵守合法上级之命令应当作为一项有效的辩护，否则，个人就会为政府行为，甚至是战争行为承担责任。①

"麦克劳德案"也被广泛解释为支持上述主张，即国家是对其代理人按其指示而从事之国际不法行为承担责任的唯一实体，国际法之下的个人责任问题与此毫无关联。可见，当时"文明国家的惯例"将政府行为和战争中的个人视为国家的代理人，并将国家责任作为不法行为唯一的法律后果，因而不存在所谓的个人责任的问题。晚至20世纪40年代的国际法实践都支持排除个人作为国际责任主体的理论和实践，由国家承担国际责任为一般国际法所支持。例如，国际联盟下设"国际法渐进发展专家委员会"在报告中指出：

> 在国际法的体系下，只有国家拥有权利和义务……因此，根据上述概念，个人不是国际法的主体，违反国际法规则不会涉及任何个人的责任问题。类似的，国际法只向国家施加义务，个人不能（没有权能去）实施国际不法行为。②

纽伦堡审判开始之时，奥托·斯达门尔（Otto Stahmer）博士代表所有被告辩称："在国家间建立真正的秩序是不可能的，因为，每个国家都有在任何时间，为任何目的而发动战争的主权权利"③。第二次世界大战之前，国际社会没有约束战胜者、惩罚战败者的普遍共识和规则，在国际法层面也没有所谓的侵略罪或者战争罪的概念。纽伦堡总检察长罗伯特·杰

---

① Robert Y. Jennings, "The Caroline and McLeod Cases", *American Journal of International Law*, Vol. 32, No. 1, 1938, pp. 82-99.
② League of Nations, Report by Sub-Committee of the Committee of Experts for the Progressive Development of International Law, Doc. C. 46. M. 23, 1926, p. 4.
③ Robert H. Jackson, "Nuremberg in Retrospect: Legal Answer to International Lawlessness", *American Bar Association Journal*, Vol. 35, No. 10, 1949, p. 814.

克逊（Robert H. Jackson）极为简洁地总结了传统国际法的数个假设，纽伦堡法庭的被告也以此作出辩护，这几乎排除了个人的任何官方行为导致法律责任的可能性：

（一）每一个国家都拥有主权，基于主权而诉诸战争的权力是绝对且不受限制的；
（二）战争和参与战争不能被认为是犯罪；
（三）计划、鼓动和发动战争被视为"国家行为"，高官不因此而对国际社会承担责任，国际法也不对此进行追责；
（四）服从上级命令（而参与战争和实施暴行）的个人不因此而承担个人责任。[1]

又如，在东京审判的庭审阶段，辩方就国际法排除个人责任问题做了直接论述。辩方指出，国际法并不是由世界政府通过的世界法，而是由控制一定领土且为其国民之行为承担责任的国家来制定和实施的法律。由国家承担责任是国际法的一般原则，违反国际法义务会产生集体责任，国际法的制裁方式包括报复和战争，它们直接指向实施国际不法行为的国家，而非组成国家的个人。如同国内法一般直接追究个人责任并给予惩罚的方式在由国家构成的国际社会并不适用。[2]

二 早期战争法中的个人责任

因违反军事法规和习惯而追究个人责任的实践在中世纪欧陆诸国的国内立法和实践中便出现了，但毫无疑问，当时的个人责任不是国际法层面的责任形式。不过，现在国际刑法实践很大程度上仿照国内刑法追究个人

---

[1] Robert H. Jackson, "Nuremberg in Retrospect: Legal Answer to International Lawlessness", *American Bar Association Journal*, Vol. 35, No. 10, 1949, p. 813.
[2] Court House of the Tribunal, Summation by the Defense, Record of Proceedings of the International Military Tribunal for the Far East, Vol. 68, 1948, pp. 42205-42207.

责任的模式①，国内军事立法和司法实践为国际人道法和国际刑法的产生和发展提供了重要的规范来源和实践基础。

例1：1279年，英格兰的《威斯敏斯特条例》颁布，它授权国王依据军事法规和惯例惩罚士兵；

例2：1305年，苏格兰民族主义者威廉·华莱士因战争中的残酷行为而被审判和定罪。

例3：1590年和1621年，荷兰和瑞典（瑞典国王古斯塔夫·阿道夫）颁布各自的军事法规（Articles of War）。

例4：1639年，瑞典的军事法规被内战期间的保皇派和革命派译为英文并共同接受，这些法规得到很大程度的遵守并被军事法庭适用。这些欧洲早期的军事法典为通过司法形式（法庭、战争委员会和军事法庭）确认罪行、评估惩罚奠定了基础。②

及至近代，依据军事法规和惯例追究个人责任的实践屡见不鲜，但主要是英美等西方国家针对内战或者对外殖民战争中所发生的罪行。1818年，美国以煽动印第安人发动残酷战争的名义判处两名英国人死刑，值得注意的是，审判所依据的法律并非美国国内法，而是万国法。③美墨战争（1846—1848）期间温菲尔德·斯科特（Winfield Scott）将军所颁发的"20号将令"，并成立军事委员会来审判违反战争法规的行为。《利伯守则》将国内刑法惩治的行为纳入其中。④ 1902年，在先期调查的基础上，美国在菲律宾设立军事法庭审判镇压起义期间美军将领和军官所实施的违反战争法规的残酷行为，例如，发布扰乱秩序和纪律的命令、酷

---

① Beth Van Schaack & Ronald C. Slye, *International Criminal Law and Its Enforcement: Cases and Materials* (2nd edition), New York: Foundation Press, 2010, p.181.
② Joseph W. Bishop, *Justice under Fire: A Study of Military Law*, New York: Charterhouse, 1974, pp.4-6.
③ Jordan J. Paust, "My Lai and Vietnam: Norms, Myths and Leader Responsibility", *Military Law Review*, Vol.57, 1972, pp.113-114.
④ Jordan J. Paust, "My Lai and Vietnam: Norms, Myths and Leader Responsibility", *Military Law Review*, Vol.57, 1972, p.115.

刑、杀人等。①

毫无疑问,上述审判虽涉及国家之间的战争或殖民冲突,但仍然属于国内性质。综述之,西方国家近代军事立法和实践呈现如下特点。

第一,国家对战争行为进行自我约束的倾向表现得非常明显,战争不代表法律的隐没,但调整程度相对较低;

第二,调整战争行为的立法层出不穷,违反战争法规或习惯的行为被逐渐视同为触犯刑法,并产生法律上的个人责任;

第三,军事法规的可裁判性也得到了认可,个人在法律上的责任一般由国内法院、委员会等司法性质的机构进行认定;

第四,值得注意的是,国内的军事法规在国际战争形态下得到适用,且"国际法"作为战争行为规范的理念已经出现。

个人政治责任偶尔出现在战后的政治安排中,它一般针对国家元首。但毫无疑问,在19世纪,个人责任还不具有任何的法律制裁意味。1815年,拿破仑兵败莱比锡和滑铁卢,战胜国同盟对他进行了政治审判并作出了政治宣判,尽管拿破仑所作所为在现在看来更多属于侵略、反人类罪或战争罪。这样的判决旨在威吓法国未来的统治者,因此,他所受到的流放判决很大程度上是基于政治的考量,即恢复欧洲的和平和稳定,当然,其目的更不在于实现战争或暴行受难者的正义。豁免权仍在很大程度上被保留,仅仅有一位将军因忠诚于拿破仑而被以类似战争罪的指控而起诉。②所以,19世纪初的拿破仑审判所涉及的仅仅是政治安排,而非法律意义上的个人责任。

19世纪末期,追究违反战争法的个人责任开始呈现国际性,同时,个人责任的法律性逐渐受到重视。1893年,法国和暹罗(今泰国)达成国际协议《法暹曼谷条约》,其第3条规定,应设立国内法庭以及由法国政府决定的混合法庭,以审判1892年双方领土交割过程中泰国军官帕约(Phra Yot)所实施的背信弃义的行为和暴行。次年1月,泰国政府组成临时特别法庭,法庭对适用法律、审理程序、被告人权利等内容做了规定。法庭以

---

① See Leon Friedman, *The Law of War: A Documentary History*, New York: Random House, 1972.
② Cherif Bassiouni, *Introduction to International Criminal Law* (2nd edition), Leiden: Martinus Nijhoff Publishers, 2013, pp. 1022-1023.

不具有指挥权限、接受上级命令、自卫、遭受胁迫等抗辩理由判决帕约对所控行为不承担法律责任。[1] 特别法庭作出判决后，法泰双方同意建立混合法庭继续审判"帕约案"。混合法庭主席由法国人担任，法泰双方各委派两名法官；法庭详细规定了被告的法律权利、所管辖的罪行（谋杀、刺杀、偷盗、纵火、杀婴、杀害近亲等）。法庭多数意见认为，帕约构成暗杀行为的共犯；不过，罪行发生时法泰两国处于和平时期，因而，战争法不予适用。最终，被告人帕约被判处20年监禁和劳役。[2] 对于个人责任的追究，该案存在如下启示：

第一，审判在殖民势力压倒性优势的背景下进行，充斥着"胜者正义"的气息，面临正当程序的拷问；

第二，混合法庭被认为属于国际性质，甚至被认为是第一个现代超国家刑事法庭，它代表着相关国家通过法律程序而非政治报复处理个人违反军事法规和惯例问题的努力，相关国家将个人责任的追究作为维护和平的重要条件，这凸显了国际刑事正义的重要使命；

第三，帕约案的法庭展示了"补充性原则"在国际刑事审判中的起源；本案的审判程序虽然受到质疑，但相对于二战结束前的法律文件而言，"混合法庭规则"赋予了被告人更多的法律权利，因此，某些学者也认为，本案代表着国际正当程序的诞生[3]。

无论如何，个人责任存在于传统战争法中，这是个人责任在国际层面萌芽的重要渊源之一。可以引申得出的一个结论是，个人责任在国际和地区秩序的形成和维护中扮演一定的角色。

---

[1] Benjamin E. Brockman-Hawe, "A Supranational Criminal Tribunal for the Colonial Era: The Franco-Siamese Mixed Court", In Kevin Jon Heller & Gerry Simpson eds., *The Hidden Histories of War Crimes Trials*, Oxford: Oxford University Press, 2013, pp. 50-64.

[2] Benjamin E. Brockman-Hawe, "A Supranational Criminal Tribunal for the Colonial Era: The Franco-Siamese Mixed Court", In Kevin Jon Heller & Gerry Simpson eds., *The Hidden Histories of War Crimes Trials*, Oxford: Oxford University Press, 2013, pp. 64-69.

[3] Benjamin E. Brockman-Hawe, "A Supranational Criminal Tribunal for the Colonial Era: The Franco-Siamese Mixed Court", In Kevin Jon Heller & Gerry Simpson eds., *The Hidden Histories of War Crimes Trials*, Oxford: Oxford University Press, 2013, pp. 70-74.

三 追究个人国际责任的初步尝试

个人责任是正义价值的要求。公元前458年,古希腊作家埃斯库罗斯(Aeschylus)在其《俄瑞斯忒亚》(Oresteia)中引入了个人正义的概念,该作品中,正义女神以个人责任代替由来已久的集体复仇,个人责任由公正的法官依据公平、公开的程序判定,个人责任代替集体责任的目的在于防止无止境的复仇和暴力。① 个人责任是国内法中被作为法治基本假设、得到普遍承认的原则,个人是国内法的基本单位,个人违反法律义务必须承担相应的责任,这是法律的规定,也是正义的要求。不过,国际法层面的个人责任并非自古有之,它在近代的出现和发展经历了曲折的历史过程。

(一)巴黎和会:个人责任的萌芽

人类利用刑事法律作为违反战争法之制裁的思想源自一战期间,追究个人违反国际法的刑事责任是人类对残酷的战争进行反思的结果,战胜国希望通过追究对战争负有责任的个人责任,来更加有效地应对战争发动的根源,同时,使久已确立的战争法规和惯例具备可执行性。② 一战之后,作为战胜一方的协约国提出了追究战败一方的个人责任的动议。1919年1月18日,以确定和平状态为目标的巴黎"和平会议"召开,和会下设的委员会负责起草和会通过之动议的任务,和会开始后不久,协约国便成立了调查战争原因与责任的委员会,即"战争发动者责任及惩罚执行委员会"(委员会)。该委员会由15位成员组成,计划在两个月的秘密会议后提出最后报告。③ 委员会被赋予的调查职权包括五项,其中有三项内容涉及个人责任问题:

---

① Cherif Bassiouni, "Perspectives on International Criminal Justice", *Virginia Journal of International Law*, Vol. 50, No. 2, 2010, p. 277.
② Michael Bothe et al., "Complementarity: Ensuring Compliance with International Law though Criminal Prosecutions-Whose Responsibility?", *Die Friedens-Warte*, Vol. 83, No. 4, 2008, p. 59.
③ James F. Willis, *Prologue to Nuremberg: The Politics and Diplomacy of Punishing War Criminals of the First World War* (1st edition), Westport and London: Greenwood Pub Group, 1982, pp. 9-10.

1. 发动战争的责任;

2. 有关同盟国主要成员违反战争法规和惯例的事实;

3. 作为敌方军队特殊成员的个人应当承担的责任程度,无论他们的等级如何;

4. 负责审判这些罪行的法庭的规约和程序;

5. 调查过程中与上述事宜相关或者附属于上述事宜的事项,以及委员会认为有用或相关的其他事项。①

1919年3月29日,委员会正式提交了"呈递给预备和平会议的有关战争发动者责任及执行惩罚的报告"(以下简称"委员会报告")。一方面,委员会报告从国际关系层面阐述了战争的起因,委员会报告认为,以德国和奥匈帝国为首的同盟国应当完全承担发动战争的责任,它们蓄意阻止协约国所提出的和解建议,拒绝协约国避免战争的不断努力,不过,在巴西奥尼看来,全部由战胜国成员组成的委员会所得出的结论并不具有说服力。另一方面,委员会报告对个人豁免、指挥官责任、战争罪(列举了长达32项具体罪行)和反人类罪(委员会试图依据"马尔顿条款"解决合法性问题,但美国以保留备忘录的形式表达了反对)等涉及个人责任的法律问题做了探讨。② 但是,整体来讲,其目的"并非为实现刑事追责或追求世界和平,相反,责任确认代表着使严苛的赔偿条款合法化的企图"③,委员会报告所建议的责任模式仍然是具有惩罚性质的国家赔偿责任。

委员会报告确立了追究个人因违反战争法规和惯例而产生的责任问题。委员会报告指出,同盟国以野蛮且非正当的方式从事战事,敌方国家有罪的所有人,包括国家元首,应当为这些战争罪行承担个人责任并接受刑事惩罚。④ 委员会报告对个人责任问题的规定不可避免地触及传统外交

---

① "Commission on the Responsibility of the Authors of the War and on Enforcement of Penalties", *The American Journal of International Law*, Vol. 14, No. 1/2, 1920, p. 116.

② See "Commission on the Responsibility of the Authors of the War and on Enforcement of Penalties", *The American Journal of International Law*, Vol. 14, No. 1/2, 1920.

③ Cherif Bassiouni, "World War I: The War to End All War and the Birth of a Handicapped International Criminal Justice System", *Denver Journal of International Law & Policy*, Vol. 30, No. 3, 2002, pp. 255-256.

④ "Commission on the Responsibility of the Authors of the War and on Enforcement of Penalties", *The American Journal of International Law*, Vol. 14, No. 1/2, 1920, p. 116.

关系和国际法上的一个重要问题，即个人豁免，尤其是主权者的不可侵犯性。如果要追究个人因发动战争和实施战争罪行的个人责任，习惯国际法及国内法赋予个人的豁免就必须被"刺破"，委员会似乎通过国际法-国内法的两元区分和自然法观念来达成此目的。委员会认识到，现实存在于国内法中的豁免特权并非根本的，因而，并非不可改变。

国际社会迥异于国内社会，国际法层面个人责任的确立需要突破国内法长久以来所保有的传统观念。委员会报告说道："当恰当组成的审判庭确定责任后，在任何情形下，无论多高的级别，没有道理让它来保护其拥有者免于法律责任，对国家元首也是如此……尽管在某些国家主权者可以免于在国内法院被起诉，从国际视角来看，他所处的地位完全不同。"① 就字面而言，委员会确实没有解释在国际法层面确立个人责任的原因，似乎可以说，个人责任得以确立的实证法基础并不存在，可以依靠的仅仅是人类的常识和国际社会的现实需求。委员会建议成立由多国法官组成的法庭，并在征得所涉国家同意的基础上审判其主权者，这照顾了主权原则的基础性地位。委员会补充说，如果豁免权可以扩展到违反战争法规和惯例的领域，那么，这无异于"确立以下原则，即对战争法规和惯例以及人道法最为粗暴的违反将得不到惩罚，这样的结论将会震撼文明世界的良知"。② 这种依托良知的立论是国际法确立个人责任或国际法刑法化的重要规范路径。③

另外，委员会还提出依据"消极罪责"（negative criminality）追究个人责任的建议，这体现了"上级责任"和"下属责任"在国际法上得以确立的基本考量，即规则的遵守。首先，对于违反战争法规和惯例以及人道法的行为，如果仅有低级别的官员被惩罚，而高级别的官员却不接受审判

---

① "Commission on the Responsibility of the Authors of the War and on Enforcement of Penalties", *The American Journal of International Law*, Vol. 14, No. 1/2, 1920, p. 117.
② "Commission on the Responsibility of the Authors of the War and on Enforcement of Penalties", *The American Journal of International Law*, Vol. 14, No. 1/2, 1920, p. 116.
③ Cherif Bassiouni, "The Discipline of International Criminal Law", In Cherif Bassiouni ed., *International Criminal Law: Sources, Subjects and Contents* (3rd edition), Leiden: Martinus Nijhoff Publishers, 2008, p. 3.

和惩罚的话，那么被违反的原则的效力证明将变得不完全，[1] 从逻辑而言，未来它们还将可能被违反，至少理论上如此。其次，如果上级命令可以作为辩护理由，那么违反国际法规则的下级官员都可以将责任推给享有所谓豁免权且没有采取任何预防措施的上级，那么，不仅审判和惩罚的过程无法顺利进行，而且战争法规和惯例以及人道法还可能因此丧失执行力，未来的规则遵守变得不可期望。最后，国家元首和上级官员对罪行的实施存在认识，他们本可以减少战争的暴行，他们的一句话便可以改变下属的行为方式，然而他们并没有这么做，同时，上级官员因此而承担责任并不免除下属实施暴行所应承担的责任。[2] 从规则遵守的角度考虑，缺乏任何一环，规则遵守便无法得到有效的保障。

国际法层面个人责任的确立遭受传统理念和实践的抵制，在原本由道德或者政治进行调整的国际关系领域确立法律责任，这容易引发主权国家的警觉。追究所谓的"主权者"在国际法上的个人责任属于创造性的举措，国际法上缺乏在先实践以及相应的规范支撑，某些国家对此尚有忌惮。在委员会早期会议及下属委员会的讨论过程中，美国代表提出，应当区分法律责任和道德责任，前者可以通过适当设立的法庭进行审判和惩罚，后者则超越司法程序之外，仅仅接受道德制裁[3]，即法律与政治应当分开看待，政治领域的责任只是道德层面的。

对国际法追究国家元首的个人责任的动议，美国认为这属于国内管辖的事项，国际法不应该剥夺国内法所确认的主权豁免原则。在其提交给委员会的"保留备忘录"中，美国代表指出，"追究国家元首责任所依据的法律是国内法，而非他国法律或者国家间的法律，他只接受本国法庭的审判，而不是他国或者国家间的法庭……"，[4] 在美国代表的观念里，作为主权的代表者，其责任是由国内宪法规定的，而外国元首毫无疑问地享有免

---

[1] "Commission on the Responsibility of the Authors of the War and on Enforcement of Penalties", *The American Journal of International Law*, Vol. 14, No. 1/2, 1920, p. 117.

[2] "Commission on the Responsibility of the Authors of the War and on Enforcement of Penalties", *The American Journal of International Law*, Vol. 14, No. 1/2, 1920, p. 117.

[3] "Commission on the Responsibility of the Authors of the War and on Enforcement of Penalties", *The American Journal of International Law*, Vol. 14, No. 1/2, 1920, p. 128.

[4] "Commission on the Responsibility of the Authors of the War and on Enforcement of Penalties", *The American Journal of International Law*, Vol. 14, No. 1/2, 1920, p. 136.

于被起诉的豁免权。美国代表特意援引了1812年美国最高法院的"斯库纳诉麦克法顿案"（The Schooner Exchange v. McFaddon），马歇尔法官在本案中关于外国主权者违法行为的司法审判有经典的论述："……唯有主权权力才能够对另一个主权者所犯下的错误进行报复，该错误所产生的并非法律问题，而是政策问题，这些问题只能进行外交而非法律讨论，这非常重要，值得关注。"① 美国代表接着说道，自己强调司法豁免的意思并非指主权者对违反战争法规和惯例的行为不负责任，而只是说主权者只对其本国的政治权威负责罢了；主权者只对其本国负责，将他置于其他国家的管辖权之下有违主权的概念。②

政治与法律相分离是美国代表团反对追究个人（尤其是主权者）法律责任的核心论据。美国代表认为，针对国家元首违反实在法所承担的责任，自己所作推论是严格且纯法律意义上的，它们不适用所谓的政治罪行或政治制裁。因此，对于主权者的责任问题应该留给政治家而非法官来决断，相应地，主权者应当受到政治而非法律制裁。③ 当然，国际社会（或战胜国）不能想方设法地将政治责任法律化，转而将之作为国际法律问题来解决，也就是说，即使是依据法律来惩处战败国中负有责任的个人，也应当遵守时际法原则，即"追究个人责任所依据的法律应当是行为实施之时的法律，而不能是事后法"④，换言之，战胜国不能够创造可以追溯性适用的国际法规则，而后依此追究因实施在先之行为而产生的责任。何况，协约国计划审判的对象，即德皇威廉二世，已经退位或说被其人民抛弃，因而法律责任的追究只是针对一个不在其位的个人，这不仅偏离法律责任追究的本来意义，而且最终也将演变成国家责任。⑤ 在美国代表的观念里，这样的责任追究与国家责任并无二致，何必多此一举。

另外，日本代表的观点部分反映了追究个人责任的目的。"日本代表

---

① The Schooner Exchange v. McFaddon, 11 U.S. 7 Cranch 116, 1812, p. 146.
② "Commission on the Responsibility of the Authors of the War and on Enforcement of Penalties", The American Journal of International Law, Vol. 14, No. 1/2, 1920, pp. 135-136.
③ "Commission on the Responsibility of the Authors of the War and on Enforcement of Penalties", The American Journal of International Law, Vol. 14, No. 1/2, 1920, p. 136.
④ "Commission on the Responsibility of the Authors of the War and on Enforcement of Penalties", The American Journal of International Law, Vol. 14, No. 1/2, 1920, p. 136.
⑤ "Commission on the Responsibility of the Authors of the War and on Enforcement of Penalties", The American Journal of International Law, Vol. 14, No. 1/2, 1920, p. 136.

团保留意见"指出，日本代表相信，战争中敌方实施了众多违反国际法基本原则和规则的罪行，认识到身处高位的官员对罪行负有主要责任。为重新确立被违反的法律原则的未来效力，应当寻求办法对负有责任的个人进行惩罚。[1] 日本官员的发言实际上反映了在国际法层面追究个人责任的目的，即恢复已经被破坏或践踏的国际法规则的影响力或规范效力，从而保证未来此类国际法规则能够得到遵守。从字面解读，通过惩罚对战争罪行负有责任的个人，国际法的权威性能够体现出来，而惩罚所体现的威慑力能够促使个人服从于规则。但是，对于交战一方以违反战争法规和惯例为由审判国家元首的创造性举措，日本代表团持谨慎态度；对于依据消极罪责追究上级官员的责任，日本则表现出了极大的怀疑[2]。有趣的是，二战后的"山下奉文案"便是依据消极罪责来审判和定罪的。

（二）个人责任纳入国际法的开端

1919年6月28日，《凡尔赛和约》（以下简称《和约》）在巴黎签订，其中包含了关于追究个人战时行为的刑事责任条款。在巴西奥尼先生看来，《和约》代表着近代国际法发展的数个重大创新。一方面，《和约》确立了国家领导者因为发动和推行反和平战争而应该承担的个人责任，这在历史上前无古人。[3] 另一方面，《和约》在国际法上确立了这样的原则，即战争罪的刑事责任是构建和平的恰当方式，战争的结束并不自然而然地带来对战争犯罪的赦免。[4] 具体而言，《和约》通过第227—231条等条文规定了上级责任、战争罪责任、管辖权、同盟国程序义务、国家责任等内容。

第一，国家整体的责任。《和约》似乎依靠"整体与个人"的关系来支撑追究个人责任的合法性。它认为，德国作为整体犯下了发动战争和造成损害的罪行，自然而然，德国应当承担赔偿等国家层面的责任，而德国元首和军队成

---

[1] "Commission on the Responsibility of the Authors of the War and on Enforcement of Penalties", *The American Journal of International Law*, Vol. 14, No. 1/2, 1920, p. 151.

[2] "Commission on the Responsibility of the Authors of the War and on Enforcement of Penalties", *The American Journal of International Law*, Vol. 14, No. 1/2, 1920, p. 152.

[3] Cherif Bassiouni, "World War I: The War to End All War and the Birth of a Handicapped International Criminal Justice System", *Denver Journal of International Law & Policy*, Vol. 30, No. 3, 2002, p. 267.

[4] Cherif Bassiouni, "World War I: The War to End All War and the Birth of a Handicapped International Criminal Justice System", *Denver Journal of International Law & Policy*, Vol. 30, No. 3, 2002, pp. 267-268.

员也因此承担个人层面的责任。第231条被称为"战争罪责"条款：

> 德国及其盟国发动强加于协约国及其盟国以及它们的国民的侵略战争，对于由此而造成的所有损失和损害，德国及其盟国承担责任，协约国及其盟国对此予以确认，德国对此予以接受。

第231条源于美国代表团成员向和会提交的折中意见，他们希望在道德层面，而非法律层面确立德国的战争赔偿责任。在协约国看来，第231条是有关"战争赔偿"问题的一般陈述，第232条可以被视为本条的补充和说明①。战争责任问题由条约的其他部分予以规定，主要是不容辩驳的个人责任问题。② 不过，德国人将第231条视为审判战争罪责的基础，协约国企图凭借这个类似于空头支票的条款来向德国索取无限的赔偿，因此，德国人普遍将该条款斥为"战争罪责谎言"。③

第二，国家元首的责任。《和约》第227条规定了承担个人责任的主体及规范基础。约文规定，协约国及其盟友公开谴责前德国皇帝威廉二世所实施的违反国际道德和神圣条约的"至高罪行"④。一方面，协约国将发动战争置于最高的罪行，这是符合逻辑的定位，因为战争是引发其他严重违反国际法的罪行的根源。另一方面，国家元首之所以对发动战争承担个人责任，其原因在于该行为践踏所谓的国际道德，而且也违反既有条约的神圣性，从字面理解，前德皇所作所为并非对既有国际法规则的违反，只是政治层面的不法行为，而非法律层面的国际罪行，显然，这与美国代表团所提出的保留意见相契合。⑤

---

① 《凡尔赛和约》第232条主要规定了德国承担赔偿责任的义务、方法、数量等，这属于典型的传统国家责任形式。
② Cherif Bassiouni, "World War I: The War to End All War and the Birth of a Handicapped International Criminal Justice System", *Denver Journal of International Law & Policy*, Vol. 30, No. 3, 2002, p. 275.
③ Cherif Bassiouni, "World War I: The War to End All War and the Birth of a Handicapped International Criminal Justice System", *Denver Journal of International Law & Policy*, Vol. 30, No. 3, 2002, p. 275.
④ 《凡尔赛和约》第227条第1款。
⑤ James B. Scott, "The Trial of the Kaiser", In Edward Mandell House & Charles Seymour eds., *What Really Happened at Paris: The Story of the Peace Conference*, New York: C. Scribner's Sons, 1921, p. 237.

《和约》第 227 条规定了追究前德皇个人责任的规范依据，即法庭依据怎样的规范来确定被告的责任。约文指出，法庭做出的决定需要接受"国际政策之至高意图"的指导①，至于什么是所谓的最高动机或意图，第 227 条本身没有规定，但《和约》序言中有"使战争被稳固、公正和持久的和平所代替"的用语，这或许就是此处所说的意图。另外，法庭进行审判的目标也在约文中得到了体现，即"证明国际承诺所产生义务之庄严以及国际道德的效力"，这说明，在缔约各方，至少是《和约》起草者的观念里，审判的目的在于恢复和平的秩序，而恢复和维持战后秩序则需要依赖国际规则或道德的遵守。

第 227 条第 2 款规定，协约国将成立特别法庭，以审判前德皇威廉二世。法庭由五个协约国指派的法官组成。第 4 款接着规定，协约国将寻求向荷兰政府提出引渡前德皇的请求，以便他能够得到审判。对于本条通过审判追究元首责任的规定，德国和平代表团提出了书面异议。② 德国认为，审判德国皇帝没有法律基础，在行为发生之时，尚没有规则规定对政治行为施加刑罚，而且德国法律也禁止将个人转交给其他法庭进行审判。而且，在德国人看来，1914 年战争的爆发是出于防御俄国挑衅，因此，战争的责任应该首先归于俄国，协约国成员应当承担一定的责任。况且，发动战争的政府早已消失，追究继任者因战争损害而应承担的责任只能被认为是一种报复行为，而不能称之为一项和平条约的恰当基础。③

第三，个人因战争罪而承担的责任。《和约》第 228 条针对实施战争罪行的普通个人。约文规定，协约国有权通过军事法庭对被指控实施战争罪行的个人进行审判。如果被认定有罪，那么他们将被依法判处刑罚。④ 不同于元首责任，对于违反战争法规和惯例的个人，交战一方通过军事法庭审判并确定罪责并非属于创造性的举措，依据国内法进行类似的审判早已普遍存在。如前所述，战争法规和惯例早就以国内成文法的形式出现，第 228 条规定罪责的依据并没有超出国内法的范围，尽管当时相应的规则

---

① 《凡尔赛和约》第 227 条第 3 款。
② 在和会上，以法国为代表的协约国拒绝与德国协商战争责任问题，德国代表团只能够提交书面的反对建议。
③ Michael S. Neiberg, *The Treaty of Versailles: A Concise History*, Oxford: Oxford University Press, 2017, p.59.
④ 《凡尔赛和约》第 228 条第 1 款。

已经被视作习惯法或者被编纂进入了海牙公约体系。

第四,《和约》第 228 条的规定仍然是以国内管辖权为基础的,德国承担将被诉的个人交予(shall hand over)协约国及其盟国之一,而后,由各战胜国的军事法庭进行审判。因此,从法律层面来讲,对于违反战争法规与惯例之普通个人的管辖,《和约》只是将国内法管辖事宜纳入一个国际和平文件,或者说,仅仅利用多边政治平台来讨论战争罪的责任追究问题,其目的在于保证被告能够出庭,战胜国的国内司法程序能够顺利进行,这一点从第 229 条的规定看得更加清晰。

《和约》第 229 条规定了战胜国对战争罪进行管辖的原则。《和约》采用了类似于现代国际法中的消极属人原则,协约国及其盟国根据受害者的国籍来确立国内刑事管辖权。这一点是这场审判的国际性的体现。国内战争没有突破国家的领土界限,交战一方对违反战争法规和惯例的个人进行审判主要依据属地原则和属人原则,即对于在本国领土或所控制领土范围内发生的或本国国民实施的战争罪行,本国国民或者交战一方有权进行审判并惩罚负有法律责任的个人。对于一战这种超越国界的战争,战争罪行虽然可能针对本国国民或财产,但往往在其他国家领土范围内实施,因此,属地原则便无法保证本国法庭对战争罪行进行有效的管辖。有鉴于此,《和约》才规定:"针对协约国及其盟国的国民实施刑事犯罪的个人将接受该各国法庭的审判"。

《和约》追究个人责任的国际性的另外一点是所谓的"联合军事法庭",对多个协约国的国民实施刑事犯罪的个人将接受由该国成员组成的军事法庭的审判。从字义上理解,《和约》意在建立由多国法官组成的军事法庭,审判超越一国管辖权范围的战争罪行,这是否意味着这样的军事法庭便属于国际法庭,而在这个法庭接受审判的个人所承担的则是国际法上的刑事责任? 显然不是。如一位学者所言,协约国集团从未打算成立国际法庭,更不必说所谓的超国家法庭[①]。当然,美国一直致力于阻止委员会所建议的国际刑事法庭的成立,因此推出了第 228 条和第 229 条的折中方案。即便如此,《和约》的刑事责任条款并非毫无创新,《和约》在国际

---

① Arthur Walworth, "Wilson and His Peacemaker: American Diplomacy at the Paris Peace Conference, 1919", *History Teacher*, Vol. 24, No. 2, 1991, p. 215.

法层面对国家通过审判追究实施战争罪行之个人的刑事责任的做法给予了确认。如别扎内克（Bierzanek）所言，国际法允许战争罪行受害者所属国对被控违反战争习惯的人进行审判；对于违反战争法的敌方成员个人，国际习惯承认战胜国审判这些人的权力。[1]

德国对第 228 条规定的战争罪责条款提出了异议，主要质疑《和约》所规定的罪责归属以及法庭构成的不合理、不公平。之所以说不合理，在德国看来，个人为国家战斗、保卫国家的行为怎么可以被追究责任？时任"德国和平委员会"主席布罗肯多夫-朗曹伯爵（Ulrich Von Brockdorff-Rantzau）指出，战争中的罪行当然不可原谅，但它是为了争取胜利、保卫国家生存以及在掩盖人类良知的激情之下犯下的。在德国看来，追究这些个人的责任不合情理。这位似乎满怀委屈或者义愤填膺的主席接着说道，在谈及责任和惩罚之前，想想你们协约国在战争中做了些什么？通过封锁，成百上千的非战斗员死亡，这种行为发生在协约国取得胜利之后，而且是故意为之。[2] 也就是说，对于协约国所犯下的同样违反战争法规和惯例的行为，《和约》并未规定追究其罪责，这显然不符合公平原则。对此，德国提出，他们希望违反国际法的罪行能够得到严厉的惩罚，但这些罪行应当提交给中立的国际法庭，以审判所有《和约》签署国国民的违法问题。[3]

（三）一战后个人追责的法律遗产

一战之后，为恢复正常的国际秩序，协约国对德国施以严苛的惩罚，为了满足大众对正义或者复仇的渴望，协约国还需要将这场残忍、不人道且耗资甚巨的战争归结于个人，即对战争罪行进行审判。同时，战后不仅有复仇和秩序重构，人类限制和废止战争的运动再次起航，国际社会认识到，欲求上述目的之达成，必须改革国际法，使违背国际法发动战争被定

---

[1] Remigiusz Bierzanek, "War Crimes: History and Definition", In Cherif Bassiouni ed., *International Criminal Law* (2nd edition), New York: Transnational Publisher, 1999, p. 89.

[2] Cherif Bassiouni, "World War I: The War to End All War and the Birth of A Handicapped International Criminal Justice System", *Denver Journal of International Law & Policy*, Vol. 30, No. 3, 2002, p. 290.

[3] Cherif Bassiouni, "World War I: The War to End All War and the Birth of A Handicapped International Criminal Justice System", *Denver Journal of International Law & Policy*, Vol. 30, No. 3, 2002, p. 276.

为犯罪，相关的个人被追究个人责任。[1]

但是，由于德皇因亲缘关系得到庇护，且协约国担忧审判可能激起德国国内的起义，审判无疾而终，既往不咎成为当时政治环境下的选择。一战期间，奥斯曼土耳其帝国实施了针对亚美尼亚人的灭绝种族行为。战后，协约国与奥斯曼土耳其帝国所签订的《塞夫勒和约》第230条规定，土耳其有义务将对大屠杀负有责任的个人交予协约国；协约国有权建立法庭审判被控诉的个人，待国际联盟成立法庭后，协约国有权且土耳其有义务将负有责任的人交由该法庭审判。1918年底，土耳其国会主导对大屠杀展开调查，土耳其建立军事法庭以追究对亚美尼亚事件相关个人的刑事责任。1920年，卡莫尔革命推翻原苏丹政府，新政府否认原有伊斯坦布尔政府所签署的条约和协定，针对亚美尼亚大屠杀而设立的法庭被取缔，被指控的个人均被赦免。[2] 尽管无疾而终，但审判是奥斯曼土耳其帝国高级官员第一次因针对非穆斯林群体所犯罪行而进行的追责行动，且审判过程对灭绝种族罪有大量的论述，包括行为方式、行为性质、主观意图、责任形式（主要共同正犯和从犯）等，这为日后依据灭绝种族罪追究个人责任积累了经验。[3]

对于一战后追究个人责任的动议，巴西奥尼评论说，除了有助于奠定未来国际刑事司法的法律基础之外，一战后协约国对战争及其暴行进行司法惩治的实践是失败的。[4] 虽然如此，整体而言，《和约》所包含的追究个人责任的动议是国际法上的重大突破，它对国际刑法和个人责任理念的发展具有十分重要的意义。

首先，审判动议显示，正义价值在战后国际社会的和解和秩序重构中发挥着愈发重要的作用，这一点得到了政治家们的认可，国际秩序的"工

---

[1] *Prosecutor v. Tadic*, Judgment, IT-94-1-T, 1997, para. 663.
[2] Jennifer Balint, "The Ottoman State Special Military Tribunal for the Genocide of the Armenians: 'Doing Government Business'", In Kevin Jon Heller & Gerry Simpson eds., *The Hidden Histories of War Crimes Trials*, Oxford: Oxford University Press, 2013, pp. 76-99.
[3] Vahakn N. Dadrian, "The Turkish Military Tribunal's Prosecution of the Authors of the Armenian Genocide: Four Major Courts-Martial Series", *Holocaust and Genocide Studies*, Vol. 11, 1997, p. 30.
[4] Cheriff Bassiouni, "World War I: The War to End All War and the Birth of a Handicapped International Criminal Justice System", *Denver Journal of International Law & Policy*, Vol. 30, No. 3, 2002, p. 290.

匠"们试图另辟蹊径，通过将法律制裁延伸至战争及战争暴行的根源，从而将战后秩序确立在更为牢固的法治基础上。

其次，英国、法国、比利时等国内部的公民与团体大声疾呼和支持对战犯的审判，这代表着公众意见影响力的上升，类似于当今国际公民社会对国际罪行进行追责的呼吁，尽管其中也夹杂着利用公众情绪而欲达到的政治目的。[1] 公民社会成为促进国际刑法发展和遵守的重要力量。

最后，以审判和惩罚个人来增强国际法制裁力的思路延续下来，成为影响后世国际刑事司法演进的重要法律遗产。在向荷兰递交的转移威廉二世的请求中，协约国说道，第 227 条所规定的审判不容置疑，这并不是这种公共谴责的基础是否具备司法性质的问题，它是根据普遍良知所确立的国际政策而采取的行为，通过这种法律形式，被告被赋予了公法历史上从未有过的保障。[2]

可见，协约国本身也认识到，通过审判追究国家元首因发动战争及战争罪行而产生的责任，在国际法历史上属于前所未有的创新，其中的核心仍在于"区分问题"，即如何将具有开创性的个人司法追责与法律伪装之下的复仇相区别：协约国给出的答案与"山下奉文案"不同意见中的观点一致，那就是需要依托程序正义，保障被告者的诉讼权利，通过正当程序来将新旧时代和无辜有罪区别开来。至于这种正当程序的内容和效果，则留待后世探索。

四 传统国际责任去个人化的制度架构

（一）国际责任制度

"无责任，便无法律"（*ubi responsabilitas, ibi jus*）。在一个规范体系内，如果违法行为能够导致可预见的后果，那么这个体系便能够被称为法律的体系。在实证法上，责任要求法律主体控制自身的行为，并依据法律

---

[1] Cheriff Bassiouni, "World War I: The War to End All War and the Birth of a Handicapped International Criminal Justice System", *Denver Journal of International Law & Policy*, Vol. 30, No. 3, 2002, p. 252.

[2] James F. Willis, *Prologue to Nuremberg: The Politics and Diplomacy of Punishing War Criminals of the First World War* (1st edition), London: Greenwood Press, 1982, p. 85.

接受惩罚或进行赔偿,并以此恢复遭到破坏的社会关系。① 相较于国内法语境下的法律责任,国际责任在主体、内容、形式以及形成机制方面具有其独特性。国际责任是主权权能的内在构成,同时也是主权平等原则的逻辑结果,绝对的和不负责任的主权不符合国际社会对秩序的追求,否定责任就等于否定主权平等原则及整个国际法制度。②

大体而言,传统国际责任制度包含三个层面的基本内涵,它们各自蕴含着国际责任制度演变以及个人责任得以衍生的变量要素。首先,国际责任以恢复正义为价值导向。国际责任根植于自然法的正义理念,它要求对行为所导致的损害进行赔偿,维护权利和利益的完整状态。王铁崖先生指出,"如同私法中的责任概念,国际责任的最终目的之一是对权利和利益受到侵害者给予赔偿"③。其次,国际责任以保护特定法益的初级义务为规范前提。当国际法主体违反了特定初级义务,国际不法行为所归属的法律主体与受害主体之间便产生了以赔偿为主要内容的新的法律关系。最后,国际责任是国际法体系可制裁性的规范表征。国际责任确认非法状态,重塑国际合法性,发挥着执行国际法这一强制秩序的规范功能。④

(二)传统国际责任的基本架构

传统国际责任制度受制于国际关系的历史阶段特征,但又不啻被刻意塑造的偏于保守的法律制度。传统国际责任被设置在法律主导的特定领域内,使国际法通过条件设定和程序规则介入国际关系的政策选择,这调和了国际责任对于主权原则与形式法治的双重诉求。该过程的代价在于国际责任基本架构高度限缩,国际社会共同利益的考量被排除在传统国际责任制度之外,但这种保守倾向迎合了欧陆法学理论对实证、形式及系统化法律的要求。⑤ 可以说,传统国际责任是法律主义在国际关系中兴起并演进

---

① H. L. A. Hart, *Punishment and Responsibility: Essays in the Philosophy of Law*, Oxford: Oxford University Press, 2008, p. 216.
② 余民才:《国家责任法的性质》,《法学家》2005 年第 4 期。
③ 王铁崖:《国际法》,北京:法律出版社,1995,第 137 页。
④ Charles Leben, "Hans Kelsen and the Advancement of International Law", *European Journal of International Law*, Vol. 9, No. 2, 1998, pp. 287-305.
⑤ Georg Nolte, "From Dionisio Anzilotti to Roberto Ago: The Classical International Law of State Responsibility and the Traditional Primacy of a Bilateral Conception of Interstate Relations", *European Journal of International Law*, Vol. 13, No. 5, 2002, pp. 1087-1088.

的初步形态，其基本架构有集体性、双边性以及以赔偿为主要内容这三个基本特征。

第一，集体性是传统国际责任的基本特征。传统国际法的可制裁性由法律形式（via juri）和强力形式（via facti）两个部分构成，前者为传统国际责任制度所辖，后者则包括报复和战争，后者往往是前者的补充手段。从形式上讲，两者都具有浓重的集体性特征。[①] 如国际仲裁案件揭示，"在国际法体系内，责任是国家之间的事情，在国家与个人之间不存在国际责任的问题，国际不法行为对一国国民所造成的损害便是对该国权利与利益的损害"[②]。这意味着，个人行为及其影响在国际法层面被消隐了，国际法利用法律拟制、豁免权、公共行为等手段实现了责任的集体性垄断（见图1-1）。

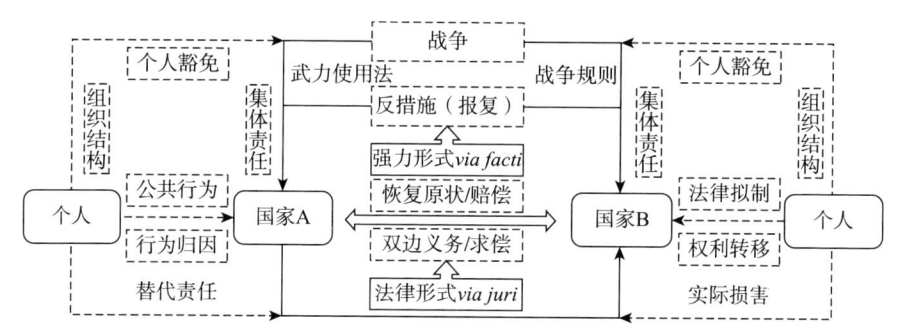

图1-1 传统国际责任的基本架构

第二，传统国际责任以双边国际关系为规范背景。"这丝毫不令人惊讶，国家责任概念源自完全双边性质的国际义务，并聚焦私有财产的保

[①] 安吉洛蒂（D. Anzilotti）认为，在由双边义务构成的传统国际法框架下，进行赔偿是国际责任的首要内容，它与报复等制裁以及单纯的利益截然不同。Georg Nolte, "From Dionisio Anzilotti to Roberto Ago: The Classical International Law of State Responsibility and the Traditional Primacy of a Bilateral Conception of Interstate Relations", *European Journal of International Law*, Vol. 13, No. 5, 2002, p. 1087. 凯尔森持相反观点，他认为强力形式的国际责任源于一般国际法，以国际协议、仲裁等为基础的赔偿恰恰是强力责任形式的例外和补充。Robert Kolb, *The International Law of State Responsibility*, Northampton: Edward Elgar Publishing, 2017, pp. 4-5, 9-10.

[②] Mexican-United States General Claims Commission, "The Dickson Car Wheel Co. Claim", *Recueil of International Arbitral Awards*, Vol. 4, 1931, p. 678.

护",它的适用范围非常局限,因此也主要被私法原则所主导。① 在此背景下,传统国际责任存在一项去个人化的法律拟制,即国际不法行为所造成个人之物质损害往往转化为该个人所属国之权利与利益的损害,个人求偿之自然权利则转移为国家作出主张的权利。这意味着,国际责任在法律上并非起因于个人遭受损害而形成的个人与国家之间的法律关系,它规范的是国际不法行为所产生的主权国家之间的法律关系。无怪乎安齐洛蒂在其《国际法教程》中指出:"在由双边义务构成的国际法中,做出赔偿是不法行为唯一的法律后果"②。

第三,传统国际责任以赔偿为核心内容。针对国家行为所致损害进行完全赔偿是国际习惯法的义务,若一国不履行赔偿义务,另一国便可以使用包括报复、战争在内的措施来使违反国际法的国家承担责任。③ "霍茹夫工厂案"(Chorzów Factory Case)判决指出,国际不法行为将会导致赔偿义务,以去除不法行为的影响并恢复原状,这是一项国际法原则,甚至是法律的一般概念④。直到二战之后,著名国际法学家施瓦曾伯格还是保持如此观点,他指出,国际责任是一个衡平法(jus aequum)意义上的概念,它的主要内容是本国有权利保护自己国民在另一国免受损害,而主权国家也有义务对在本国遭受损害的外国人提供救济和赔偿。胡伯法官将以赔偿为主的国际责任制度称为国际法中最重要的制度之一。⑤ 之所以将责任形式限定到赔偿,其法理原因也在于,赔偿本身属于集体性责任形式,唯有国家才能够以赔偿形式承担责任,反过来说,在个人被一般地排除出责任主体的历史阶段,赔偿也是当然的、唯一可能的责任形式。

---

① Bernhard Graefrath, "Responsibility and Damages Caused: Relationship between Responsibility and Damages", *Collected Courses of the Hague Academy of International Law*, Vol. 185, 1984, p. 22.

② Dionisio Anzilotti, *Corso di diritto internazionale* (4th edition), Padua, Vol. 1, 1955, p. 423. 转引自余民才《国家责任法的性质》,《法学家》2005 年第 4 期。

③ 这里的完全赔偿首先是恢复原状,其次是金钱赔偿。Georg Schwarzenberger, "The Principle of International Responsibility", *Recueil des cours*, Vol. 82, 1955, p. 350.

④ Factory at Chorzow (*Germany v. Poland*), PCIJ Series A, 1928, No. 17, pp. 4, 29, 47.

⑤ Georg Schwarzenberger, "The Principle of International Responsibility", *Recueil des cours*, Vol. 82, 1955, p. 350.

第二章 传统国际责任模式及其客观化

本章探讨传统国际责任的集体性特征及其缺陷,并引入20世纪初及二战前有关国际责任去集体化的理论先行实践思想渊源。国际责任的集体性是原始法律秩序或前自由社会的典型责任形态。责任集体性源自身份混同于威慑假定,其意味着个人在行为及其后果评价中的个性被集体行为所覆盖或替代,这主要表现为相对措施、报复和赔偿。集体责任存在诱发危害循环、回避真实责任归属、忽视规范功能发挥等秩序欠缺。降低集体性色彩、摆脱身份捆绑、突出规范要件的责任客观化实践开始萌生。

通过刑事审判来追究个人对战争及战争暴行的责任,其本意在于"放下复仇的手"[1],记录真相,区分善恶,警示世代。不过,如果审判和惩罚沦落为复仇外衣,上述目的非但无法达到,反而,它会被作为公开的嘲讽或羞辱而积累仇恨。这种担忧并非杞人忧天,相反,确实存在质疑之音。有人指出,从严格的法律视角来讲,让法官而非暴民来度量对待敌人的方式,这确实代表了对复仇欲望和行为进行社会控制方面的进步,但是,对那些有权控制社会秩序的人来讲,其所秉持的价值与暴民别无二致,[2] 即他们都试图将自身的意志施加于敌人。因而,一个显著的问题是,既然两者存在紧密关系,那么,国际刑事司法是否能够将两者清楚地区分开来(即本书所指出的"区分问题")?杰克逊和安东尼奥·卡赛斯(Antonio

---

[1] "放下复仇的手"是约翰·杰克逊检察官在纽伦堡审判中的提法,卡赛斯法官的类似表述为"审判驱散复仇的要求"。

[2] Susan Jacoby, *Wild Justice: The Evolution of Revenge*, London: William Collins, 1985, p. 5. 转引自 Janine Natalya Clark, "The Limits of Retributive Justice: Findings of an Empirical Study in Bosnia and Herzegovina", *Journal of International Criminal Justice*, Vol. 7, No. 3, 2009, p. 469.

Cassase）都认为，国际刑事审判对抗并代替复仇。[1] 当然，答案不总是肯定的，《胜者即是正义》一书则指出，谁能说这些审判的热情和执着不是源于复仇？审判是源于对正义的追求，这种想法只是一种美好的自欺欺人而已。[2] 正义抑或复仇似乎含混不清，难以区分。

一 责任模式转型与"区分问题"

是正义，还是复仇？是政治，还是法律？这个问题非常重要，它不仅关系到国际法追究个人责任的目的，而且也涉及国际刑事司法事业的正当性。联合国前南斯拉夫刑事法庭（International Criminal Tribunal for Yugoslavia, ICTY）对该问题给予正面的回答，"科尔蒂奇与切尔凯兹案"（*Prosecutor v. Kordic & Cerkez*）上诉判决指出，所谓的刑事正义不应该被误解为简单地表达复仇情绪，相反，它是根据个人罪责等因素确定恰当刑事处罚的客观、理性和慎重的过程，不同于复仇所表现出情绪化的狂热和扩张性，国际法追究个人责任就是要实现刑事正义，而且，这是一个自我约束的理性过程，它只是要求恰当确定责任，而后施加惩罚，别无其他。[3] 如同汉娜·阿伦特（Hannah Arendt）的观点，上诉庭对个人责任作出了狭义理解，即局限于司法面向。为了将正义和复仇相区分，将政治与法律相区别，把国际法追究个人责任牢固地树立为实现正义的事业，司法程序就应该扫除任何可能归于复仇的因素。国际刑事司法机构试图以严格的司法程序来摆脱政治工具的控诉，但现实中，普遍规则被应用于政治对抗，"它越是成功将自己描绘得普遍、中立且高于政治，它就越容易成为政治团体诋毁和削弱敌人的工具"[4]。

直到当代，"区分问题"仍然是国际刑事司法面临的根本问题，这在个人责任产生之初表现得最为突出：同样从事战争行为，同样存在违反国

---

[1] Janine Natalya Clark, "The Limits of Retributive Justice: Findings of an Empirical Study in Bosnia and Herzegovina", *Journal of International Criminal Justice*, Vol. 7, No. 3, 2009, p. 469.
[2] See Montgomery Belgion, *Victor's Justice*, Raleigh: Lulu Publishing, 2017, Chapter XV.
[3] *Prosecutor v. Kordic & Cerkez*, Appeal Judgment, IT-95-14/2-A, 2004, para. 1075, note 1482.
[4] Sarah M. H. Nouwen & Wouter G. Werner, "Doing Justice to the Political: The International Criminal Court in Uganda and Sudan", *European Journal of International Law*, Vol. 21, No. 4, 2011, pp. 962-963.

际法的所谓暴行，为什么只有我要承担刑事责任（tu quoque）？战争是国家间的事情，纵然可以被认定为违法，国际法为何将它作为一种罪行加以惩治？为国家而战的个人是在为国家利益拼搏，为何要承担个人的责任？武装冲突过程中，怠于、疏于或无法控制下属以及个人服从命令而从事的行为也需要承担刑事责任吗？所有的这些疑问加重了以审判之名行复仇之实的疑虑，因而，以下论调颇为吸人眼球：个人承担责任的实质只是在让败者付出代价，承担国际责任的个人只不过是战争失败的替罪羊？这类胜者正义的质疑贯穿着国际刑事司法的发展历程。①

为了区分正义和复仇，在施加刑事惩罚的同时，必须保证惩罚仅仅源自罪行，而尽量不附带任何复仇的成分，这就对审判程序提出了要求。具体而言，刑事审判不仅要关注确立责任和施加惩罚，而且也要使整个审判符合公正的要求，被告人的权利必须得到尊重。纽伦堡审判中，首席检察官杰克逊特意强调了追究个人责任和复仇之间的关系问题。他指出，在国际刑事审判中，原告和被告的处境如此悬殊，法庭在微小的事务上都必须保持公正和适度，否则便会前功尽弃。其中逻辑在于，"被告往往身处高位，其行为臭名昭著，他们的所作所为极易招致报复"②，在这样的情况下，区分公正追责与简单复仇变得更加困难。

如上所述，不公正的程序不仅不能浇灭怒火和不甘，反而会激起仇恨情绪，最终毁掉致力于实现正义的审判，因此，国际刑事审判必须通过某种手段在追责和复仇之间清晰划界。区分的必要不仅源于司法审判的使命，而且也是考察宏观历史而得出的结论：必须牢记，"我们今天审判被告的记录将会在明天被历史用来审判我们。将'毒酒'递给被告也会让我们自己品尝。"③杰克逊检察官给出的解决方案是，区分追责和复仇，秉持公正，将寻求正义作为审判的唯一目的，具体而言，法庭须给予被告"公

---

① See Wolfgang Kaleck, *Double Standards: International Criminal Law and the West*, Brussels: Torkel Opsahl Academic EPublisher, 2015.
② See Robert Jackson, Opening Statement before the International Military Tribunal, 21 November, 1945, Robert H. Jackson Center, https://www.roberthjackson.org/speech-and-writing/opening-statement-before-the-international-military-tribunal/，最后访问时间：2024年5月31日。
③ See Robert Jackson, Opening Statement before the International Military Tribunal, 21 November, 1945, Robert H. Jackson Center, https://www.roberthjackson.org/speech-and-writing/opening-statement-before-the-international-military-tribunal/，最后访问时间：2024年5月31日。

正且不带偏见的"权利，听取被告的陈述和意见，这是法律所能够赋予任何人的、最为重要的保护。为此，要坚持无罪推定，在举证过程中坚持疑罪从无和有利于被告的原则，拿出真实且充分的证据以起诉和证明被告的罪行和责任。①

区分追责和复仇是国际刑事审判一直以来的重要关切，正当程序是其中的核心内容，能够妥善维护被告权利在某种程度上决定着审判的历史评价。② 对于审判程序的关注早在纽伦堡审判之前便开始了。美国最高法院大法官约翰·拉特利奇（John Rutledge）在"山下奉文案"的不同意见中以托马斯·潘恩（Thomas Paine）的名言来总结其保证敌人审判权利的思想：想要保护自身自由的人，甚至必须保障其敌人免于压迫，因为，如果他违背这样的责任，他便确立了在未来可能应用于其自身的先例。③

有趣的是，"山下奉文案"被上诉到美国最高法院后，拉特利奇和弗兰克·墨菲（Frank Murphy）法官提出了反对意见。1945 年 12 月 7 日（珍珠港事件发生四周年纪念日），美国军事委员会（马尼拉）对日本山下奉文将军作出判决。同日，山下奉文的辩护律师向美国最高法院提出上诉，提请人身保护令、禁诉令以及诉讼转移令④，他们认为，军事委员会的组成不合法，它对山下奉文的相关行为没有管辖权；指控所称并非违反战争法规与习惯法的行为，且被告没有被赋予法律上的正当程序。⑤ 美国最高法院驳回了有关诉讼转移令的上诉，并认为，军事委员会有权就相关指控审判山下奉文。两位法官的不同意见围绕正当程序展开，其本质内容是如何使个人责任摆脱沦落为复仇形式的厄运。

---

① 杰克逊检察官主要强调法庭的举证和被告发表意见的权利。See Robert Jackson, Opening Statement before the International Military Tribunal, 21 November, 1945, Robert H. Jackson Center, https://www.robertjackson.org/speech-and-writing/opening-statement-before-the-international-military-tribunal/，最后访问时间：2024 年 5 月 31 日。
② Antonia Sherman, "Sympathy for the Devil: Examining a Defendant's Right to Confront before the International War Crimes Tribunal", *Emory International Law Review*, Vol. 10, No. 2, 1996, p. 833.
③ See In Re Yamashita, Supreme Court of the United States, Justice Rutledge's Dissenting, 327 U. S. 1 (1946).
④ 在此之前，辩护律师已经向菲律宾最高法院提出人身保护令和禁诉令，但均被驳回。
⑤ Beth Van Schaack & Ronald C. Slye, *International Criminal Law and Its Enforcement: Cases and Materials* (2nd edition), New York: Foundation Press, 2010, p. 702.

墨菲法官的不同意见措辞激烈，他强调，应当保障被告人享有正当程序所赋予的权利，从而保证所谓的审判不被复仇的定位所绑架。首先，他不同意以消极罪责来追究山下奉文的个人责任，他说道，所有的历史或国际法中从来没有针对战败国将领的如此控诉，用没有有效控制或组织军队来起诉他既不符合正义，也不符合军事实际。① 在墨菲法官看来，军事委员会对山下奉文的审判所依据的是不存在的罪名，且其论理违背正常的逻辑，即由战胜方行为促成之后果的责任须由战败方个人承担。其次，墨菲法官从更为宏大的历史视角指出，必须防止审判和惩罚被复仇的情绪所操纵，否则，惩罚所带来的不是和平，而是潜在的复仇和报复。他指出：

> 战争滋生暴行，从最早有记录的冲突到当代的世界大战，非人道行为、贪欲和劫掠都是人类诉诸武力不可避免的副产品。不幸的是，这些可耻的行为存在危险的趋势，它们能够唤起受害人民心中最为原始的复仇和报复欲望，满足这种欲望转而又会滋生仇恨和新的冲突，最终，残酷和罪恶周而复始。②

两位法官虽然批评当时所进行的刑事审判，但毫无疑问，他们的观点支持如下结论，即如果要构建有秩序的国际社会，就应该以维护人的尊严的方式进行审判和惩罚，否则，赤裸裸的复仇就会隐藏在虚假的合法性外衣之下，通过审判实现正义、构建和平秩序的愿望就会被惩罚所产生的复仇情绪取代。③ 当然，从实证角度来看，理论上"驱散复仇情绪"的逻辑并不一定就是现实的写照。学者珍妮·克拉克（Janine Clark）对前南斯拉夫战争罪行发生地所做的实地调研表明，一方面，族群之间表现出高度的

---

① See In Re Yamashita, Supreme Court of the United States, Justice Murphy's Dissenting, 327 U. S. 1 (1946).
② See In Re Yamashita, Supreme Court of the United States, Justice Murphy's Dissenting, 327 U. S. 1 (1946).
③ 当然，有学者指出，复仇总是会以流行的正义外形出现。如何使正义确立其本身，而不是作为裱装，这是国际刑事司法需要一直解决的问题。Austin Sarat, "Vengeance, Victims and the Identities of Law, Social and Legal Studies", *Social & Legal Studies*, Vol. 6, No. 2, 1997, p. 171.

不信任感，另一方面，当地人民对 ICTY 的偏见和过轻的判决颇有微词。这似乎说明，审判并未充分实现正义以驱散仇恨，同时，上述地区也并没有发生很多复仇事件。如克拉克所提及，或许，围绕复仇的矛盾现象可以用审判所具有的象征意义来解释，这将在下文论述。[1]

二 集体制裁的逻辑及弊端

（一）集体责任和集体惩罚

以武力和报复执行战争规则的实践古已有之。[2] 集体责任被认为是原始法律或规范的典型特征。原始法律中很少有个人责任这样的概念，个人的违法或敌对行为往往转化成集体行为，个人与其他社会基本单位的联系往往呈现为团体间的关系。[3] 因此，在原始秩序中，个人无法与团体相区分，制裁措施也很难触及特定的个人。梅因（Henry Maine）在《古代法》中指出，在社会演进的发展过程中，基本的法律单位由原始阶段的家庭、部落、村庄演变成了现代社会的个人。随着社会演进，社会组织的家庭依赖性降低并最终瓦解，个人义务逐渐增长，个人逐步代替家庭开始成为法律所关注的对象。[4] 个人根据梅因的说法，集体制裁是原始法律社群主义特征的逻辑必然，即个人需要为其所属团体的不当行为接受制裁。也就是说，集体责任属于前自由社会，它天然地与依托于"身份"的团体化社会组织、机构及责任理论相联系。随着社会的逐渐进步，特定社会和法律制裁的基本承受者也逐渐个人化。[5]

集体责任认为，个人的组织身份，例如种族、民族和国籍，代表着个人与团体之间的联系，正因为这种身份上的联系，个人应当承担集体行为

---

[1] Janine Natalya Clark, "The Limits of Retributive Justice: Findings of an Empirical Study in Bosnia and Herzegovina", *Journal of International Criminal Justice*, Vol. 7, No. 3, 2009, pp. 470-471.

[2] 集体惩罚和报复的前提是特定组织或团体对于集体责任的认知。在集体责任时代，责任与惩罚存在一致性，集体责任承担者具有罪责，他们理应以集体的方式承受惩罚，而报复往往是落实责任、实现惩罚的常用手段。

[3] Michael Barkun, *Law without Sanctions: Order in Primitive Societies and the World Community*, New Haven: Yale University Press, 1968, p. 20.

[4] 〔英〕亨利·梅因：《古代法》，郭亮译，北京：法律出版社，2019 年，第 165 页。

[5] David J. Levinson, "Collective Sanction", *Stanford Law Review*, Vol. 56, No. 2, 2003, pp. 351-352.

所产生的责任。① 相对而言，另一种从过失和结果论角度展开的理论似乎更加合理。该理论认为，集体责任的合法性并非基于身份，而是因为这样的事实：团体成员没有监督和控制负有责任之个人。集体制裁可以促使团体成员更好地鉴别个人的责任并控制个人行为。集体制裁的对象虽然是集体，但针对的仍然是负有职责的个人。可以说，制裁者将威慑功能赋予团体，这类似于法律上的替代责任。这种集体责任在国际关系中屡见不鲜，国际制裁便是其中的典型，从功能角度看，它甚至是现代法律体系的典型特征。②

集体责任是国际法上的传统责任形式。世界著名法学家汉斯·凯尔森曾系统分析了国际法上的集体责任和个人责任的区别和联系。根据凯尔森的逻辑，法律制裁都有指向性，而指向不同，所产生的责任也不同：国际法制裁（战争和报复）指向国家，所产生的是集体责任，而现代刑事制裁则指向个人，所产生的是个人责任。在国际法上，国家为其行为负责，这意味着国民作为整体为政府机构之行为负责；国际法向国家而非个人施加责任，这意味着国际法的制裁首先构成集体责任。不过，国际法传统的责任形式无法满足惩罚战争罪犯的需求，因为，战争罪犯是以个人而非国家身份实施犯罪的。③

对于凯尔森来讲，国家所承担的集体责任不仅包括对国家行为所承担的责任，而且也包括国家因个人违反特定国际法而应承担的责任，国际法要求国家去惩处这些个人，促使他们恢复其非法行为造成的损害④。国际法上集体责任的形式主要表现为相对措施、报复和赔偿：相对措施是集体责任最为古老的表现形式，它指在对方违反规则的情况下，己方也不再受相应规则的约束，不过，1949年《日内瓦公约》等国际人道法规则已经取消了相对措施的合法性。报复指交战一方采用任意的、违反武装冲突规则

---

① David J. Levinson, "Collective Sanction", *Stanford Law Review*, Vol. 56, No. 2, 2003, p. 347.
② David J. Levinson, "Collective Sanction", *Stanford Law Review*, Vol. 56, No. 2, 2003, pp. 348-349, 361-362.
③ Hans Kelsen, "Collective and Individual Responsibility in International Law with Particular Regard to the Punishment of War Criminals", *California Law Review*, Vol. 31, No. 5, 1943, pp. 532-534.
④ Hans Kelsen, "Collective and Individual Responsibility in International Law with Particular Regard to the Punishment of War Criminals", *California Law Review*, Vol. 31, No. 5, 1943, p. 542.

的行为，以回应另一方违反同类或其他法律规则的行为；拉萨·奥本海（Lassa Oppenheim）参与编写的"英国军事法手册"对报复做了原则性的规定，它写道，为了达到保证敌人在未来遵守公认的战争法规则的目的，报复被接受为保持战事正当性的不可或缺的手段，尽管在多数时候，报复会累及无辜的个人。① 作为集体责任的重要表现形式，赔偿早在1907年《海牙陆战法规和惯例》第3条中便有了相应规定，即交战方应当为属于武装部队之个人实施的所有行为负责，如果案件需要，应对违反公约的行为承担赔偿责任。集体责任表现形式的共同点在于它们能够产生外部压力，促使国家以及隶属于国家的个人遵守国际规则。②

这种责任模式并非个例。尤勒斯·巴斯德温特（Jules Basdevant）③ 在其1936年的海牙公开课中说道，国家代理人承担个人责任属于例外情形，国家的同一性（unity）是国际法责任模式的理论基础，国际法体系建立在该基本原则之上。④ 实际上，国家承担代理人行为所引发的责任是长期以来主权国家所主张的理念。又如，在"赛尔姆尼诉法国案"（Selmouni v. France）中，法国因警官实施酷刑而被起诉至欧洲人权法院（European Court of Human Rights，ECHR）。ECHR认为，法国警官因其实施酷刑而引起的罪责属于法国法院的管辖事宜，而警官个人是否承担责任并不免除法国所承担的国家责任。⑤ 可见，实施刑事犯罪的个人一般在国内法层面承担责任，国际法层面主要由国家来承担个人行为所引发的责任。为达到惩罚个人的目的，二战后的纽伦堡审判和东京审判不可避免地面临集体责任问题。被告们以集体责任作为抗辩的重要理论依据，这显示了集体责任理论在国际法理论中的重要地位。

---

① Elbridge Colby, "War Crimes", *Michigan Law Review*, Vol. 23, No. 5, 1925, p. 492.
② Frits Kalshoven & Liesbeth Zegveld, *Constraints on the Waging of War: An Introduction to International Humanitarian Law* (4th edition), Cambridge: Cambridge University Press, 2011, pp. 72-78.
③ 曾供职于法国外交部和国际法院的巴斯德温特教授是现实主义或形式主义国际法学的代表之一，他反对主权日渐式微的观点，并认为，个人只能间接地作为国际法的主体。Martti Koskenniemi, *The Gentle Civilizer of Nations: The Rise and Fall of International Law 1870-1960*, Cambridge: Cambridge University Press, 2004, pp. 312-313.
④ Andrea Bianchi, *State Responsibility and Criminal Liability of Individuals*, In Antonio Cassese ed., New York: Oxford University Press, 2009, pp. 16-17.
⑤ *Selmouni v. France*, ECHR Reports V, 1999, para. 87.

（二）集体制裁的弊端

在国际层面，将集体责任作为唯一的责任形式存在很大弊端。

第一，集体责任的实施往往产生较之已经存在之冲突和战争后果更大的危害。在战争情况下，集体罪责往往表现为对实施暴行的敌方进行所谓的集体报复。拉萨·奥本海说，战争时期，交战一方利用本来不合法的战争行为，迫使另外一方放弃不合法的战争行为，促使其在未来的战争中遵守战争规则。[1] 1907 年海牙和平会议（Hague Peace Conferences）以后，报复被广泛接受为促使违反武装冲突规范和标准的交战方重新遵守这些规则的方法。此时的报复虽然还具有报复性质，但是，它的目的被极大地限缩，促进相对方遵守规则成为报复的唯一合法性证明。

报复建立在义务相对性的假设之上，即当交战一方违反其所承担的法律义务，那么约束另一方遵守相应规则的义务便被去除了。[2] 但是，以战争形式回应战争和暴行又会造成新的暴行，而且，由于复仇欲望较难以抑制的特点，复仇行为更加不易控制。《利伯守则》对报复所具有的危害做了阐述，它指出，"只有在仔细考察真实发生的情况及其性质的前提下，交战方才可以进行报复，不恰当或者粗暴的报复会使交战者离降低残酷性的战争规则越来越远，相反，他们会快速地朝互相残杀的残忍暴行越来越近"[3]。

这样的逻辑同样适用于非战争形式的集体责任，使集体来承担责任往往牵连无辜，激发仇恨，因此，无法达到促进规则遵守和维护秩序的作用。巴西奥尼曾评论集体制裁是很不公平的，它不仅惩罚当下的无辜者，而且牵连到无辜的后代人。这种不公平孕育着复仇的欲望，而且总是能够造成新的冲突。概言之，不公正永远无法促进和平。巴西奥尼从反思的视角继续说道，同盟国需要将导致这场残忍与血腥的战争的原因个人化，从而满足大众对于复仇或实现正义的要求。[4] 卡赛斯也指出，如果不将国际

---

[1] Lassa Oppenheim, *International Law Vol. 2: Disputes, War and Neutrality* (7th edition), In Hersch Lauterpacht ed., London: Longmans, 1952, p. 535.
[2] Cherif Bassiouni, *Introduction to International Criminal Law* (2nd edition), Leiden: Martinus Nijhoff Publishers, 2013, pp. 452-453.
[3] 《利伯守则》第 27 条。
[4] Cherif Bassiouni, "World War I: The War to End All War and the Birth of a Handicapped International Criminal Justice System", *Denver Journal of International Law & Policy*, Vol. 30, No. 3, 2000, p. 248.

罪行的责任个人化，那么，整个民族和宗教团体就将承担集体责任；历史表明，作为原始和无政府的概念，集体责任所带来的憎恨、仇恨和失望情绪不可避免地导致新的暴行。① 因此，国际法上责任个人化的基本逻辑在于打破暴力循环。

第二，集体责任回避真实的责任归属，属于人为设计的概念，落实集体责任不符合正义要求。追究违反侵略战争和战争暴行的集体责任实际上只是人类进行思维构建的产物，这种历经传统和人类想象而确立的概念在实践中有违正义且为害甚巨。在1963年评论"艾克曼案"（Eichmann Case）② 时，阿伦特甚至不认同集体责任的概念："叫做集体罪责的事情并不存在，同样，所谓的集体无辜更是这样。如果不是这样，那么就没有一个人是有罪或无辜的"。③

纽伦堡审判中，乔治·玻姆（George Boehm）在为犯罪组织辩护时援用了教皇皮尤斯十二世（Pius XII）在1946年1月的讲话："这样的错误思想开始传播于世界，它宣称，仅仅因为是一个特定集体的成员或归属于这个集体，一个人就是有罪且有责任的，它没有去考察或者调查他在行为中是否实际存在直接或间接的个人责任。"④ 换言之，所谓的集体责任实际上建立在责任虚无或者稀释责任的基础上，如同阿伦特所言，集体责任及其实践只是概念的设计和运用的体现。国际法如果真的要发挥控制战争、禁止暴行和维护秩序的作用，那它必须赋予其制裁形式以实际化内容。

第三，集体报复或集体责任以模糊、抽象的实体为对象，它们所代表的制裁并不精确，实际上无法达到回应不法行为的现实或规范目的。1812年英美战争期间，英国军队焚毁了美国首都华盛顿。法学家麦肯托什（James Mackintosh）对此认为，英国军队在美国任意的暴行与欧战中各方谨慎维护各国首都的状况间存在显著差别。他评论道，这显然是英国对美国下级军官焚毁房屋行为的报复。此类报复行为若要正当，则必须证明对方实施了暴行，且有充分的证据表明敌方政府拒绝赔偿或惩罚暴行实施

---

① Annual Report of ICTY, A/49/342, S/1994/1007, 29 August, 1994, para. 16.
② "艾克曼案"是以色列国内法院对纳粹高官阿道夫·艾克曼所进行的刑事审判。艾克曼被控包括迫害和谋杀犹太人在内的15项罪名，最终被判死刑。
③ Hannah Arendt, *Eichmann in Jerusalem: A Report on the Banality of Evil*, New York: Penguin Books, 2006, pp. 297-298.
④ Telford Taylor, *The Anatomy of the Nuremberg Trials: A Personal Memoir*, New York: Knopf Publishing Group, 1992, p. 1215.

者。这也反映了报复的特点,即交战方容易在对事实缺乏有效信息的状况下匆忙地实施报复,有时充满着恶毒和惩罚的精神。[1]

集体责任无异于放纵犯罪者和犯罪行为,集体责任不等于实际责任,它等同于对违法行为采取消极态度。集体责任并不是严格意义上的责任概念,它以团结的理念为基础,类似于社会成员的共同责任,这意味着社会中的无辜者也必须承担责任。集体责任容易导致这样的结论,即惩罚措施和威慑措施没有实质区别[2],故而也达不到威慑的效果。因此,切实地触及个体是国际法惩治国际罪行必须完成的法理任务,如果国际法上的责任只对国家这类非人化实体有约束力,却不顾创造它们并代表它们行动的个人的话,这无异于取消了约束个人之道德在国际行为中的作用。实践揭示,在法律责任层面"门洞大开"往往会导致道德沉沦,使得不符合道德要求的行为层出不穷,除非将法律责任落实到个人,否则法律责任不能够号令任何人。因此,从国际法的功能角度来讲,将个人排除出国际法层面的传统理论不仅过时,而且无法发挥实际作用。[3]

(三)集体责任的当代角色

鉴于集体责任模式的弊端,所谓的集体责任应该从法律上予以取消,或者至少应该得到某种程度的限制。实践中,集体责任或集体报复的作用也在渐渐受到约束。例如,《英国武装冲突法手册》对敌方人员的最低待遇进行了规定,除了非歧视原则之外,还要求己方人员在任何时间、任何地点不得从事包括集体惩罚或威胁集体惩罚的行为[4]。该手册援引了纽伦堡审判所确立的个人责任原则,认为违反国际法的行为在引发国家赔偿责任的同时也触发对负有追责之个人的追诉[5],为此,手册详细规定了对上

---

[1] Elbridge Colby, "War Crimes", *Michigan Law Review*, Vol. 23, No. 5, 1925, p. 488.
[2] Frits Kalshoven, *Belligerent Reprisals*, London: A. W. Sijthoff, 1971, p. 33.
[3] Hersch Lauterpacht, *International Law and Human Rights*, London: Stevens & Sons, 1950, pp. 5-6.
[4] UK Ministry of Defence, *The Joint Service Manual of the Law of Armed Conflict* (Joint Service Publication 383, 2004 edition), Swindon: Joint Doctrine & Concepts Centre, 2004, paras. 9.2-9.4.
[5] "作为国际法的一部分,武装冲突法约束国家,也调整个人行为。" UK Ministry of Defence, *The Joint Service Manual of the Law of Armed Conflict* (Joint Service Publication 383, 2004 edition), Swindon: Joint Doctrine & Concepts Centre, 2004, para. 1.10.

述人等进行刑事审判的基本原则①。同样，1949年《日内瓦第四公约》第33条明确反对集体责任或集体惩罚，该条款规定，受保护者不应该为其没有实施的违法行为接受惩罚，集体惩罚、恫吓以及恐怖行为应该被禁止，也就是说，个人罪责和惩罚是应对违反国际人道法之行为的合法手段。相反，以集体为对象的责任和惩罚模式应被摒弃。"库布雷斯季奇案"（Prosecutor v. Kupreskic et al.）判决中，上诉庭法官明确否认集体报复的合法性，判决指出：报复在过去具有那么一点合法性，那时，报复是促使敌方放弃非法行为并遵守国际法的唯一有效的选择。但是现在，报复不再因此而合法。在上诉庭看来，即使是在国内武装冲突中，出于人道和良知的要求，禁止报复已经成为一项习惯法规则。②

须特别指出的是，集体责任的弊端只是证明其他责任模式出现和存在的必要性与合理性，这并不意味着它将退出历史舞台，相反，集体责任在冲突后的社会秩序重建和正义恢复中仍发挥着不可替代的作用。集体暴行是个人所实施犯罪行为的集合体，将责任聚焦于个人揭示了暴行的本质，但无论如何，暴行的集体特征无法被抹去，暴行产生根源、暴行的组织和实施方式以及暴行的社会影响均透露着集体的影子。③ 托马斯·弗兰克（Thomas Franck）则从政治学的视角指出，在当代国际法中，国家不再拥有个人，相反，是个人集体地拥有国家，因此，尽管公民不用分担罪行实施者的罪责，但他们应当勇于承担以公民整体名义实施的罪行的"修复责任"，如此，方能使追责过程免于报应欠缺的责难，进而扭转国际罪行的循环往复。④

以个人为对象的刑事制裁尽管被认为可以应对暴行的根本方面，而

---

① UK Ministry of Defence, *The Joint Service Manual of the Law of Armed Conflict* (Joint Service Publication 383, 2004 edition), Swindon: Joint Doctrine & Concepts Centre, 2004, paras. 9.6 – 9.7.
② *Prosecutor v. Kupreskic et al.*, Sentencing Judgment, IT-95-16-T, 2001, paras. 530, 533.
③ 无论给定情形多么复杂，相对于普通犯罪而言，集体暴行的犯罪性都至少呈现出更多的集体性。Mark A. Drumbl, *Collective Responsibility and Post-Conflict Justice*, In Tracy Isaacs and Richard Vernon eds., Cambridge: Cambridge University Press, 2011, p.43.
④ Thomas M. Franck, "Individual Criminal Liability and Collective Civil Responsibility: Do They Reinforce or Contradict One Another?", *Washington University Global Studies Law Review*, Vol.6, No.3, 2007, pp.572 – 573. 选择性司法和惩罚的宽仁损害了国际刑法的惩罚目的，当过少的人和组织得到了应有的报应，便产生了报应欠缺。Larry May, *Aggression and Crimes Against Peace*, Cambridge: Cambridge University Press, 2008, pp.329 – 331.

且，它也具有集体性的规范期望和影响，但是，对于暴行所显示出的集体特征，似乎集体责任能够更好地容纳和应对。为此，需要妥善区分的概念是集体责任和集体罪责。美国政治理论家迈克尔·沃尔泽（Michael Walzer）指出，并不能说每一个公民都参与了国家政策的制定，但是，每一个公民都可以被要求承担法律责任。换言之，集体责任并不等同于集体罪责，个人因国家责任而承受负担属于既有事实，但是，这并不意味着他们须承担个人责任，因为普通公民本身并不因国家的行为而担负个人罪责。[1]

首先，集体责任和制裁能够将受害者价值更好地纳入冲突后的正义过程。惩治国际罪行不仅需要针对罪行实施者，受害者正义必须得到公开的伸张。集体责任能够将受害者纳入正义视野，传达重视受害者价值的讯息，它不仅要求暴行实施者承认其对受害者所犯下的罪行，施害者和受害者所在社会都必须承认受害者遭受侵害的事实，并为恢复受害者的尊严、权利和正义作出贡献。

其次，集体责任能够触及冲突和暴行的社会源头。暴行源于冲突，冲突利用者企图点燃并加剧社会冲突，如果社会大众听从并认可他们所宣传的仇恨和暴力，那么，暴行的车轮便开始运转了。制裁个人能够达成有关暴行非法性的道德共识，但这仅仅停留在影响和引导思想意识的层面，个人责任无法现实地触及团体成员，因此，它无法有力地阻止社会成员继续依附导致仇恨的思想意识和暴力文化。集体责任能够为个人控制或转变自身及冲突利用者的行为提供动机，集体责任意味着，个人忽视或者放任冲突利用者在社会中恣意妄为或纵横驰骋可能招致切身的损失。集体责任激励大众在个人接纳和受制于冲突文化之前铲除冲突利用者，进而阻止社会冲突不断升级并最终滑向极端罪恶，因而是有效的社会控制结构。

最后，集体责任能够激发公民对国家或团体的认识和反思，而不仅仅是将视角停留在对个人的苛责和批评之上，相反，公民大众作为整体，需要调整在社会关系中的立场和行为。[2] 集体责任能够祛除集体的思维惰性，从而加强打击国际罪行的社会基础。

---

[1] Michael Walzer, *Just and Unjust Wars: A Moral Argument with Historical Illustrations*, New York: Basic Books, 2006, pp. 297–303.

[2] Mark A. Drumbl, *Collective Responsibility and Post-Conflict Justice*, In Tracy Isaacs and Richard Vernon eds., Cambridge: Cambridge University Press, 2011, pp. 41–43.

三 传统国际责任及其客观化转型

（一）国际责任的客观化转型

19世纪末，尤其是20世纪初期，国际法在限制诉诸战争权、战争规则以及个人权利的保护方面取得了重要进展，国际社会共同利益在更大范围内取得共识，对国际法规范存在层次和效力区分性的认识也更加深入，建立维持和平秩序、支持正常交往与合作之国际法律制度的需求愈加强烈。① 不过，作为国际法执行机制的国际责任体系发展相对滞后，无法满足执行新的国际义务的功能要求。恢复正义的实效性，次生义务的相称性，以及法律制裁的匹配性均提出了变革传统国际责任制度的现实需求。由此，传统国际责任制度经历了所谓的"客观化""简化"或概念重建过程，国际责任从主体间框架的约束中解放出来，作为主观要素的过错（*culpa*）以及作为物质要素的损害被一般地剥离出国际责任的产生机制，国际责任不再作为物质损害基础上的反应式概念，国家行为与国际义务的矛盾状态成为产生国际责任的充分条件。②

（二）个人责任与国际责任的客观化

从次生义务和规范功能出发分别考察，传统国际责任的转型包括质和量两个互为关联的部分。一方面，随着国际责任研究范式由后果本位转向义务本位，国际责任被期望容纳并适应国际义务在"质"方面的区分性。"如果承认国际法的功能不仅在于保证国家独立，也在于组织它们的共存与相互依赖"③，传统国际责任的基本架构便不能再被接受。到20世纪中后期，区分双边义务和针对国际社会整体之义务的基本认识已经牢固确立，国际义务性质差异引发法律制裁区别化的学理得到广泛承认。通过发展共同体义务、国际法强制性规范等基本概念，"国际法开始从单纯的双

---

① 马呈元：《国际刑法论》，北京：中国政法大学出版社，2008年，第79—83页。
② Alain Pellet, "The Definition of Responsibility in International Law", In James Crawford et al. eds., *The Law of International Responsibility*, New York: Oxford University Press, 2010, pp. 8-9.
③ Alain Pellet, "The Definition of Responsibility in International Law", In James Crawford et al. eds., *The Law of International Responsibility*, New York: Oxford University Press, 2010, p. 10.

边责任概念向容纳一般公共利益（如人权、环境等）的范畴转变"[1]。另一方面，在"量"的方面，根据法律关系的差异，国际法针对国际义务的重要性匹配了不同严重程度的制裁形式，严重违反一般国际法强制性规范会招致严重后果，除赔偿等内容外，还会触发包括个人责任在内的进一步后果。[2]

从功能上讲，个人责任的确立被认为弥补了集体责任存在的缺陷，它在保证国际人权法及人道法的遵守方面发挥着重要作用。严格意义上讲，关于战争犯罪，国际刑法包含确定违反国际人道法之行为以及个人责任的程序和实体规则，而国际人道法则是国际刑法有关战争犯罪的主要渊源。传统的责任模式针对抽象的组织体，由于制裁无法触及真实的个人，这导致制裁无法有效地防止战争循环及其附随的暴行。[3] 国际刑法揭开了国家或团体的虚拟"面纱"，找到罪恶源头，通过制裁个人来赋予其本身和国际人道法以执行力，这也体现出国际刑法所承担的促进文明和维护和平的重任。相对于归责于国家的传统制裁模式，以个人责任为基础构筑国际法的制裁效力有显著的优势，这包括：个人责任追责依据稳定的法律而非任意的政治决策；正式化的程序；相对于联合国安理会所施加的制裁，受政治操控的成分较少；制裁不涉及无辜者，更加符合正义原则；等等。[4]

（三）个人责任与国家责任的关系

国际立法和司法过程面临如何处理国家责任和个人责任的关系问题。从本质上看，个人责任与国家责任属于国际法层面的两种不同的责任模式，代表不同的关系类型，前者反映人与人的关系，而后者则体现着国家

---

[1] James Crawford, *The International Law Commission's Articles on State Responsibility: Introduction, Texts and Commentaries*, Cambridge: Cambridge University Press, 2002, the frontispiece.

[2] Stephan Wittich, "The International Law Commission's Articles on the Responsibility of States for Internationally Wrongful Acts Adopted on Second Reading", *Leiden Journal of International Law*, Vol. 15, No. 4, 2002, pp. 903-905.

[3] Héctor Gros Espiell, "International Responsibility of the State and Individual Criminal Responsibility in the International Protection of Human Rights", In Maurizio Ragazzi ed., *International Responsibility: Today Essays in Memory of Oscar Schachter*, Leiden: Martinus Nijhoff Publishers, 2005, pp. 156-158.

[4] Marco Sassoli, "Humanitarian Law and International Criminal Law", In Antonio Cassese ed., *The Oxford Companion to International Criminal Justice*, New York: Oxford University Press, 2009, pp. 111-113.

间的关系，两者统一于特定国际罪行的防范和惩治过程中。例如，1948 年《防止及惩治灭绝种族罪公约》规定了对个人进行追责和惩治的内容（第3—4 条），同时，第 9 条似乎间接地规定了国家对种族灭绝所承担的责任，联合国国际法院（International Court of Justice, ICJ）所确认的是国家违反公约义务所引发的责任，即起草者将个人责任与国家责任视为相互区别、不可相互替代且同属必要的救济方式。

国际法责任双重性的基本原因在于，在个人行为之时，国家并未停止存在，相反，它不仅存在，而且也在运行着，从法律上看，尽管具有社会同质性，个人与国家却承担着不同层面的法律义务，因此，在从事不法行为之时也存在着不同的救济方式。[1] 在"波黑诉塞黑种族灭绝案"中，专案法官指出，公约第 9 条的措辞是如此清晰，以至于不需要再借助其他解释方法：公约起草者认为，国家也可能实施种族灭绝，因此，预防义务不仅包含国家在国内法体系中所应承担的公约义务，即不仅仅是国家以立法和司法方式调整人与人关系的问题，也包含预防国家实施种族灭绝的义务，即缔约国在国家间关系中履行防止和惩治种族灭绝的义务。[2]

不过，个人责任的兴起并未否定整个国家承担责任的可能性，审判所有涉及侵略战争或者战争暴行的个人并不一定服务于受害者所属国家或国际社会的安全利益，针对性制裁是否具有排除集体制裁的效果没有定论。现实中，对于违反国际法的行为，总是存在法律制裁形式的选择问题，何时保持或揭开主权帷幕，如何在两种制裁模式之间作出选择，国际法还没有明确的标准。[3] 这样的标准需要清晰地界定，它必须能够为制裁模式的选择提供一致的合法性证明，从而促进国际法规范效力的发挥；同时，它也关系到国际法建设性功能的发挥，如果没有明确标准的指引，国家间协

---

[1] Thomas M. Franck, "Individual Criminal Liability and Collective Civil Responsibility: Do They Reinforce or Contradict One Another?", *Washington University Global Studies Law Review*, Vol. 6, No. 3, 2007, pp. 568-569.

[2] Application of the Convention on the Prevention and Punishment of the Crime of Genocide (*Bosnia v. Serbia*), Separate Opinion of Judge Lauterpacht, ICJ Reports 1993, paras. 111-113.

[3] 奎利亚尔教授指出，自纽伦堡审判以来，个人已经成为国际法上的潜在主体，尽管如此，国际法如何具体地选择救济手段并不明确。他分析了区分"针对性制裁"和"集体制裁"的三种路径，即依据现有国际法理论、留待政治决定以及根据威胁程度等，但都缺乏说服力。Mariano-Florentino & Cuellar, "Reflections on Sovereignty and Collective Security", *Stanford Journal of International Law*, Vol. 40, No. 2, 2004, pp. 246-252.

调行动可能会受到阻碍。①

在"逮捕令案"中，为消除外交豁免对司法追责所造成的障碍，有评论和反对意见认为，应当将国家官员所实施的国际罪行归因于其个人，视为以个人身份作出的行为；这样一来，即使是在任期间所实施的国际罪行，国家官员也不能以官方身份来对抗外国法院的管辖。② 不过，如此逻辑所造成的后果更多的是消极的，因为，行为无法归因于国家，施害者所属国承担和履行国家责任的基础便丧失了，这不利于实现国际刑事司法所致力于实现的目的。③ 换言之，不能将个人责任和国家责任置于相互对立的逻辑当中，个人责任原则并非国际刑事司法的终极目的，从根本上来讲，两种责任模式最终都服务于秩序的恢复和守法秩序的确立。

从形式上讲，个人责任的确立并非意味着取代国家责任，相反，两者是平行存在的责任模式。一方面，个人责任不影响相关国家所应承担的责任。《国际刑事法院罗马规约》（以下简称《罗马规约》）第 25 条第 4 款规定，本规约有关个人责任的任何条款均不影响国际法之下国家应当承担的责任，即国际刑事法院（International Criminal Court，ICC）对个人行使管辖权并不否认国家责任规则的有效性。另一方面，国家责任不替代或者取消个人在国际法之下应当承担的责任。2001 年《关于国家对国际不法行为的责任条款草案》（以下简称《国家责任条款草案》）第 58 条指出，国家责任的相关规则不影响国际法之下代表国家行事之个人的责任问题，个人已经承担责任并接受处罚的事实不能够免除国家因其国际不法行为而应承担的责任，反之亦然。实际上，在军政官员实施国际罪行之时，经常的情形是，国家需要为其怠于防止和惩罚不法行为来承担责任，在诸如侵略等特定情形下，国家毫无疑问作为主体卷入其中。④ 对此，ICJ 在"波斯尼亚种族灭绝公约适用案"中对此均作了引证，法院总结指出，"责任的双

---

① Mariano-Florentino & Cuellar, "Reflections on Sovereignty and Collective Security", *Stanford Journal of International Law*, Vol. 40, No. 2, 2004, p. 248.

② Arrest Warrant of 11 April 2000 (*Democratic Republic of the Congo v. Belgium*), Dissenting Judgment of Van den Wyngaert, ICJ Reports 2002, para. 36.

③ Marina Spinedi, "State Responsibility v. Individual Responsibility for International Crimes: Tertium Non Datur?", *European Journal of International Law*, Vol. 13, No. 4, 2002, pp. 895-899.

④ Draft Articles on Responsibility of States for Internationally Wrongful Acts with Commentary, Yearbook of the International Law Commission, Vol. II, A/56/10, 2001, pp. 142-143.

重性（duality）是国际法的一贯特征"，正如纽伦堡审判判决所指，国际法同时对个人和国家施加职责和责任的观念久已确立，司法实践中，国家责任与个人责任得以并行不悖地适用①。

不可否认的是，正是通过国际法上个人责任和国家责任的功能相结合，国际刑事司法的发展才得以实现。一方面，规定人权、人道及个人责任规则的国际公约必须得到缔约国的遵守和执行，当国家没有履行公约项下的义务，或者国家代理人违反公约的行为构成国际犯罪并可归因于国家时，国家就必须承担相应的责任。② 如上所述，个人责任与国家责任不存在可替代性，两种责任形式都必须得到满足，而且，实现前者往往构成后者的具体内容，即采取国内司法措施，或者履行国际合作义务，使相关个人的刑事责任得以确定。

另一方面，规定个人责任的国际公约必须依托国家来执行，国家责任对承担国际法义务的国家形成潜在的压力，促使他们在国内立法、司法和国际合作中执行个人责任原则。例如，《罗马规约》对各缔约国施加了通过国内司法体系惩治国际罪行以及与国际刑事司法机构进行合作的义务，这有助于国际社会追责文化的形成：实施国际罪行的个人必须受到国际和国内司法体系的制裁，承担相应的刑事责任，同时，承担执行义务的国家必须通过国家行为来具体地实现个人责任原则；否则，它就必须承担国际法上的国家责任，也即，在承担国际义务的情况下，对个人责任的否认能够触发国家责任。③ 当然，对于没有加入国际刑事司法公约的国家，其不存在必须履行的条约义务，但也必须考虑到防止和惩治相关罪行构成对一切义务的规范状况，通过积极的国家行为（立法或司法）来执行"强行法"成为一种必然选择。

---

① Application of the Convention on the Prevention and Punishment of the Crime of Genocide (*Bosnia v. Serbia*), Judgment, ICJ Reports 2007, para. 173.
② Kai Ambos & Anina Timmermann, "Terrorism and Customary International Law", In Ben Saul ed., *Research Handbook on International Law and Terrorism*, Cheltenham: Edward Elgar Publishing, 2014, p. 24.
③ Robert Cryer, "International Criminal Law vs State Sovereignty: Another Round?", *European Journal of International Law*, Vol. 16, No. 5, 2006, p. 994.

第三章　个人责任原则确立的司法法理

> 违反国际法的罪行是由个人而非抽象的实体实施的，只有惩罚实施此类犯罪的个人，国际法的规则才能得到执行。
>
> ——罗伯特·杰克逊①

本章探讨国际责任客观化过程在两次世纪审判中得以显化与巩固的司法说理。如国际军事法庭检察官杰克逊在起诉书中所言，《凡尔赛和约》第 228 条已经列举并采纳了个人责任的观点，在特定情形下保护国家之代表的国际法原则不能够适用于国际法所谴责的罪行，从另一个角度看，从事违反国际法之特定行为的人也不能藏在官方身份之后来屏蔽通过"恰当程序"②落实的惩罚。同时，杰克逊检察官也从遵守穿透国界之国际义务的角度来看待个人责任，并认为这是《国际军事法庭宪章》（《IMT 宪章》）这一划时代文件的精髓。从罪责根源上看，个人责任有无并不取决于官方身份、违法命令之来源等，而是直指个人道德选择的可能性，这实际上也是国际法领域对"人"的还原。③

---

① Trial of the Major War Criminals before the International Military Tribunal, Official Text in the English Language (Vol. I), Nuremberg, from 14 November, 1945 to 1 October, 1946, Official Documents, Published at Nuremberg, Germany, 1947, p. 223, https://www.gutenberg.org/cache/epub/51292/pg51292-images.html，最后访问时间：2024 年 6 月 30 日。

② "恰当程序"（appropriate proceedings）是国际刑事司法的核心精神，其延续着国家责任领域的法律主义的传统，刑事法治精神是保障国际审判正当性的关键，这种获取权威性的法律主义思维从国际刑事司法起源之时就已经奠定了，并通过具体追诉和审判机制得到实施。

③ Trial of the Major War Criminals before the International Military Tribunal, Official Text in the English Language (Vol. I), Nuremberg, from 14 November, 1945 to 1 October, 1946, Official Documents, Published at Nuremberg, Germany, 1947, p. 223, https://www.gutenberg.org/cache/epub/51292/pg51292-images.html，最后访问时间：2024 年 6 月 30 日。

两次审判将侵略战争及其暴行确立为"法律"和人类的对立面,并折射出人类共同体的基本道德轮廓。19世纪的雨果(Victor Hugo)曾言:"人与人之间的战争,不都是兄弟之间的战争吗?战争的性质只取决于它的目的……战争只有非正义的与正义的之分。在人类还没有进入大同世界的日子里,战争,至少是急速前进的未来反对原地踏步的过去的那种战争,也许是必要的……仅仅是在用以扼杀人权、进步、理智、文明、真理时战争才是耻辱,剑也才是凶器。"[1] 个人责任的司法法理将这种"耻辱之战"以人类共同体之法律的形式确立下来。总结而言,个人责任通过司法介入所具备的框定、记录和区分功能促进国际责任去集体化过程,实体责任说、抽象实体说、个人义务说、法律规定说等提供了其衍生理论的正当性说明。国际法上的个人责任源于对传统国际责任集体性的悖反,通过修正责任形态回应了国际法演进带来的国际义务差异化及其诱发的法律制裁区别化。

尽管《国际军事法庭宪章》的起草者建立了集体组织责任制度,以回应大规模、成体系的战争犯罪、反人类罪行等,但是,针对个人进行追责才是纽伦堡审判的要旨。二战后,对暴行施加个人刑事惩罚对于责任的"去集体化"来说十分必要,它能够将对暴行负有责任的领导者与人民大众相区分,可以将受害者的仇恨指向由集体转向个人,同时,通过追究个人责任,作为集体的国家得以摆脱战争罪责及不光彩历史的沉重负担,从而开始社会转型过程。[2]

二战中,成千上万的纳粹党人以及日本军国主义分子参与了国际罪行的谋划与实施,尽管犯罪形式呈现出组织化的特征,战后的国际刑事审判将个人责任而非集体责任确立为其基础。个人责任的真正实践肇始于战后对高级战犯的司法追责。在谈到以司法审判的形式处理战后事宜的事情时,杰克逊说:"战后,赢得胜利却满目疮痍的四个伟大国家放下复仇的手,自愿将所俘获的敌人交由法律审判,这是有史以来政治献给理性的最

---

[1] 〔法〕维克多·雨果:《悲惨世界》,李丹、方于译,北京:人民文学出版社,2015年,第25页。

[2] Madoka Futamura, *War Crimes Tribunals and Transnational Justice: The Tokyo Trial and the Nuremberg Legacy*, London: Routledge, 2008, p. 116.

为重要的赞颂"①。两次审判在人类历史上尚属首次，它们代表着国际法上有关国家责任的理论和原则的重要转折和变化。

一 追究个人责任的学理讨论

个人责任的确立并非凭空而起，它早见于法学家的著述、思想以及政治家的实践当中。例如，劳特派特教授（Hersch Lauterpacht）在其博士论文中力推国际法与私法之间的可类比性，他批评国际法中武断的且形而上的主权理念，并揭示"唯主权之教条"的错误；他指出，国际法中没有任何事物在根本上反对个人享有国际法上的权利或承担国际法上的责任。在1937年海牙国际法讲习班中，劳特派特说道，国家的拟人化将组织体及其成员相隔离，从而导致法律和道德无责这样的无政府原则的出现；如果在思维层面排除这样的理念，那么国际法上个人责任的确立便不再存在障碍②。

再如，1941年，尚未卷入战争的美国和正处于鏖战期的英国签订了著名的《大西洋宪章》。其中第4条规定反映了平等对待战败国的承诺："他们会致力于在公平的基础上，促使所有国家，包括战胜国与战败国，享有其经济发展所不可缺少的贸易和自然资源"。该规定是对一战后以《和约》为代表的战后安排的反思，对战败国施加惩罚并不能达到消除战争、维护和平的目的。相反，国际社会需要以平等、公正的形式来构筑战后的和平。按照上述思路，类似于一战之后的国际关系安排不可能再适用，国际社会需要探求新的追究战争责任的形式。当然，追究个人的刑事责任便是备选方案之一。

美国加入战争之初，要求通过国际审判追究个人责任的声音便出现了。1942年1月，九个流亡政府的代表发布"圣·詹姆斯宣言"，该宣言明确拒绝以对大众复仇的形式进行惩罚。宣言认为，文明世界的正义感要

---

① See Robert Jackson, Opening Statement before the International Military Tribunal, 21 November, 1945, Robert H. Jackson Center, https://www.roberthjackson.org/speech-and-writing/opening-statement-before-the-international-military-tribunal/，最后访问时间：2024年5月31日。

② Martti Koskenniemi, "Hersch Lauterpacht and the Development of International Criminal Law", *Journal of International Criminal Justice*, Vol. 2, No. 3, 2004, pp. 813–815.

求通过有组织的审判,追究对战争负有责任(包括命令、实施和参与犯罪行为)的个人的刑事责任。[1] 不过,事实发展并不如宣言内容设想那样进展得顺利。

1942年8月,时任美国驻英国大使约翰·魏南特(John Winant)写信给美国总统罗斯福,除陈述英国战时内阁成立"惩治战争罪犯委员会"的事宜之外,魏南特还提到,"同盟国政府面临巨大的压力,它们被要求采取行动,以威慑敌人不要再实施暴行。这里提出的建议方案也许可以作为一种威慑,至少能够防止敌人采取更加不明智的行为"[2]。可见,战争之初,同盟国政治家就将威慑作为追究战争罪犯责任的目的之一,不过,这里所表述的威慑具有较为浓重的政治意味,该文件并未显示出要通过法律措施来实现这种威慑的意图。

根据英国政府对于战争罪犯的立场文件,在战后迅速惩治战争罪犯的目的有三个:(一)迅速实现正义;(二)避免负有责任的个人掌握处置罪行的权力,这可能指,应当防止个人依托豁免逃避罪责;(三)防止审判拖延,进而减慢欧洲重归和平秩序的进程。[3] 该文件显示,惩罚战争罪犯主要是出于刑罚报应的考虑,但是,毫无疑问,防止个人依托法律逃避罪责的思想已经出现。追究对战争罪行负有责任的个人责任与和平秩序存在联系,但这里所提到的和平秩序并非惩治战争罪犯的规范目的。

政治性威慑的意图在英国政府的建议中可以窥得。1942年7月29日,经过战时内阁建议,"惩治战争罪犯委员会"提出设立"联合国家暴行委员会",该机构职权主要是:调查针对联合国家国民所实施的暴行,尤其是有组织的暴行;搜集惩治战争罪犯的资料;向各联合国家政府报告。

关于该机构的性质和职能,值得注意的有以下几点。

第一,该建议不同意为审判战争罪犯而设立某种类型的国际性质的法庭,也不同意创设新的法律,因为在当时的政治家看来,"战争罪已经被

---

[1] Klearchos Kyriakides & Stuart Weinstein, "Nuremberg in Retrospect", *International Criminal Law Review*, Vol. 5, No. 3, 2005, p. 375.

[2] "Letter by the Ambassador in the United Kingdom (Winant) to President Roosevelt", *Foreign Relations*, Vol. 1, 1942, pp. 48-52.

[3] "Memorandum of British Views on Policy to be Adopted with Respect to War Criminals", *Foreign Relations*, Vol. 1, 1942, pp. 53-54.

充分地规定"。① 显而易见，三年后的纽伦堡审判和东京审判完全颠覆了政治家原本的设想，国际性质的法庭得以建立，新的国际法规则被创设，这种变化及其原因耐人寻味。

第二，从建议内容看，同盟国成员倾向于在国内法院依据国内法惩治战争罪犯。② 这种立场实际上倒退到了一战之前的时代，可见，传统的战争法观念仍旧根深蒂固。这也说明，国际法，尤其是国际刑法和人道法，在1942年至战争结束前的短时间内取得了突破性的发展。从某种角度看，在某个时期，国际法的发展是以迸发或突变形式取得进步的，而不是长期视角下的渐进式。这与政治形势变化以及当时的政治环境存在关系。

1942年9月，英国大法官兼"惩治战争罪犯委员会"主席约翰·西蒙（John Simon）向议会建议成立"联合国家战争罪调查委员会"。该委员会的任务是：为追究责任、搜集确立罪行，尤其是系统、有组织的罪行的相关资料；鉴别和确定对罪行负有责任的个人；收集、记录和审查有关战争罪行的证据；向联合国家政府报告相关罪行。③ 同年10月7日，美国总统罗斯福就战争罪发表声明，他说："战争胜利之时，实施野蛮罪行的人应当由"依法之法庭"处置，这是同盟国的目的。为追究负有罪责的个人的责任，转移罪犯条款应该纳入战后安排。"④

值得注意的有三点。第一，罗斯福并未说明法庭的性质与形式，国内审判和某种性质的国际审判都是可能的制度选项，同时这也是责任到机制跨越所包含不确定性的体现。第二，罗斯福明确反对集体报复，这与其在《大西洋宪章》中所阐述的精神一致。第三，罗斯福指出，对暴行负有责任的罪魁祸首应当受到公正且确定的惩罚。这说明，一战后追究德皇及德国高官战争责任的思维再次回归，虽然倾向于通过法律形式处理战争罪行

---

① See Proposal for a United Nations Commission on Atrocities, Office of the Historian, https://history.state.gov/historicaldocuments/frus1942v01/d44, 最后访问时间：2024年5月30日。

② See Proposal for a United Nations Commission on Atrocities, Office of the Historian, https://history.state.gov/historicaldocuments/frus1942v01/d44, 最后访问时间：2024年5月30日。

③ See Suggested Functions for a United Nations Commission for the Investigation of War Crimes, Office of the Historian, https://history.state.gov/historicaldocuments/frus1942v01/d44, 最后访问时间：2024年5月30日。

④ See Franklin Roosevelt Administration: Statement on War Crimes, The American Presidency Project, https://www.presidency.ucsb.edu/documents/statement-the-plan-try-nazi-war-criminals, 最后访问时间：2024年5月30日。

的责任问题,不过,美国方面的思路显然很不清晰。一方面,"公正与确定"的惩罚似乎暗示着通过法庭追究个人责任的可能,不同于英国的立场,国际法庭是可能的选项之一。另一方面,对于国家元首和高官的罪责,罗斯福总统的发言将他们视为违反"基督信仰的信条",这似乎在说,追求所谓上级责任在实在法基础上还不甚明确,当然,这也可以理解为新的国际规则的创造被预留了政治空间。①

纽伦堡审判源于1943年11月罗斯福、斯大林和丘吉尔签署的"关于暴行的宣言"。②该宣言指出,战争结束后,参与或者对战争暴行负有责任的德国官员、纳粹的党员和成员将被遣送回罪行实施地,并根据当地法律接受审判和惩罚,盟国政府将通过联合决定对那些在不特定地点实施犯罪的主要罪犯进行惩罚。③虽然如此,盟国用审判形式来处理战争罪犯的立场并非毫不动摇,即使是支持审判的代表团内部也存在不同意见。④二战结束前,对于被俘虏的德国元首及其主要走卒,有人建议采取原始的集体处决的方式。例如,作为"摩根索计划"⑤的构成要素,大规模处决在1944年9月份第二次魁北克会议上被英、美两国领导人通过。后来,罗斯福被时任国务卿史蒂蒙森(Henry Stimson)说服,英国新政府首相克莱门特·理查德·艾德礼(Clement Richard Attlee)也倾向于采取更为文明的方式进行战后惩治。⑥最终,两次世纪审判得以取代集体复仇,并成功贡献于国际法层面个人责任原则的确立。

---

① See Franklin Roosevelt Administration: Statement on War Crimes, The American Presidency Project, https://www.presidency.ucsb.edu/documents/statement-the-plan-try-nazi-war-criminals, 最后访问时间: 2024年5月30日。
② Quincy Wright, "The Law of the Nuremberg", *American Journal of International Law*, Vol. 41, No. 1, 1947, p. 39.
③ See The Moscow Conference, Statement on Atrocities, The Avalon Project, http://avalon.law.yale.edu/wwii/moscow.asp, 最后访问时间: 2024年5月30日。
④ See Arieh J. Kochavi, "Discord within the Roosevelt Administration over a Policy toward War Criminals", *Diplomatic History*, Vol. 19, No. 4, 1995.
⑤ See Henry Morgenthau, *Germany is our Problem: a Plan for Germany*, New York: Harper & Brothers Publishers, 1945.
⑥ Henry T. King, "The Legacy of Nuremberg", *Case Western Reserve Journal of International Law*, Vol. 34, No. 3, 2002, pp. 336-337.

二 纽伦堡审判与个人责任

纽伦堡审判被认为是国际法发展史上的"格劳秀斯时刻"(Grotian Moment),它代表着国际法的转折性发展,习惯国际法之下的新的规则和理论迅速地被国际社会所接受和践行。面对前所未有的暴行,国际社会开始认识到,必须以追究个人责任的手段加以应对。"塔迪奇案"(Prosecutor v. Tadic)[①] 判决指出,纽伦堡审判所确立的个人责任以及惩罚国际法罪行的原则是国际刑法的基石。该原则是《纽伦堡国际军事法庭宪章》(以下简称《纽伦堡宪章》) 和判决的永恒遗产,通过确保实施此类犯罪的个人触发责任并接受惩罚,它们赋予禁止国际罪行之国际法以意义。[②]

依据国际法委员会(International Law Commission, ILC)的观点,"纽伦堡……审判孕育了个人责任的全部国际范式",它从根本上改变了只有国家才能承担国际法上的责任,以及国家对其国民的所作所为可以自外于国际法的观念。纽伦堡审判所奠定的个人责任原则被 ILC 称为"国际刑法的基石"以及审判留给后世的、持久的遗产。战后的审判实践确认了《纽伦堡宪章》与纽伦堡审判所确立原则和规则的习惯国际法地位,包括国际刑事实体法和相应的责任形式,它们构成了战后国际刑事审判的理论源泉。[③]

首席检察官杰克逊先生对审判的顺利进行作出了重大贡献,为达到惩处罪犯的目的,他着力拉开主权豁免的帷幕,在国际法层面革命性地引入了个人责任的理念。当然,在纽伦堡审判进行之时,整体上讲,个人承担国际法上的责任尚不存在先例,但纽伦堡审判为未来所有的审判创造了一般意义上的个人责任。正如托姆沙特(Christian Tomuschat)所言,纽伦堡审判对个人责任的追究不再依靠国家成文立法,它刺破了由主权所造就的国际法与个人之间的隔膜,而今天,个人责任原则已然成为整个国际刑法

---

① "塔迪奇案"是联合国前南斯拉夫国际刑事法庭(ICTR)审判的第一个案件。审判庭和上诉庭判定被告犯有迫害、驱逐、谋杀、酷刑等危害人类罪和战争罪罪行。
② *Prosecutor v. Tadic*, Judgment, IT-94-1-T, 1997, para. 665.
③ ICTY 和 ICTR 所倚重的共同犯罪集团理论源于战后审判所确立的理论。Ciara Damgaard, *Individual Criminal Responsibility for Core International Crimes*, New York: Springer, 2008, p. 132.

体系不可动摇的基石。[①] 纽伦堡审判所面临的现实情况是，战争结束前，国际法上的个人责任理念并不存在，国际法基本理论也不支持这样的实践。

纽伦堡审判代表着国际法发展轨迹中的一个重要的拐点，它将上述基本假设抛给旧世界，创造性或革命性地将人类应对战争的探索历程极快地向前推进。1945 年《伦敦宪章》第 6 条规定，法庭应当有权审判和惩罚实施反和平罪、战争罪和反人类罪的个人或团体…法庭对此类行为有管辖权，此类行为应当涉及个人责任。尽管规定了团体责任，但因其实际操作的不合理性，法庭还是主要关注对个人责任的追究。[②] 围绕对个人责任的追究，《伦敦宪章》第 7—8 条从法理层面移除传统国际法对个人所施加的屏障，即官方身份和服从命令不免除个人责任。杰克逊及其同事们在检方开庭陈述中论述了确立个人责任的法理。他说，为切实发挥维护和平的作用，国际法上的个人责任原则"既十分必要，也符合逻辑"。[③] 整体来讲，纽伦堡审判确立个人责任的法理主要围绕两个方面内容展开：第一，只有追究个人的刑事责任，国际法规则才能够得到执行和遵守；第二，个人责任是对犯罪实施报应惩罚、实现正义的必要。

首先，保证国际法执行和遵守的方式需要突破国家制裁的范畴，使国际法有效地发挥惩罚犯罪、维护和平的规范作用。调整国家间关系的国际法往往依靠战争或报复来保证执行，战争是最为现实可用的制裁形式。不过，战争破坏着规则和秩序，是制造暴行的起源点，而只有触及个人的制裁才能够和平且有效地执行。[④] 因此，《伦敦宪章》将侵略战争规定为犯罪，并同时规定了个人责任原则。国家或者集体实施犯罪只是虚假的幻象，只有个人才能够实施犯罪。之所以用幻象一词，其意在于强调国际法的制裁必须落到实处，不能由抽象的实体来承担。因此，对于国际法上的罪行实施有效的制裁只能是以个人责任的形式出现，这对于国际法规则的

[①] Christian Tomuschat, "The Legacy of Nuremberg", *Journal of International Criminal Justice*, Vol. 4, No. 4, 2006, p. 840.

[②] 朱文奇：《现代国际刑法》，北京：商务出版社，2015 年，第 341 页。

[③] See Robert Jackson, Opening Statement before the International Military Tribunal, 21 November, 1945, Robert H. Jackson Center, https://www.roberthjackson.org/speech-and-writing/opening-statement-before-the-international-military-tribunal/，最后访问时间：2024 年 5 月 31 日。

[④] See Tom Dannenbaum, "Why Have We Criminalized Aggressive War?", *The Yale Law Journal*, Vol. 126, No. 5, 2017, pp. 1262–1263.

执行和遵守以及和平秩序的构建至关重要。美国籍法官弗朗西斯·比德尔（Francis Biddle）也指出，法庭最为显著的宣誓是：个人，而非仅仅是国家，需要在国际法上承担责任，通过将国际法上的责任追加至个人，法庭拒绝国家不负责任的假象。①

对于杰克逊而言，国际法上的个人责任并不完全属于"创新"，只是适用的领域不同而已。他说道，国际法久已承认和确立依据海盗、强盗等行为构成犯罪，国际法如果真正想要贡献和平，那么，个人责任原则不仅必要，而且符合逻辑……战争总是由个人实施的，只有触及个人的制裁才能够和平且有效地得到执行。因此，行为人需要承担个人责任。②哈特利·肖克罗斯（Hartley Shawcross）检察官也认为，依据国际法对个人进行起诉和审判并非新生事物，审判犯下战争罪或从事海盗行为的个人的实践久已有之，但这在惩治侵略罪中确属首创。他指出，国际法从来没有放纵侵略战争，只不过，它以往是通过惩罚国家这种不太有效的制裁形式来约束战争。如果发动战争构成违反国际法的罪行，那么，将国家带入侵略战争的个人应当为此担负责任，这既符合逻辑，也十分正确。就个人责任而言，这样的逻辑也适用于反人类罪，反人类罪震撼良知，国内法尚且处罚谋杀、强奸等行为，没有理由不审判和惩罚程度上更为恶劣的反人类罪。③

其次，个人责任凸显了纽伦堡审判对法律责任与规则遵守之间逻辑关系的认同。杰克逊的发言显示出其对国际法执行、遵守以及自然法原则的双重关切，即法律的审判应当扭转以战争促进规则执行的恶性循环，而且，违背理性和常识的逻辑不应当被接纳为法律。杰克逊否认了集体责任与个人责任的混同，前者不能代替甚至取消后者。对侵略战争和战争暴行而言，国家责任或团体责任只是一种假象，让这种冠冕堂皇的合法性成为个人享有豁免的基础，这是令人无法容忍的。因此，不允许个人将责任推

---

① Francis Biddle, *In Brief Authority*, New York: Doubleday, 1962, pp. 482-483. 转引自 Norbert Ehrenfreund, *The Nuremberg Legacy: How the Nazi War Crimes Trials Changed the Course of History*, New York: Palgrave Macmillan, 2017, p. 130。

② See Robert Jackson, Opening Statement before the International Military Tribunal, 21 November, 1945, Robert H. Jackson Center, https://www.roberthjackson.org/speech-and-writing/opening-statement-before-the-international-military-tribunal/，最后访问时间：2024 年 5 月 31 日。

③ See Prosecutor Hartley Shawcross's Statement on 4 December, 1945, Nuremberg Trial Proceedings, Vol. 3, The Avalon Project, http://avalon.law.yale.edu/imt/12-04-45.asp，最后访问时间：2024 年 5 月 31 日。

给上级、组织、国家等虚幻的实体，上级命令和国家行为不能成为有效的抗辩，如果可以，实施犯罪的个人便会栖身于幻象背后，逃避本应该由其承担的罪责。①

肖克罗斯检察官也认为，代表国家的个人应当受到约束，不过，他并不认为国家属于抽象的实体，国家的权利和职责本质上是由个人行使或享有的，因此，国际法应该确立这样的有益原则，即政治家不能够躲藏在国家的无形人格后面享有豁免，他们将其国家拖入侵略战争的行为应当受到惩罚。将个人责任引入侵略罪行并非回溯性地追诉犯罪，而是弥补国际刑事司法的漏洞，人类文明需要通过个人责任来抑制战争及其暴行的冲动。彼时，战争罪的全部法律规则已然建立在个人责任原则之上，国际法及世界的未来建立在该原则更为广泛适用的基础上。②

再次，犯下违反国际法之罪行的被告应当承担与职责相称的法律责任。杰克逊检察官指出，被告享有很大的权力和裁量权，因此同时应当承担更大的责任，这符合个人常识；依据常识，这种依据豁免将责任推给国家的企图应该被限制，国家不能够被审判、作证或被宣判，个人应该承担犯罪行为的责任。③ 杰克逊把国家元首免于法律责任的豁免主张称为源自封建时代的陈旧教义，并致力于将其排除出有效辩护之列。对他来说，"权力最大之处，法律责任却最小"，这种悖论无法被接受。④

概言之，杰克逊和肖克罗斯的检方陈述显示了他们对国际法体系的整体认知，就个人责任问题，里面包含四层意思。

第一，类似于凯尔森的观点，杰克逊认为国际法存在自身的制裁手段，制裁的形式主要是横向的威慑；

第二，杰克逊的发言暗示，他观念里的国际法制裁力量最初局限于所谓的自发制裁，但逐渐转向包含哈特式的组织化制裁，法律责任构成制裁

---

① See Robert Jackson, Opening Statement before the International Military Tribunal, 21 November, 1945, Robert H. Jackson Center, https://www.roberthjackson.org/speech-and-writing/opening-statement-before-the-international-military-tribunal/，最后访问时间：2024年5月31日。
② Ann Tusa and John Tusa, *The Nuremberg Trial*, London: Macmillian, 1983, pp.177-178.
③ See Robert Jackson, Opening Statement before the International Military Tribunal, 21 November, 1945, Robert H. Jackson Center, https://www.roberthjackson.org/speech-and-writing/opening-statement-before-the-international-military-tribunal/，最后访问时间：2024年5月31日。
④ See Justice Jackson's Report to the President on Atrocities and War Crimes, The Avalon Project, http://avalon.law.yale.edu/imt/imt_jack01.asp，最后访问时间：2024年5月31日。

的重要组成部分；

第三，在国际法的某些领域，传统的制裁形式缺乏实效且不符合正义价值，因而无法保证国际法的执行和遵守，须在法律层面寻求对国家之概念的重新解读，以个人责任原则补强国际法的制裁力；

第四，国际法不会总是因循守旧，在历史的某些时刻，根据法理和现实，国际社会能够促进国际法的革命性和跳跃性的发展，国际法层面的个人责任便是该过程的成果。

最后，个人责任在国际法上的确立并非无因之果，而是国际法长期积累和发展所产生的结果，当然，这并不否认纽伦堡审判的革命性和创造性。纽伦堡审判否认了被告援引的豁免论，其理由在于国际法已经在战争以及战争罪行领域打破了基于主权的豁免原则，并确立了个人责任原则。被告提出，国际法是调整国家间行为的规则体系，它不对个人施加刑事惩罚。基于主权理论，当国家实施违反国际法的行为时，具体实施行为的个人并不承担个人责任。对法庭而言，同国家责任一样，国际法对个人施加职责和责任早已得到承认。[①] 习惯法，而非成文法是确立个人责任的坚实基础，这使得这个国际法上的新概念得以绕过罪刑法定原则的法理障碍。纽伦堡审判似乎直接将违反《海牙公约》和《日内瓦公约》实体性规定的行为视为犯罪，法庭将两个公约的条款视为对国际习惯法的宣示；虽然1949年之前的《日内瓦公约》以及《海牙公约》均未包含明确的惩罚条款，但法庭还是将这些习惯法作为国际法追究个人责任的坚实基础，并依据它们进行起诉和审判。[②]

个人责任适用于反和平罪、反人类罪属于国际法在法理层面的创新。传统上，对于触犯包括战争法规和惯例在内之国际法的个人，国内法庭拥有管辖权，例如，对于海盗行为，主权国家一般通过国内刑事法庭进行审判和惩罚。通过国际法庭追究个人责任的实践或尝试曾经有，但还不多，例如1907年的"国际捕获法院"以及1937年提议成立，但最终未生效的

[①] Trial of the Major War Criminals before the International Military Tribunal, Official Text in the English Language (Vol. I), Nuremberg, from 14 November, 1945 to 1 October, 1946, Official Documents, Published at Nuremberg, Germany, 1947, p. 223, https://www.gutenberg.org/cache/epub/51292/pg51292-images.html, 最后访问时间：2024年6月30日。

[②] Theodor Meron, "Reflection on the Prosecution of War Crimes by International Tribunal", American Journal of International Law, Vol. 100, No. 3, 2006, pp. 571-572.

"国际刑事法院"。也就是说，即使是对于违反国际法的行为，适用国家管辖权仍旧是占绝对地位的原则，通过国际法庭管辖交战一方的个人所实施的违反国际法的罪行在国际法上属于创举。但是，个人责任与实际管辖应该分开理解，以往个人责任没有得到有效追究，这并不意味着这种概念及相关的理念在国际法层面无迹可循，同样，从某种程度上看，纽伦堡审判只是国际法追责机制的完善。诚然，主权国家不受他国管辖权的束缚，但这样的规则不适用于犯下国际罪行的个人，纽伦堡法庭审判的是个人，而非德国，[①]言外之意，国际法庭依据国际法追究个人的国际责任并惩罚个人并无不妥。

个人责任原则是纽伦堡审判留给世界的重要法律遗产。在谈及纽伦堡审判的现代意义时，纽伦堡法庭检察官本杰明·费伦茨（Benjamin Ferencz）指出，纽伦堡审判奠定了现代国际刑法的基础，他确立了这样的信念，即严重违反国际法的国际罪行无法被容忍，国际社会应当阻止它们发生。第一，战争是战争暴行的根源。最为重要的是，纽伦堡审判认为，战争不再成为国家的权力，计划和实施侵略战争的个人需要被追究刑事责任。侵略战争是对人类和平价值最为严重的冲击，通过法律责任来阻止战争是国际法的重要使命。第二，实施反人类罪和种族灭绝不应该再被允许，整个世界有义务去阻止此类罪行，国际社会需要不断巩固遵守规则和司法追责的法律基础。纽伦堡审判为国际罪行，尤其是侵略罪的发展确立了先例，同时，纽伦堡审判确立了以国家的名义、以执行官方命令的名义、以犯罪共谋或组织成员身份实施的国际罪行的个人责任。这些原则如果得以确立，包括依据《巴黎非战公约》《宪章》等在内的国际法协定的制裁将会得到增强，废止战争作为推行国家政策工具的规范目的才能最终达成。[②]

三 东京审判与个人责任

1946年1月19日，在《盟军最高统帅部特别通告》中，麦克阿瑟指

[①] Quincy Wright, "The Law of the Nuremberg", *American Journal of International Law*, Vol. 41, No. 1, 1947, p. 39.

[②] Quincy Wright, "The Law of the Nuremberg", *American Journal of International Law*, Vol. 41, No. 1, 1947, p. 42.

出，美国及其盟友对战争罪犯进行司法审判的意图由来已久，《波茨坦公告》也包含了通过司法严惩战争罪犯的条款。成立远东国际军事法庭（IMTFE）的命令第1条指出，成立国际军事法庭的目的在于审判被以个人、组织成员或个人和组织成员身份提起控诉的个人。①《远东国际军事法庭宪章》（《IMTFE 宪章》）指出，法庭的目的在于公正且迅速地审判和惩罚战争罪犯，从字义上理解，法庭及其审判的功能主要在于对实施反和平罪、战争罪和反人类罪的罪犯施加报应惩罚以实现正义。《IMTFE 宪章》规定，法庭的管辖权范围是，被告以个人或组织成员身份所实施的犯罪。

须注意的是，《IMTFE 宪章》管辖权条款（第5条）直接使用了如下措辞："如下任一行为均构成法庭管辖权内的犯罪，因此，应当（there shall be）追究个人责任"②。从条文来看，《IMTFE 宪章》本身没有解释所列行为构成犯罪的理论依据，尤其是针对反和平罪，这构成庭审程序中控辩双方交锋的焦点之一。另外，《IMTFE 宪章》对追究个人责任的表述是"应当有"，这似乎在说，在国际法层面追究个人责任并非基于实证法，而是依据应然法而得出的结论。关于个人责任的法理依据，控辩双方在庭审中作出了相互对立的解读，甚至法官之间也存在分歧。

1946年6月4日，远东国际军事法庭首席检察官约瑟夫·季南（Joseph Keenan）向法庭陈述了检察官追究个人责任的法理依据。季南检察官承认，高级政府官员的个人责任也许是检察部门面临的最为重要的新问题，这个问题很少被触及。因此，季南认为，法庭有必要决定是否确立个人责任的原则。在季南看来，确立个人责任似乎是以自然法为基础得出的结论，即"为了文明的需要，清晰地表达公众良知"。一开始，季南就说道，检察部门的宏观目的是实现正义，具体目标是努力防止侵略战争所造成的苦难。他指出，战争的巨大破坏力不是自然力量造成的，而是由个人精心策划的结果。包括被告在内的一小部分人企图将法律掌握在手中，将意志强加到人类头上。

季南的陈述直接将法律矛头指向个人，意图说明作为被告的个人是造

---

① Special Proclamation by the Supreme Commander for the Allied Powers at Tokyo, 19 January, 1946, The United Nations, http://www.un.org/en/genocideprevention/documents/atrocity-crimes/Doc.3_1946%20Tokyo%20Charter.pdf，最后访问时间：2024年5月31日。

② 《远东国际军事法庭宪章》第1条、第5条。

成犯罪后果的源头。他不止一次表达这样的意思，即所有的政府都是由个人担任的代理人操作的，所有罪行也都是由个人来实施的。官方身份不能否认被告作为个人的身份，也不能免除他因自身的罪行而应当承担的责任。① 言外之意，即使是个人以国家的名义实施的罪行，也应该由个人来承担相应的责任，因为罪行是由他引起或实施的；职位是罪行以外的因素，职位也许与罪行的发生有关系，但是，职位本身并不能减少罪行的罪恶程度以及责任。

针对国际法缺乏执行力的情况，季南指出，条约、协定或者承诺在被告看来不过是虚言或废纸，它们无法阻止被告发动战争或实施罪行。被告们为了实现他们的目的，不惜共谋实施罪行或者放任罪行的发生。② 季南发问，对于先前国际法无法阻止的战争和暴行，文明世界难道可以对此视而不见或放任不管吗？通过什么手段可以阻止战争和暴行，防止人类再次陷入战争的浩劫当中？从季南的言语中可知，他认为，和平是人类一直以来的期望，现在，东京审判为解决和平问题提供了契机，人类可以通过新的方法来防止战争，争取和平。当然，过去并没有为当下的任务提供多少帮助，对此，季南说道，人类应当发挥最高的发展想象力来应对现实。实际上，季南在说，人类社会到了需要依托想象力进行创新的拐点，对人类来说，这是生存或毁灭的问题。③

在季南看来，人类需要想象力进行创造的就是个人责任。惩罚发动战争的个人并不足为奇，这里的创新体现在以文明、宽容和现代的司法程序追究个人的刑事责任。季南对创造的解读主要体现在如下几个方面。

（一）追究个人责任才能产生有效的威慑。季南的观点似乎较为宏大，他不怎么关注罪行的报应惩罚问题，他认为，惩治犯罪的目的主要是为了构建将来的和平秩序。通过将实施暴行的个人作为公认的罪犯并对他们进行惩罚，这对未来类似的侵略战争和战争暴行活动会产生震慑效果。

（二）依据既有国际法、国内法甚至是自然法来确认个人因发动侵略战争和实施战争暴行的责任。在这方面，季南的观点似乎又贴近报应惩罚

---

① Tokyo Trial Proceedings Record, Vol. 1, 4 June, 1946, p. 384.
② Tokyo Trial Proceedings Record, Vol. 1, 4 June, 1946, pp. 384-385.
③ Tokyo Trial Proceedings Record, Vol. 1, 4 June, 1946, pp. 385-387.

理论。公认的国际法规则将违背条约、承诺或协定①而发动侵略战争的行为视为罪行,认为应该得到应有的惩罚。杀人等战争暴行违背正义和法律,杀害数以百万的人比谋杀一个人的罪行更重,没有道理不受到相应的惩罚。

(三)被告具有承担个人责任的基本要素。一方面,在主观要件上,发动战争和实施暴行的日本政界和军界高官存在主观罪恶,他们知晓战争的策划和准备,知道战争将会毁灭无数士兵和平民。另一方面,在行为要件上,被告们控制着政府及其行为,并实际发动了战争,实施了战争暴行。

(四)区分个人责任和国家责任,避免以国家作为借口逃避罪责。国家不再被认为是个人行为的责任承担者,依靠国家和国内法的抗辩没有道理。效忠国家或忠于法律并不能赋予个人豁免,为了实现所谓的国家目标或理想也不能作为免除罪责的抗辩。在季南看来,在战争状态下,政府像是被这些人控制的木偶,不是国家在进行战争,而是作为个人的被告在从事战争行为,没有理由让国家成为被告逃脱个人罪责的借口。

(五)追究个人责任符合人类的基本常识和良知。季南对罪而不罚的现象表达了观点。他说,全世界冷静、耐心且热爱和平的人们特别困惑,他们无法理解其中的逻辑和论理:作为造成国际苦难的违法者,一国高官为何得不到惩罚?过去,发动战争和实施暴行的政界领导人不受司法追责,为何有人支持如此的国际法原则?过往的国际法为何容许危害和平和实施暴行的真正凶手免受司法追责?这些人将人类文明推到了灾难的边缘,如果说追究他们的刑事责任、给予他们惩罚没有合法性,那司法本身便会成为笑柄。总之,根据人们的常识和世界的良知,毫无疑问,这些最为严重的刑事犯罪是违法的,人性和文明要求对这些行为进行惩罚。②

对于东京审判而言,个人责任的确立确实属于国际法理论和实践层面的重大创新,而这种创新并非毫无依据,而是建立在深厚的国际法理论之上。东京审判确立个人责任的逻辑主要有两个。一方面,依托实证法,证

---

① 参见朱文奇《东京审判与追究侵略之罪责》,《中国法学》2015年第4期。
② Tokyo Trial Proceedings Record, Vol. 1, 4 June, 1946, pp. 387–396.

明个人所实施的行为构成国际法上的犯罪,承担违反国际法的罪责已经成为实证国际法的一部分;同时,各国的国内法实践支持这样的结论,即违反战争法规和惯例的行为属于违反国际法的罪行;另一方面,依托自然法,承认在国际法层面确立个人责任是重大的创新和突破,但是,个人责任并非无"法"可依,它在自然法规则中有章可循,它的确立符合人的理性、良知和常识,也是恢复和实现和平秩序的必要条件。

第一,个人责任的确立是国际法得到突破性发展的体现,它具有现实合理性,也符合规范逻辑。在检方举证过程中,来自澳大利亚的检察官曼斯菲尔德(Alan J. Mansfield)从实证国际法的角度对个人责任的确立进行了说明,力图反驳"事后法"(*ex post facto* law)以及战胜方滥用权力的辩护意见。就发动侵略战争的问题,曼斯菲尔德先生指出,辩方可能从实证法角度挑战国际法上的个人责任:国际法本身没有规定违反国际法是一项罪行,没有条文规定个人应当为违反条约而承担责任,更没有公约或条约规定个人责任及相关的惩罚。①

在1947年2月的庭审中,清濑博士在辩方一般陈述中指出,自从国际法形成以来,主权国家的战争与海盗、强盗等个人行为存在根本区别。言外之意,国家的责任应该归属于国家,个人责任应归属于个人,两者不应相互混淆。他接着提到,1928年至1945年之间的国际法规范当中,丝毫不存在有关个人替国家的行为承担个人责任的内容。即使是《波茨坦公告》和最近的《宪章》,也没有关于个人责任的条文。因此,国际法上的个人责任只能被理解为不存在,如果一定要追究,那只能是"事后法"。②

曼斯菲尔德检察官援引莱特的观点③回应道,《巴黎协定》已经将道德规则转变为类似战争法规和惯例的实证规则,类似地,个人应该为违反国际法的行为而承担责任的原则已经被广泛地接受。因此,不仅国家需要承担违反条约发动非法战争所产生的后果,作为发动战争之共谋、正犯和从犯也需要承担个人罪责。这背后的原因在于"国家只有通过负责的工具才

---

① Tokyo Trial Proceedings Record, Vol. 1, 4 June, 1946, p. 244.
② Tokyo Trial Proceedings Record, Defense Opening Statement, Vol. 28, 24 February, 1947, pp. 17014–17016, 17057–17059.
③ Quincy Wright, "War Crimes under International Law", *Law Quarterly Review*, Vol. 62, 1946, pp. 40–52.

能够做出行为，即通过个人。"因此，违反国际法发动战争除产生国家责任外，军政高官还须承担由此而产生的个人责任，且这种个人责任区别于国家责任，是独立和不同的责任形式。①

第二，国际法上的罪行及个人责任已经被习惯法承认，这些习惯法规则是基于人性、道德理念、理性等自然法因素发展和形成的。在论述侵略行为如何构成国际法上的犯罪时，季南将该问题拆分为两个需要解决的法律问题，即国际法是否调整侵略行为，侵略行为是否在国际法上构成犯罪，从逻辑而言，如果侵略战争及战争暴行构成国际法上的侵略行为，那么，个人承担国际法上的刑事责任的问题便会出现。季南引用赖特勋爵（Quicy Wright）的权威论述，其核心在于说明国际法不是静止的，而是在发展的。实证法规则的发展并非任意为之，它们牢固地植根于自然法。

赖特勋爵的思想诠释了国际法在近代依托自然法理念的发展现状。在他的观念里，国际法源自基于正义本性与人性的善恶观，在现代社会，自然法也许就体现为正直之人的是非观，或者人类社会所共有的原则，总之，对赖特勋爵而言，自然法应当是所有法律的根基。某些规则可能并非人为创造，原本也不靠法院和行政机关来执行，但人们却一直遵守和沿循着这样的习惯规则或传统规则。因此，当现实面临违反这些规则的行为时，法庭并不是在创造规则，而只是在宣布或者判定它们的存在。赖特勋爵指出，国际法是在发展的，现实的需求激发了自然法和道德理念的力量，国际社会将它们转变为文明世界所承认的法律规则。两次世界大战对人类产生了极大的震撼，人类意识到他们需要反映正义价值的国际法。②

第三，国际法上的个人责任早已被各国国内法所承认，成为普遍的法律观念和实践。追究和惩罚违反战争法规和惯例之个人的刑事责任已经成为各国的普遍共识和实践，虽然相关司法实践尚停留在国内法层面，但须注意的是，追究个人责任的国内司法实践往往承认国际法普遍规则的存在，这些规则发挥着规范效力并且在不断地发展。同纽伦堡审判一样，季南引用的案例是1942年美国最高法院所审理的"奎瑞案"（Ex parte Qui-

---

① Tokyo Trial Proceedings Record, Vol. 1, 14 May, 1946, pp. 243-245.
② See Tokyo Trial Proceedings Record, Vol. 1, 4 June, 1946, pp. 407-410.

rin），该案判决一致意见认为对于战争罪应当由军事法庭而非普通民事法庭加以审判，并就个人对战争期间所犯罪行的法律责任问题进行了阐述。美国最高法院指出，为审判战争罪行，议会立法并非为了编纂或界定国际法，也不是在阐释相关的国际法规则，而是在行使宪法所赋予的"定义和惩罚"罪行的权力，国际法已经精确地定义了这些罪行。①

"远东国际军事法庭"法官罗林（B. V. A Roling）从国内法和国际法"两元"互动的视角理解国际法上个人责任的产生过程。罗林法官认为，反人类罪的概念是战后国际法的创新，但并非战前就不存在，它属于基于主权的国内法的调整事项。反人类罪的出现意味着此类行为开始被国际法调整，并被认为是国际罪行，大规模侵犯人权的行为不再仅仅属于国内法管辖的事项，国际社会拥有介入此类事宜的规范基础。反人类罪及其责任的追究是国际法的重大进步，这被罗林法官认为是"国际法的渐进发展"②。

个人责任原则的确立还体现着对个人理性的尊重。安东尼·卡塞斯（Antonio Cassese）在采访罗林法官时说道，个人超越遵守国内法的义务而承担国际法上的责任是纽伦堡审判所确立的最为重要的原则，对于东京审判而言，也是如此。经过两次国际审判，个人承担国际责任逐渐发展成为一般原则。③ 在罗林法官看来，个人之所以须承担国际法上的法律责任，原因在于，个人拥有依据理性、良知和自身的智识来解释国际规则及其规范意图的能力，并依据判断作出行为，且通过个人对正当规则的遵守，国际暴行才能够被阻止④。

在国内法的环境下，个人可以依靠法官来解释规则，而很多情形下，国际法不存在类似国内法体系之下的解释，这意味着个人需要自己对规则进行解读。罗林法官接着指出，对于纽伦堡审判所涉及的"犯罪国家"，国际社会只有依靠个人来反对政府所做出的构成犯罪的命令，因此，个人拥有对相关规则和命令进行自我解读的国际义务，而不能对犯罪国家所制

---

① See Ex parte Quirin, 317 U. S. 1, 30, 1942.
② Antonio Cassese & B. V. A. Roling, *The Tokyo Trial and Beyond: Reflections of a Peacemonger*, In Antonio Cassese ed., Oxford: Polity Press, 1993, p. 56.
③ Antonio Cassese & B. V. A. Roling, *The Tokyo Trial and Beyond: Reflections of a Peacemonger*, In Antonio Cassese ed., Oxford: Polity Press, 1993, p. 107.
④ Antonio Cassese & B. V. A. Roling, *The Tokyo Trial and Beyond: Reflections of a Peacemonger*, In Antonio Cassese ed., Oxford: Polity Press, 1993, p. 108.

定的所有规则或发出的所有命令不假思索地执行。①

四 作为法律原则的个人责任

二战之后,个人责任作为一项国际法原则被确立下来。纽伦堡审判之后,个人责任的根本原则成为国际刑法不可动摇的基石,第一次阐释该原则的纽伦堡审判也因此一直保持着崇高的地位,后世的国际刑事司法理论和实践在此基础上展开。② 1946 年 12 月,联合国大会通过决议,对法庭宪章和审判确立的根本原则进行确认,并指示 ILC 对国际军事法庭的原则进行编纂。③ 1950 年,ILC 第二届大会通过了其所形成的原则文本,一般称为"纽伦堡原则"。④ ILC 的报告确认了战后的两次国际审判对国际刑法所做出的突破性发展,同时,也确立了联合国在促进国际法发展方面的权威。

ILC 报告并未讨论"纽伦堡原则"是否属于实在国际法的问题,对于 ILC 而言,联合国大会已然确认了这些原则属于国际法,自己仅仅负责起草这些原则的基本内容。⑤"纽伦堡原则"(1950)第 1 条规定:"任何人实施构成国际法下一项犯罪的行为,都应负责并受到惩罚。"该原则所暗示的内容有两方面:第一,个人应当为自己所实施的违反国际法的犯罪行为承担刑事责任;第二,国家或团体不应再成为使个人免于责任和免受惩罚的屏障,即使所涉行为在国内法上并不被认为是犯罪。为了给国际社会追究个人责任扫清法律上的障碍,"纽伦堡原则"第二、三、四原则分别对"符合国内法不免责""官方身份无关性"以及"服从命令不免责"作了明确规定。

1948 年《防止及惩治灭绝种族罪公约》第 3 条规定,除直接或者共同

---

① Antonio Cassese & B. V. A. Roling, *The Tokyo Trial and Beyond: Reflections of a Peacemonger*, In Antonio Cassese ed., Oxford: Polity Press, 1993, pp. 107-108.
② David A. Blumenthal & Timothy L. H. McCormack, *The Legacy of Nuremberg: Civilising Influence or Institutionalised Vengeance?*, Leiden: Martinus Nijhoff Publishers, 2008, pp. 102-105.
③ 该决议主题为"确认纽伦堡法庭宪章所承认的国际法原则",决议编号:A/RES/95(I)。
④ Report of the International Law Commission Covering its Second Session, 5 June-29 July, 1950, Document A/1316, pp. 11-14.
⑤ Edoardo Greppi, "The Evolution of Individual Criminal Responsibility under International Law", *International Review of Red Cross*, Vol. 81, No. 835, 1999, p. 4.

实施犯罪以外，个人还应当为预谋实施、直接公然煽动实施或者意图实施（无论此种种族灭绝是否实际发生）而接受惩罚，这显然将责任指向了个人。第 4 条规定了责任承担者，即任何实施灭绝种族及相关行为的个人，无论是宪法上赋予职责的统治者、公务员、还是普通的个人，都应该接受惩罚；对此，有学者指出，"国际法再一次远远地超出了国家责任的传统边界，强调个人处于履行特定国际法分支之下义务的最前沿"[1]。毫无疑问，这与纽伦堡审判和东京审判所阐述的原则和精神相一致。第 5 条和第 6 条进一步规定，缔约国应当通过国内立法将个人责任付诸实施，具体而言，实施灭绝种族行为的个人应当被缔约国的有权法庭或者缔约国接受其管辖权的国际刑事法庭审判。

通过上述规定，缔约国承担禁止赋予豁免权和通过国内立法、司法措施执行公约条款的义务，同时，公约并未限制成员国扩大其管辖权。1949 年《关于战时保护平民之日内瓦公约》（《日内瓦第四公约》）对国家施加了更为积极地追究个人责任的义务，且个人责任的追究不再受地理范围的限制，从而形成了"普遍刑事管辖"的概念。[2]《日内瓦第四公约》第 146 条要求缔约国进行必要的立法，以制裁实施、命令实施严重违反公约的行为。公约包含的所谓积极义务在于：缔约国有义务搜寻已经实施或者命令实施此类严重违反公约行为的个人，并将其交由本国法庭审判，或依据其法律交由相关国家。

个人责任原则在其他国际法治理领域得到了充分的延伸，个人作为国际法执行机制的直接对象已经成为一项基本的假设。1973 年联合国大会通过的《禁止并惩治种族隔离罪行国际公约》第 3 条规定，任何个人、组织或机构的成员或国家代表，不论出于什么动机，如有下列行为（触犯、参与、直接煽动；直接教唆、怂恿或帮同实施种族隔离罪行），即应承担国际责任。1984 年联合国大会通过的《禁止酷刑和其他残忍、不人道或有辱人格的待遇或处罚公约》（以下简称《禁止酷刑公约》）并未明文纳入个

---

[1] Edoardo Greppi, "The Evolution of Individual Criminal Responsibility under International Law", *International Review of Red Cross*, Vol. 81, No. 835, 1999, p. 5.

[2] Philippe Sands, "After Pinochet: the Role of National Courts", In Philippe Sands ed., *From Nuremberg to the Hague: the Future of International Criminal Justice*, Cambridge: Cambridge University Press, 2003, pp. 85-89.

人责任的相关规定，却隐含了如此的含义。第 6—7 条规定，对于其领土范围内犯有此类罪行的人，缔约国可以在必要时采取司法强制措施并进行初步调查；如缔约国对此人不进行引渡，则应当交由主管当局以便起诉，主管当局应当根据该国法律，以审判情节严重的普通犯罪的同样方式作出判决。所谓"以…同样的方式"包含追究个人责任所涉及的程序和实体规则。

如同 1949 年《关于战俘待遇的日内瓦公约》所展示的路径，《禁止酷刑公约》追究个人责任所揭示的原则很明确，即对于施加酷刑者没有豁免，无论他（们）在哪里被发现。对此，公约的起草人说道，"公约（如此规定）的主要目的在于防止施加酷刑者通过进入其他国家来逃避行为的（法律）后果"[①]。显然，从遵守角度来看，这种普遍化的立法路径意在弥补因主权分隔而出现的"制裁漏洞"，通过"同意"的普遍赋予和管辖权的普遍行使形成追究个人责任的严密网络。1991 年，ILC 关于《危害人类和平及安全治罪法草案》第 3 条第 1 款提到，犯有危害人类和平与安全犯罪的个人应当担负责任并接受惩罚。[②]

[①] Philippe Sands, "After Pinochet: the Role of National Courts", In Philippe Sands ed., *From Nuremberg to the Hague: the Future of International Criminal Justice*, Cambridge: Cambridge University Press, 2003, pp. 88-89.

[②] See Report of the International Law Commission on its Forty-Third Session, U. N. GAOR, 46th Sess., Supp. No. 10, at 239, U. N. Doc. A/46/10, 1991.

第四章　个人责任原则的理论架构

> 复仇并不是我们的目的，我们也并非仅仅寻求公正的惩罚。我们要求法庭在国际刑事程序中确认个人，不论其种族和信仰，享有其在和平和尊严中生活的权利。我们所提出的案件是人类向法律所做出的诉求。
>
> ——本杰明·费伦茨（Benjamin Ferencz）[①]

本章论证个人责任所构建并延展至当代国际秩序的立体理论架构。国际法上的个人责任发扬了传统国际责任制度的法律主义倾向，它致力于将责任考量嵌入政策选择和秩序的形成过程，在关涉国际社会共同利益的领域限制政治任意性。个人责任将自身塑造为符合正义之政治秩序的要素，通过划定政治与法律边界、排除社会因素影响之外的程式化的正义过程，个人责任的"法律帝国"得以达成多重目标，将正义、法治与秩序价值统一于个人责任的立体理论架构。

一　复合维度之下的个人责任

作为新的国际法责任模式，个人责任的出现和发展有其理论上的逻辑。个人责任是将刑法适用于特定行为的结果。"刑法是促进规则遵守的

[①] Benjamin Ferencz, Opening Statement of Prosecution in the Einsatzgruppen Trial before the Nuremberg Military Tribunal, 29 September, 1947, http://www.famous-trials.com/nuremberg/1917-einsatzopen, 最后访问时间：2024 年 5 月 31 日。

合适手段之一,国际社会应当通过刑事司法去实现惩罚和威慑。"[1] 作为制裁手段,追究个人责任是实现正义的要求,同时,它又能够产生预防效果,而正义和预防都是国际法规则得以遵守的重要基础。除上述规范目的之外,个人责任的司法追责还能服务于一定的社会目的,即和平秩序的建设和维护。具体而言,个人责任有助于恢复被罪行所破坏的社会秩序,化解因战争及其暴行而产生的仇恨与隔阂,促进民族间的和解与和平秩序的建设。[2]

如上所述,国际法上的个人责任需要从三个面向加以理解,即司法面向、法理面向及社会面向。二战后,在政治家和检察官关于确立个人责任的论述中,三个面向的顺位存在先后,他们最先关注个人责任在社会面向的必要性,而后才将逻辑延伸到法理面向和实际操作的司法面向,这显然不同于后代国际刑事司法发展的逻辑,不过,这丝毫不意味着三个面向之间存在重要性的高低。[3] 在二战后所构筑的逻辑自洽的体系中,它们呈现互为支撑的正相关关系,实践中,它们之间的相互关系可能受到实证层面的质疑。另外,三个面向的相互联系并不包含如下暗示,即不同面向之间可以相互否定。个人责任的司法面向具有独立的价值,它可以服务于其他面向的强化,但是,其他面向的实现状况并不能用来否定司法面向。

第一,追究个人责任的直接结果是对违法者施以与罪行相适应的刑罚,惩罚的相应理论反映着追究个人责任的基本依据。所谓的报应惩罚认为,刑罚是违法者应得的报应,施加刑罚是为了保持道德平衡。正义的要求是刑事制裁合法性的基础,因此,刑罚施加于违法者本身便是一种价值。[4] 报应理

---

[1] Christian Tomuschat, "Crimes Against Peace and Security of Mankind and the Recalcitrant Third State", *Israel Yearbook on Human Rights*, Vol. 25, 1995, p. 41.
[2] 国际刑事法庭一般在量刑判决中阐述"惩罚理论",但其实质上同时是支撑刑事责任的基础理论。巴西奥尼教授则将刑事追责放在国际人道法的执行之下,他指出,国际人道法的执行不应仅仅被视作事后的惩罚,而是由刑事追责到冲突后正义恢复的过程,尤其是,执行应当被理解为包含惩治、记录历史、维护受害者利益和提供威慑等目的在内的教育系统。Cherif Bassiouni, "The New Wars and the Crisis of Compliance with the Law of Armed Conflict by Non-State Actors", *The Journal of Criminal Law and Criminology*, Vol. 98, No. 3, 2008, p. 798.
[3] 司法面向是国际刑事司法最为基本的内容,在此基础上,法理面向和社会面向的目标才能够实现,能够发现,个人责任产生和执行的逻辑正好相反。
[4] Stuart Beresford, "Unshackling the Paper Tiger—the Sentencing Practices of the *ad hoc* International Criminal Tribunals for the Former Yugoslavia and Rwanda", *International Criminal Law Review*, Vol. 1, No. 1, 2001, p. 40.

论是同等报复观念的反映。现代报应理论强调符合比例的公正惩罚，而非惩罚等同于犯罪。比例性是报应理论的核心，其基本含义在于，惩罚必须体现违法行为的严重性质，惩罚与违法者责任程度之间必须符合比例。[1] 国际刑事法庭对报应惩罚理论做了扩展。国际刑事法庭认为，经典的报应理论要求惩罚与损害成比例，不过，根据法庭的目的以及国际人道法的要求，报应最好被理解为国际社会对暴行的谴责和愤怒的表达，同时，报应也是对受害者遭受损害和苦难的承认。[2] 在国际刑事法庭眼里，报应观下的刑罚不仅具有本身的价值，更多地代表着国际社会对犯罪行为的态度和评价，所起的作用主要是宣誓性的。法庭判决印证了从表达主义角度看待报应理论的立场。法庭指出，在国际刑事司法的背景下，报应可以被理解为如下毫不含糊的宣言：犯罪将会受到惩罚，豁免不会优先于责任，判决应当反映国际社会对罪行的愤怒和谴责。[3]

第二，实证主义法学理论认为，法律规则以制裁为后盾，制裁是使个人遵守规则的重要因素，而制裁本质上是威慑性的。[4] 威慑理论认为，起诉和惩罚实施暴行的人，主要目的在于展示威慑，以促使他们在未来不要继续实施犯罪，以此达到一般预防的效果。[5] 建立在功利和结果之上的预防理论强调刑法应当具有的未来效果，它以功利主义为哲学基础，将减少罪行和预防未来的犯罪作为刑罚的目的。对功利主义的学者来讲，功利主义理论不仅能够解释刑事惩罚为何存在，还必须指引刑罚体系的运转，刑事司法体系应当寻求减少和预防社会危害。[6]

报应和预防构成刑事司法的两种基本理论，不过它们看待责任与惩罚问题的角度不一，前者是过去视角，后者则是未来的、功利主义的视角。[7] 相对于未来导向的预防理论，强调有罪必罚的报应主义则是将视角转向犯

---

[1] *Prosecutor v. Akayesu*, Judgment, ICTR-96-4-S, 1998, para. 40.
[2] *Prosecutor v. Momir Nicolić*, Sentencing Judgment, IT-02-60/1-S, 2003, para. 86.
[3] *Prosecutor v. Momir Nicolić*, Sentencing Judgment, IT-02-60/1-S, 2003, para. 87.
[4] Yubraj Sangroula, *Jurisprudence: The Philosophy of Law*, Oxford: The Loquitur Publishing Company, 2014, p. 72.
[5] *Prosecutor v. Mrdja*, Judgment, IT-02-59-S, 2004, para. 16.
[6] Michael T. Cahill, "Retributive Justice in the Real World", *Washington University Law Review*, Vol. 85, No. 4, 2007, p. 818.
[7] Ruti G. Teitel, *Transnational Justice*, New York: Oxford University Press, 2000, pp. 216-217.

罪发生的过去。违法者通过犯罪行为所引发的错误和非正义需要以惩罚的方式来平衡，罪犯应当得到因其行为而应得的惩罚。[1] 报应理论关注事实，而预防理论则聚焦影响。报应的落实基于这样的事实，即应当受到惩罚的行为已经发生，行为本身的严重程度应当主导刑事制裁的程度。刑事制裁应当关注事实而非其社会影响，刑罚的合法性在于罪责刑相适应，而不是任何的未来所得。[2]

第三，除上述内容之外，国际刑法视角下的个人责任还有更为宏观的理论基础。日本学者二村真冈（Madoka Futamura）提出，纽伦堡审判和东京审判追究国际法上的个人责任是基于三个战略性考量，即国家或民族和解、平息受害者复仇欲望以及区分罪犯与人民。

（一）追究个人责任是实现战胜国与战败国关系正常化的必要路径。这主要是基于历史的经验教训，即惩罚国家整体无法带来和平，只会带来孕育战争的仇恨。只有经过公正的国际审判，追究负有刑事责任的个人，国家间的和平关系才可能有期待性。

（二）追究个人责任是代替个人复仇、实现受害者正义的重要方式。战争及战争暴行的受害者往往寻求集体复仇，而这将积累国家间或民族间的仇恨，进而形成新的冲突和战争源头。追究个人责任有助于将受害者的正义呼救转向负有刑事责任的个人，通过国际权威代替受害者个人的复仇行为，这不仅对犯罪者施加了其应得的惩罚，也为施害者所属群体和受害者群体间的和解创造了条件。

（三）追究个人责任是区分发动战争、实施战争暴行的罪魁祸首与无辜的人民大众的必然办法，法律责任不仅必须发现暴行的"始作俑者"和现实的为恶者，而且必须使其脱离法律拟制的遮蔽，清晰界定法律责任的目标阈。通过实现"看得见的正义"，不仅受害者会将犯罪者同其所属群体分开看待，无辜的人民也会将自身同犯罪者相区分，这为战争责任的个人化提供了重要前提，同时，这也是战后和平秩序重建的重要社会和政治基础。[3]

---

[1] Immi Tallgren, "The Sensibility and Sense of International Criminal Law", *European Journal of International Law*, Vol. 13, No. 3, 2002, p. 579.

[2] Austin Lovegrove, *Judicial Decision Making, Sentencing Policy, and Numerical Guidance*, New York: Springer, 1989, p. 39.

[3] Madoka Futamura, *War Crimes Tribunals and Transnational Justice: The Tokyo Trial and the Nuremberg Legacy*, London: Routledge, 2008, pp. 43-45.

二　正义面向：实现刑事功能

国际罪行是违反道德和法律的事实，它的存在破坏了建立在正义价值基础之上的社会关系，因此，恢复正义是国际刑事审判的首要目的。巴西奥尼指出，纠正错误是一项根本的法律原则，它构成所有法律体系共有的一般法律原则或习惯法规则。基于个人与集体实体间的契约，集体应该向个人提供求偿或者要求惩治犯罪的途径和机构，而此等司法或法律过程必须能够正常运转，并向受害者提供救济。受害者要求救济的权利源自某种形式的责任，确定责任并提供救济是受害者正义的主要内容。[1] 汉娜·阿伦特（Hanna Arendt）赞同上述观点，对于"艾克曼审判"（Eichmann Trial）的目的，她指出，审判就是为了实现正义，别无其他。根据她的观点，包括记录历史在内的审判目的都必须围绕"实现正义"展开，因为衡量针对被告的指控、作出判决并施加合适的惩罚是法律审判的核心功能。[2] 换言之，确定责任和刑罚是刑事审判的内核，其基本功能是实现正义，如果无法实现正义，其他的审判目的便失去了意义，因而，阿伦特反对将历史的、政治的和教育性的目标引入审判。反过来说，如果将非刑事正义本身之外的考量纳入司法追责当中，检察官和法官就会有沦为政客的风险，毫无疑问，这将损害国际刑事审判的正当性。[3]

实现正义是国际法确立和追究个人责任的基本考量。实践中，进行刑事审判、追究个人责任的目标是多样的，但无论如何，实现正义是该过程中最为基本的要求，这里所指的正义首先指刑事正义或因果报应。乔治·佛林茨（George A. Flinch）指出，战后，文明世界的公共良知产生了要求进行审判的压倒性的要求，这使得对战争犯罪和暴行进行报应惩罚成为必须。[4]

---

[1] Cherif Bassiouni, "International Recognition of Victim's Rights", *Human Rights Law Review*, Vol. 6, No. 2, 2006, p. 207.

[2] Hannah Arendt, *Eichmann in Jerusalem: A Report on the Banality of Evil*, New York: Penguin Books, 2006, p. 251.

[3] Alexander K. A. Greewalt, "International Criminal Law for Retributivists", *University of Pennsylvania Journal of International Law*, Vol. 35, No. 4, 2014, pp. 1040-1041.

[4] George A. Flinch, "The Nuremberg and International Law", *American Journal of International Law*, Vol. 41, No. 1, 1947, p. 20.

在国际刑事司法的诸多目的中，依凭报应实现正义占据着基础性的地位。如巴西奥尼所言，人类的不正义不会随着政治解决的达成而消失，换言之，必须以法律手段恢复正义；缺乏正义的社会状态缺乏稳定性，非正义经常演变为现实的存在，其结果是冲突再起，真正的和平无法实现。① 2004 年，时任联合国秘书长科菲·安南（KofiAnnan）在其向安理会所作的报告中列举了国际刑事审判的贡献，他首先指出，国际刑事法庭在促进正义事业中发挥了关键的作用，如果没有它们，相关国家将会面临重大的正义赤字。国际刑事正义是指，表达对犯罪行为的公共谴责，为违法者提供了直接的追责形式，为实现受害者正义提供了方式，受害者可以看到犯罪者接受法律的审判，他们能够陈述自己的观点和关切，并通过该过程恢复自己的尊严。② 总体来讲，就国际法上的个人责任而言，正义价值主要体现在三个方面。

第一，追究犯罪者责任。缺乏法治，豁免将会横行，让担负刑事责任的个人逃避司法的追责有违正义的要求。实现正义是推行法治的根本目标，也是追究国际法上个人责任的基本出发点。二战后，惨不堪言的战争及其暴行促使国际社会开启寻求国际刑事正义的历程，一直以来，国际社会始终在探求通过合作实现国际正义的有效方式，根据 ICC 前任院长宋相现的说法，ICC 是该探索历程的有益成果，它是国际社会起诉和惩治犯下国际罪行之个人的最后屏障③。ICC 前院长菲利普·基尔施（Philippe Kirsch）也指出，一直以来，国际社会都缺乏对犯下严重国际罪行之个人进行司法追责的有效机制，这是由于，这些个人往往掌握政治权力，在国内法上享有豁免权，国内法院不愿意或无法展开刑事追责。因此，为防止过度豁免，实现国际正义，国际社会必须依托相应的刑事追责机制追究个人责任，向世界展示国际法能够得到执行、国际正义能够得到实现。相对于特设国际刑事法庭管辖权特定、采取过去视角的特征，常设国际刑事法院能够追诉世界范围内的、未来不特定的国际罪行，国际正义的实现拥有更为

---

① Cherif Bassiouni, "Perspectives on International Criminal Justice", *Virginia Journal of International Law*, Vol. 50, No. 2, 2010, pp. 293-294.
② The Rule of Law and Transitional Justice in Conflict and Post-Conflict Societies, Report of the Secretary General, UN Doc. S/2004/616, 23 August, 2004, paras. 39-41.
③ See Song Sang-Hyun, "The Role of the International Criminal Court in Ending Impunity and Establishing the Rule of Law", *UN Chronicle*, Vol. XLIX, No. 4, 2012.

强大的机制保障。①

第二，维护受害者权利。国际犯罪受害者的权利和尊严受到严重侵害，为维护权利，恢复尊严，国际刑事司法须追根究底，确定行为与受害事实之间的关联，并由此判定相关个人的法律责任，这是实现受害者实质正义的必然要求；另外，受害者需要参与到追究个人责任的过程当中，这既是保证程序正当的要求，也是实现公正结果的必要前提，这事关受害者的程序正义。ICTY 在其成就列举中写道，"主要问题不再是领导人是否应该被追责，而是怎样最好地保证他们承担责任。"通过追究个人责任，法庭为受害者带来了正义：对受害者犯下罪行的个人必须接受法律程序的追责，受害者能够看到正义的实现过程，而且，受害者有机会在法律程序中阐述他们的事实和意见，这有助于明确案件事实，并最终服务于确定被告的刑事责任。②

第三，施加相称的刑事惩罚。纽伦堡审判和东京审判以实现报应性惩罚作为其首要目的。例如，《纽伦堡宪章》第1条指出，国际军事法庭的目的在于公正且快速地审判和惩罚欧洲轴心国的主要战争罪犯。《纽伦堡宪章》第27条的量刑条款也指出，法庭有权宣判被告有罪、死刑以及其他法庭认为公正的刑罚。据此，除确认法官有决定刑罚的裁量权外，量刑条款还揭示，预防理论在纽伦堡审判中体现得并不明显，很多罪行都属于追溯惩治，因而无法有效发挥威慑作用。因此，刑罚报应是早期的国际刑事审判，包括纽伦堡审判、东京审判以及诸多国内军事法庭审判得以开展的主要促进因素和理论基础。③

三 法治面向：增强制裁效力

个人责任被国内法所垄断，或者国家责任完全遮蔽个人责任的情形存

---

① Philippe Kirsch, "The Role of the International Criminal Court in Enforcing International Criminal Law", *American University International Law Review*, Vol. 22, No. 4, 2007, pp. 540-541.
② See Achievements, United Nations ICTY, http://www.icty.org/en/about/tribunal/achievements#bringing，最后访问时间：2024年5月31日。
③ Daniel B. Pickard, "Proposed Sentencing Guidelines for the International Criminal Court", *Loyola of Los Angeles International and Comparative Law Review*, Vol. 20, No. 1, 1997, pp. 129-130.

在重大缺陷，遮蔽个人责任的模式极大地损害着国际法的有效性，其原因在于国际法赖以执行的制裁完全由国家来承担，对个人的制裁留给了国内法。① 对于国际罪行的责任追究而言，由国家承担责任等同于让抽象的实体承担责任，制裁的效果无法有效发挥。如劳特派特所言，"除非责任被归于有血有肉的个人，否则它便无所栖身，这很有说服力"②。

（一）以威慑为基础的预防

历史上，遵守国际法的力量源自规则本身所包含的同意及合理性（如约定必守，或因遵守而取得的"利益"③）。例如，1899 年和 1907 年的《海牙公约》对战争规则进行了详细的编纂，但是，它们没有详细地规定保障规则执行的手段或安排。1899 年《陆战法规和惯例公约》（《海牙第二公约》）仅仅在附件部分规定，逃跑的战俘再次被捕获后应当承担纪律惩罚，而不据实交代姓名和级别的战俘则不能享有相应的战俘待遇④，此外便没有其他有关执行公约规则的内容；1907 年《陆战法规和惯例公约》（又称《海牙第四公约》）第 3 条规定："违反战争法规条款的交战方，如果情形如此要求，应当承担赔偿责任；对构成其武装部队部分的个人所实施的所有行为，交战方负有责任"。很明显，此类规定属于禁止性规定，并且主要依靠国家责任来保障规则的执行。⑤ 当然，如段首所述，不能因此就断定规则的遵守无法达成，因为，规则本身所包含的符合理性、文明以及反映人类共识的内容本身就是促进遵守的根本动力。但是，就执行公约的规则而言，公约本身没有给出有效的手段。20 世纪早期，虽然公约体系已然成型，但它们似乎只能够依靠武力来获得执行力，不过又往往适得其反。如《和约》所展示的那样，似乎胜者可以依托其强力来规定和平的条件，失败者会因其所实施的罪行或者对抗行为而被处决。

---

① Andre Nollkaemper, "Concurrence between Individual Responsibility and State Responsibility in International Law", *International and Comparative Law Quarterly*, Vol. 52, No. 3, 2003, pp. 616–618.

② Hersch Lauterpacht, *International Law and Human Rights*, London: Stevens & Sons, 1950, p. 40.

③ Keohane & Robert O., "Compliance with International Commitments: Politics Within a Framework of Law", *Proceedings of the ASIL Annual Meeting*, Vol. 86, 1992, pp. 176–180.

④ Annex to the Hague Convention (II), Regulations Respecting the Laws and Customs of War on Land, Section I, art. 8–9.

⑤ Elbridge Colby, "War Crimes", *Michigan Law Review*, Vol. 23, No. 5, 1925, p. 489.

个人责任原则的确立和实践引发了国际法制裁形式的"革命"。传统而言，国际法是指向国家的，违反国际法产生的国家责任。但是，国际法越发频繁地将其规定同时指向国家、团体和个人。确实，惩罚战争罪犯的主要目的在于促进规则的遵守，这个目的只有通过对个人追责才能够实现。[1] 个人责任与规则遵守之间的联系依托于国际刑事司法所展现的刑事威慑。"尽管惩罚是纽伦堡审判的主要促进因素，而且也是支撑特设法庭的基本法理，但是，一般预防的考量开始发挥一定的作用。"[2] 在冷战后国际刑事司法的发展起步之时，巴西奥尼先生就作出如下表示："刑事追诉及其他一些司法追责措施与和平追究之间的关联性在于，它们的有效实施能够产生威慑力，从而预防未来的犯罪行为（victimization）。"[3] 曾任前南刑事法庭首席检察官的理查德·金斯对刑事威慑的概念和理论大加推崇，根据他的观点，追究个人责任能够向潜在的违法者发出威慑的信息，使他们认识到违反国际法的风险，即如果他们实施国际罪行，他们注定将会被国际刑事司法机构持续追责，并最终承担相应的责任和惩罚，这迫使他们重新考虑其行为计划和行为方式。[4] 如此一来，借助刑事追责所展现的强大且持久的威慑，一般预防和规则遵守得以变为现实。

个人责任的出现意味着传统行为归因原则的重大变化。传统而言，国际不法行为的责任直接归于抽象的集合法律实体，而国家或国际组织只能通过人或者最终通过个人来做出行为。个人行为归因于国家需要依托制度联系或事实联系，前者要求个人依据国家或政府的权能行为，后者则要求行为者依据事实上的"指导、指引和控制"而从事具体的事务。[5] 违法行为总会产生法律后果，即存在责任的分配和承担问题。当违反国际法的情形发生时，如果行为无法全部归因于国家，便会产生个人责任问题，这也

---

[1] Theodor Meron, "Reflection on the Prosecution of War Crimes by International Tribunal", *American Journal of International Law*, Vol. 100, No. 3, 2006, p. 574.

[2] Mark A. Drumbl, "Collective Violence and Individual Punishment: The Criminality of Mass Atrocity", *Northwestern University Law Review*, Vol. 99, No. 2, 2004, p. 560.

[3] Cherif Bassiouni, "Searching for Peace and Achieving Justice: the Need for Accountability", *Law and Contemporary Problems*, Vol. 59, No. 4, 1996, p. 18.

[4] Richard J. Goldstone, *For Humanity: Reflections of a War Crimes Investigator*, New Haven: Yale University Press, 2000, p. 135.

[5] See Francesco Messineo, "Multiple Attribution of Conduct", *SHARES Research Paper*, Vol. 32, No. 11, 2014.

是将国际人道法区别于国际法的大多数分支的重要原因。

实际上,即使是在人道法领域,个人行为与国家之间的关联也是存在的。《海牙第四公约》第3条和《日内瓦公约第一附加议定书》第91条规定,武装冲突的一方"必须对构成武装力量部分的个人所从事的所有行为负责"。根据ILC《国家责任条款草案》第7条的规定,个人只有在职权范围内所从事的行为才可以归因于国家。当然,根据ILC的评论,海牙与日内瓦公约的规定构成特别法。另外,在事实代理人、武装叛乱、缺乏合理注意、协助或帮助等情形下,违反国际人道法也会导致国家责任。①

个人责任的基本功能定位在于强化国际法所具有的制裁效力,它对国际法遵守的贡献主要来源于对传统国家责任模式的补充和矫正。一方面,个人责任强化了国际法制裁所具有的威慑效应。当存在严重违反国际法的罪行时,传统的国际法责任模式无法展示有效的威慑并施加有力的制裁,因而,须由新的责任模式来强化威慑或制裁效应,以达到威吓未来违法行为的效果。在人权或人道主义的场合下,排他性的国家责任已经被证明在很大程度上低效,因为国家责任模式已经不再具备有效的威慑作用。很清楚的是,国家责任应该由依据刑事规则而定的个人责任进行补充,这不仅对国家公务人员具有威慑作用,而且被证明是防止如跨国公司、政府间组织、有组织犯罪、恐怖主义、民兵运动或叛乱等非国家行为者侵犯人权的有效手段。② 另一方面,将行为归责于国家并不妨碍个人独立承担其行为所引发的责任,相反,个人责任具有"兜底"功能,即使国际法的制裁效力相对完整。一种情况是,个人或私人团体违反国际人道法规则,存在行为无法归责于国家或者其他法律实体的状况。如上所述,无法归责于国家的违法行为须由实施行为的个人承担。

另一种情况是,国际关系现实表明,无论是行为者,还是行为归因的对象都呈现复杂化的趋势。即使有相对完善的行为归因规则,但归因难度正在增加。例如,控制因素在私人或非国家主体的行为归因中发挥着核心的作用,如"尼加拉瓜案"与"波斯尼亚种族灭绝案"所揭示,证明私人

---

① Marco Sassoli, "State Responsibility for Violations of International Humanitarian Law", *International Review of the Red Cross*, Vol. 84, No. 846, 2002, pp. 401–413.

② 〔奥〕曼弗雷德·诺瓦克:《国际人权制度导论》,柳华文译,孙世彦校,北京:北京大学出版社,2010年,第289页。

行为者与国家之间的事实关联是一个困难的过程，因为这种联系必须属于对国家的"完全依靠"。① 但是，现实中显然可能存在不具有此种事实联系的情形。同时，非国家或私人行为者常常在任何被承认的法律框架外活动，而且它们所从事的官方行为和私人行为又极难区分，这种证明的困难对恐怖主义来说尤其明显。"塔迪奇案"和ECtHR的相关案例将这种相对死板的"有效控制"标准扩展到"一般控制"标准，即"控制"的考察视角由个案转向一般。不过，国际法院在"波斯尼亚种族灭绝案"中反驳了所谓的一般控制标准。正如一位学者所言，国际社会对"控制"标准的本质争论不绝，这显示国际法并没有跟上"国家和组织"之结构的变化步伐。② 可得出的结论是，依据原有归因规则确定责任归属，进而确立国际法的威慑或制裁效果的努力困难重重，这体现在法律论证上，也表现在现实操作上。

在集体制裁形式缺乏可行性的情况下，个人制裁所展现的威慑效力就尤为重要。对此，巴西奥尼先生说道，国际刑法的执行须对国际犯罪的违法者施加预期的制裁，这些人出台了这些违法的政策并指挥了它们的实施，以具备有效的恫吓力，而这种关于威慑的假设正是国际刑法所面对的最为不确定的方面。③ 同时，在提到非国家行为者的时候，巴西奥尼先生从一个宏观的视角指出，武装冲突法的执行力有限且不一致，过去数十年间（指2008年前），武装冲突及其参与者的特点发生了变化，这使得国际刑法所假定包含的威慑力更为薄弱。当然，威慑和制裁并非是促进人道法规则得到遵守的唯一因素，但是，它确实是必不可少的基础性因素。④

因此，面对威慑力假设所面临的困境，国际刑法将其制裁矛头指向个人，基于这样的假设，即相比于其他责任模式，个人责任是一种更为有效

---

① See Vladyslav Lanovoy, "The Use of Force by Non-State Actors and the Limits of Attribution of Conduct", *European Society of International Law Conference Paper Series*, Vol. 6, No. 2, 2015.

② Nigel D. White, "Due Diligence Obligations of Conduct: Developing a Responsibility Regime for PMSCs", *Criminal Justice Ethics*, Vol. 31, No. 3, 2012, p. 239.

③ Cherif Bassiouni, *Introduction to International Criminal Law* (2nd edition), Leiden: Martinus Nijhoff Publishers, 2013, p. 336.

④ Cherif Bassiouni, "The New Wars and the Crisis of Compliance with the Law of Armed Conflict by Non-State Actors", *The Journal of Criminal Law and Criminology*, Vol. 98, No. 3, 2008, pp. 780-800.

的一般威慑。又如，指挥官责任的主观要件的认定标准也体现着强化威慑的思维。在谈到指挥官责任主观要件的认定标准时，巴西奥尼指出，采用客观合理性标准与刑事责任的个人化一致，它着眼于维持刑事制裁的潜在威慑力。他进一步补充道，实际上，如果个人无法被阻止从事法律所试图避免的行为，那对法律要求的更为忠实的遵守便无法达成。如果责任无从确定，犯罪行为便无法被阻止。[①] 威慑是指挥官责任的基本功能，威慑的确定程度与遵守程度存在正相关。

（二）威慑作为建立国际刑事法庭的目的

国际法庭对个人责任的追究是从威慑或制裁的角度出发的，保持个人责任所展现的威慑作用，从而促进规则的遵守是法庭在论证个人责任存在与否时的重要考量。联合国安理会所建立的特设刑事法庭也从制裁和威慑的角度定位法庭的审判和惩罚功能。对于国际刑事法庭的目的，联合国前秘书长布特罗斯·布特罗斯·加利（Boutros Boutros-Ghali）曾指出，有关国际法庭个人管辖权的一个重要因素是个人责任原则，安理会多次重申，实施严重违反国际人道法之行为的个人须对其行为承担个人责任。[②]

个人责任不仅是国际刑事司法的基本原则，它也是国际法中"法律制裁"的具体表现形式。在1996年"艾德莫维奇案"（Erdemovic）的上诉裁决中，针对被告方依据"胁迫"（duress）所提出的抗辩，上诉庭法官麦克唐纳和沃拉认为，以胁迫作为抗辩并非国际习惯法，也没有反映一般法律原则。法律不应该成为逻辑或智识上吹毛求疵的"仆人"或"产品"，相反，法律必须按照其所担负的社会、政治和经济角色服务于广泛的规范目的。具体而言，拒绝胁迫抗辩的目的在于规避允许此类抗辩给社会带来的风险，它反映了为促进或保证国际人道法的执行的一个绝对道德假设，即那些杀害无辜的人将不会以胁迫为抗辩从而逃避惩罚。中国籍法官李浩培先生的表述更为直白，他说，在严重的罪行中允许以胁迫作为抗辩，等同于鼓励遭受胁迫的下属杀死无辜者而享有免责，这无法威慑行为者停止实施可怕的罪行，且无异于帮助上级实现其杀人的意图，法庭不应该采纳

---

① Cherif Bassiouni, *Introduction to International Criminal Law* (2nd edition), Leiden: Martinus Nijhoff Publishers, 2013, p. 336.

② Report of the Secretary-General Pursuant to Paragraph 2 of Security Council Resolution 808 (1993), UN Doc. S/25704, 3 May, 1993, para. 53

如此反人类的法律策略。① 可见，维持刑事追责的制裁效果和威慑效力，保障国际人道法规则在未来得到有效的遵守是 ICTY 在本案中的核心考量。

1998 年"联合国卢旺达刑事法庭"（International Criminal Tribunal for Rwanda, ICTR）在"康邦达案"（*Prosecutor v. Kambanda*）中指出，对被判定有罪的人施加刑罚一方面是为了实现"有罪必罚"，被诉者必须得到惩罚；更为重要的是，刑罚目标在于威慑，即劝阻那些未来有可能犯下此类暴行的人一心向善。② 在 1999 年"鲁塔甘达案"（*Prosecutor v. Rutaganda*）中，审判庭一方面确认了对负有罪责的个人的惩罚旨在实现对被告的惩罚，更为重要的是，通过向未来有可能实施暴行的潜在违法者显示，国际社会绝不会容忍严重违反国际人道法和人权的行为，进而说服和阻止他们实施犯罪。③ 不过，ICTY 似乎认为，报应惩罚和犯罪预防之间存在矛盾。

ICC《罗马规约》序言中表达了惩罚与预防的双重目的。首先，序言确认了严重罪行及其惩治与秩序价值之间的紧密关系，即严重犯罪构成对世界和平、安全和人类福祉的威胁。其次，序言确立了起诉和惩罚的原则，"对国际社会之整体关系甚大的最为严重的罪行必不能不予惩罚，有效的起诉必须通过国内层面的措施以及国际合作来保证。"有罪必罚是 ICC《罗马规约》所确立的基本原则，同时也是 ICC 追究个人责任的目的。再次，确立追责与预防原则，ICC"决心结束这些罪行实施者的豁免，从而促进此类犯罪的预防。"最后，从序言看，预防犯罪是 ICC 的重要目的，ICC 致力于促进国际人道法规则得到遵守。ICC 前检察官法图·班索达（Fatou Bensouda）指出，惩罚犯罪不应只被视作是满足报应性惩罚的需求，也应该被视为预防犯罪的手段。国际刑法规则及其系统地执行能够阻止正在实施的罪行，并威慑潜在的违法者放弃犯罪的企图。班索达指出国际刑事司法"威慑论"的实证基础：多样行为者对刑事法庭工作的认识和意识能够强化其实际影响，有证据清楚地证明，起诉和审判能够改变人的行为，例如，"卢班加案"（*Prosecutor v. Lubanga*）案件对尼泊尔、斯里兰卡、

---

① Olivia Swaak-Goldman, "*Prosecutor v. Erdemovic*, Judgement, Case No. IT-96-22-A", *American Journal of International Law*, Vol. 92, No. 2, 1998, pp. 282-287.
② *Prosecutor v. Kambanda*, Sentencing Judgment, ICTR-97-23-S, 1998, para. 28.
③ *Prosecutor v. Rutaganda*, Judgment, ICTR-96-3, 1999, para. 456.

民主刚果等国招募和使用童子军问题起到了积极的作用。①

另外，个人责任与规则遵守（或行为调整）的联系不仅源于制裁的确定性，还与责任的准确性有关。战后国际审判支持如下法理，即控诉整个国家、民族和社会过于抽象，难以达到法律效果，因此，国际刑事审判的核心任务之一便是鉴别战争及战争暴行的实施者。当然，必须明确国际刑事责任的个体特征，即国际罪行最终与个人自决相联系，个人仅需要对自己的行为选择负责；如果让个人对其并没有做出个人贡献且与个人行为选择不存在关系的罪行承担责任，那么，国际刑事规则和审判所致力于达到的调整个人行为的规范目的便要落空了。因此，引导个人行为，促进规则遵守必须将刑事责任限制到被控诉的个人能够控制的范围之内，以达到精准追责和惩罚的目的，同时，这也是刑事正义的内在要求。②

（三）通过威慑制止暴力文化

灭绝种族等暴行源自别有用心的政治家对社会和制度因素的利用，而逐渐滋长和爆发的暴力文化则是暴行发生的主观环境。在谈及国内暴行时，联合国前秘书长潘基文（Ban Ki-moon）指出，即使是发达和稳定的国家也应该进行自我反思：不宽容、偏执和排斥的种子是否在它们的社会中生根发芽，是否有可能在最后演变成为可怕且能自我摧毁的力量；它们的社会中是否存在能压制和扭转上述错误文化的自我纠正机制。国家的这种自我反思能力非常重要，这种能力需要通过国际交往来培育和加强。③ 另外，国家需要防止罪行由小变大，结束对人类尊严的冒犯，关键在于培育公民的个人职责。战争暴行伴随着弥漫的暴力文化和情绪，但任何时候，都有个人坚持个人的道德选择，秉持独立的精神站出来反对。如果社会大众都拥有这种思想和行为状态，暴力发生的几率便会大大降低。为营造这种文化氛围，对罪行负有责任的个人需要得到善恶、合法与违法的评判，受害者和幸存者的故事需要被讲述，如此，抵抗暴力的文化

---

① See Fatou Bensouda, Local Prosecution of International Crimes: Challenges and Prospects, Speech at the 7th Colloquium of International Prosecutor, 4 November, 2014, Arusha Tanzania, https://www.icc-cpi.int/iccdocs/otp/otp-statement-141105.pdf, 最后访问时间：2024 年 5 月 31 日。

② Vincenzo Militello, "The Personal Nature of Individual Criminal Responsibility and the ICC Statute", *Journal of International Criminal Justice*, Vol. 5, No. 4, 2007, pp. 944-945.

③ Report of the Secretary-General, Implementing the Responsibility to Protect, A/63/677, 12 January, 2009, paras. 21-22.

才能在冲突后的社会被重新确立。①

在国内刑法中，刑事追责以个人的道德选择和道德自由为基本假定，个人在道德上的可苛责性是个人承担刑事责任的前提。在极为严重的国际罪行中，个人往往将个人行为视为集体或组织的构成部分，他们在颠覆道德的罪恶文化中视自身的行为当然合法，正常的社会关系逐步滑向极端暴力。实际上，这些人因浸于该社会文化中而丧失道德选择的能力，而这恰恰是刑事责任的核心内容②，不过，国际刑法并不会因此而对他们放弃追责，相反，个人追责过程不仅客观地评价个人道德立场的善恶和行为的合法与否，而且试图纠正孕育并导致罪恶的社会和文化状态。冲突爆发或暴行实施过程中，刑事追责和惩罚的威慑效力相当微弱，让暴力文化所纵容的个人立即收手并不实际；但是，公开地追责并推崇人权或人道规则能够树立道德典型，而这能够威慑未来潜在的暴行实施者，使他们遵守国际法规则，改变与受到谴责和追诉之行为类似的行为模式。另外，威慑的效力不仅及于个人，而且也存在社会意义。国际刑事追责需要对整个社会展示威慑力，致力于扭转可以刻意促使或者诱使个人犯下国际罪行的社会文化或环境，促使个人道德选择和遵守法律规则正常状态的回归。③

通过威慑改变人的行为和社会文化是国际社会追责个人的重要考量。根据巴西奥尼教授的设想，对个人的国际追责能够实现五个目标，其中，通过威慑或制裁改变个人行为，扭转充斥暴力文化的社会状况是重要的内容。首先，建立国际刑事机构对国际罪行进行追责能够暴露负有责任的个人，避免集体罪责，从而阻绝个人借国家或团体遮护而做出残忍行为的可能。其次，国际追责能够为如下进程提供基础，即废除有助于犯罪的制度，取消相关领导者及其意识形态的信誉。最后，对个人责任的追究是正义的实现过程，它能够威慑未来的反人类罪行，至少作为追责的先例。藉

---

① Report of the Secretary-General, Implementing the Responsibility to Protect, A/63/677, 12 January, 2009, paras.26-27.
② Michael Reisman, "Legal Responses to Genocide and Other Massive Violations of Human Rights", *Law and Contemporary Problem*, Vol.59, No.4, 1996, p.75.
③ Payam Akhavan, "Beyond Impunity: Can International Criminal Justice Prevent Future Atrocities?", *American Journal of International Law*, Vol.95, No.1, 2001, pp.9-13.

此，尊重法治的理念渗入大众意识当中，而法治思想是构筑族群互信，进而促进民族和解的保障。①

（四）惩罚与预防的关系

自纽伦堡审判时起，报应惩罚就被认为是追究刑事惩罚的主要目的。同时，威慑是国际法上个人责任得以确立的主要理论根据，追究个人责任被认为能够促使个人在未来做出符合国际法规则的行为选择，避免实施违反国际法的罪行。惩罚和预防是个人责任及其所附随的惩罚在国际法层面得以确立的两个主要的理论基础。② 不过，惩治和预防两者之间可能产生某种紧张的关系。一般而言，国际刑事司法实践实际上更偏向于前者，但它越发受到威慑理论以及表达主义的挑战。③

在国际刑事审判中，承担个人责任的基本方式是刑罚，但除依靠罪刑相适应原则外，法庭还必须妥善协调报应惩罚与威慑、民族和解等刑事审判目标之间的关系。国际法庭对各种刑事审判目标的关系论述似乎因个案而异，其逻辑论理各有不同。例如，马克·德拉博（Mark Drumbl）指出，报应惩罚是纽伦堡审判和东京审判的主要促进因素，而威慑则是现代国际刑事司法的主要动力，不过，报应惩罚和威慑的关系在现代国际刑事法庭的逻辑论理中存在不确定性，甚至是混乱的；报应惩罚和威慑，谁应当在追究个人责任实践中占据优先性，抑或两者同等重要，国际刑事法庭在具体案件中存在不同的论述。④

在"阿莱克索维奇案"（*Prosecutor v. Aleksovski*）上诉判决中，上诉庭虽然承认追究个人责任拥有预防犯罪的一面，但也指出，在具体判决时不能不合理地偏重威慑和预防。上诉庭字面上将报应与威慑并列，但似乎更偏重前者，希望通过报应性惩罚来表达国际社会对此类犯罪的愤怒；在上

---

① Michael P. Scharf, "Cherif Bassiouni and the 780 Commission: The Gateway to the Era of Accountability", In Leila N. Sadat & Michael P. Scharf eds., *The Theory and Practice of International Criminal Law: Essays in Honor of Cherif M. Bassiouni*, Leiden: Martinus Nijhoff Publishers, 2008, pp. 182-183.
② Celebici Case, Appeal Judgment, IT-96-21-A, 2001, para. 806.
③ Mark A. Drumbl, "Collective Violence and Individual Punishment: the Criminality of Mass Atrocity", *Northwestern University Law Review*, Vol. 99, No. 2, 2005, p. 577.
④ Mark A. Drumbl, *Atrocity, Punishment and International Law*, New York: Cambridge University Press, 2007, pp. 60-61.

诉庭看来，国际社会的谴责及不堪忍受被诉暴行的姿态更为重要。① "库纳拉克案"（*Prosecutor v. Kunarac*）对惩罚所具有的一般预防和特别预防做了分析。审判庭认为，鉴于被告犯罪的可能性，将特殊预防纳入刑罚考量既不公平，又不合理。对于一般预防，本案认同"阿莱克索维奇案"的结论，即法庭不能过度偏重于预防，但理由略有差异。审判庭认为，被告是因其负有罪责的行为而承担刑事责任以及惩罚的，因此，不能因为重度的刑罚能够阻吓他人就如此行事，这不符合公平原则。②

ICTY审判庭在"克莱毕奇案"（Celebici Case）中对报应惩罚理论的批评尤为激烈。审判庭指出，联合国安理会的政策旨在实现各方的和解。源于原始复仇理论的报应惩罚要求法庭进行报复，以安抚暴行的受害者。可是，将报应惩罚作为判决的唯一考量因素会产生适得其反的效果，恢复和维护和平秩序的目的将被彻底破坏。在法庭看来，报应本身不能带来正义。③ 相反，法庭推崇以威慑理论指引刑事审判，它指出，在决定违反国际人道法之暴行的判决时，威慑或预防是最为重要的考虑因素，法庭需要通过判决来阻止类似的人参与到未来的罪行当中，这也是恢复冲突地区和平秩序的有效措施。同时，负有个人责任之官员不能够凭借豁免来蔑视和挑战国际社会的底线和文明成就。④ 有观点认为，确定性是刑罚应具有的首要品质。"弗伦基亚案"（*Prosecutor v. Furundzija*）判决指出，惩罚的确定性，而非严厉性，是实现报应、否定以及威慑的主要手段。这对于国际法庭尤其如此，因为，考虑到国际身份、道德权威及世界舆论影响等因素，刑罚可能变得更加沉重，法庭作出判决时必须注意惩罚效果。⑤ 也就是说，在责任相对确定的情况下，还要注意刑罚程度的选择，否则，追究责任的目的便无法达到。

另外，刑罚的严厉程度与规则遵守的关系也存在不确定性。一方面，惩罚的严厉程度似乎决定着国际刑法威慑力的程度，因为，惩罚代表着行为人因其罪行所应承担的法律后果，代表着国际社会对待罪行的态度，这

---

① *Prosecutor v. Aleksovski*, Judgment, IT-95-14/1-A, 1999, para. 185.
② *Prosecutor v. Kunarac*, Sentencing Judgment, IT-96-23-T & IT-96-23/1-T, 2002, para. 840.
③ Celebici Case, Judgment, IT-96-21-A, 2001, para. 1231.
④ Celebici Case, Judgment, IT-96-21-A, 2001, para. 1234.
⑤ *Prosecutor v. Furundzija*, Judgment, IT-95-17/1-T, 1996, para. 185.

会影响未来规则的遵守。例如，ICTY审判庭在"克莱毕奇案"中指出："违法行为的严重程度是合理判决的试金石，这是决定判决最为重要的考量"①。在审判庭看来，刑罚应当与被告人犯罪行为的罪恶程度相关，而这需要考虑特殊的环境以及行为人参与犯罪的形式和程度。② 另一方面，国际刑事法庭似乎认为，不能偏重严厉的惩罚来实现司法目的，因为，不公平、不恰当的惩罚则会积蓄仇恨，使得未来相关个人、团体或国家对规则的遵守变得不可预期。

四 秩序面向：构建和平与民族和解

两次世界大战给人类带来了刻骨铭心的创伤。战争结束后，《宪章》的起草者们代表整个人类立誓，决意使后世免遭苦不堪言之战争苦难。对于当世和后世而言，关键在于要以史为鉴，将防止战争及其暴行的誓言付诸实践。如果将战争及其暴行视为错误的话，那么，人类决心"永不再犯"（never again），也唯有如此，未来和平、繁荣的世界秩序才能够建立。联合国大会前主席萨姆·库泰萨（Sam Kutesa）在纪念二战结束七十周年的发言中指出，不能忘记国际社会对抗暴君、独裁者以及那些试图压制人类本性之人的责任，人类必须利用新的方法来阻止悲剧的发生③。所谓的新的方法当然指《宪章》所建立的"三大支柱"，即集体安全体制、国际人权保护机制以及发展机制，这之中，国际刑事司法追究个人责任构成人权保护以及维护安全的重要组成部分。

（一）个人责任所蕴含的秩序价值

卡赛斯在《对国际刑事司法的反思》（1998年版）一文中指出，忘记暴行有悖道德，会适得其反，而且毫无现实意义。相反，追究实施暴行者的责任有明显的优点。他指出，国际刑事审判确立个人责任，而非追究集体责任，这些审判确认这样的事实，即并非所有的德国人、塞族人、胡图

---

① Celebici case, Appeal Judgment, IT-96-21-A, 2001, para. 803.
② Prosecutor v. Kupreskic and Others, Judgement, IT-95-16-T, 2000, para. 852.
③ See Meeting Coverage and Press Releases, Lessons of Second World War Must Continue to Guide United Nations Work, General Assembly Told during Meeting Marking Seventieth Anniversary, The United Nations, https://www.un.org/press/en/2015/ga11641.doc.htm, 最后访问时间：2024年5月31日。

族等在实施暴行,相反,是独立的个人在实施犯罪。"正义吹响复仇的号角",当犯罪者得到应有的惩罚,受害者寻求报复的欲望被满足了,在此基础上,他们希望同这些已经为犯罪付出代价的痛苦施加者和解。审判同时也建立着可靠的暴行记录,未来世代能够记住并认识过往的事情,并引以为鉴。① 根据卡赛斯教授的分析,追究个人责任具有如下的规范功能:第一,建立暴行记录,促使未来世代以史为鉴,遵守规则;第二,区分人民与罪犯,熄灭复仇怒火,促进民族和解,进而构建和平秩序。

国际刑事司法致力于追究个人的刑事责任,而责任和惩罚所代表的法律制裁则和法律所追求的秩序价值存在紧密关系。"司法能够阻止暴力,驱散仇恨。"卡赛斯在《对国际刑事司法的反思》(2011年版)中阐述了国际刑事司法所蕴含的秩序价值。他指出,刑事司法是对待暴力最为文明的方式。刑事审判将复仇的权柄由个人转移给组织化实体。通过公平地审判和惩罚负有责任的个人,受害一方的复仇欲望得到满足,同时,又防止了私力救济对公共秩序和社会价值的违反。刑事司法就是通过这种路径来贡献于社会和平的,国际刑事司法也承担着这样的使命。②

同样,杰克逊检察官在纽伦堡审判的开庭陈述中也表明了审判超越其本身的社会价值,即法律制裁服务于和平秩序的构建:在谈及侵略罪及其责任时,他说道,文明是纽伦堡审判中的真正申诉者,它会质问,国际法是如此落后,以至于根本无法应对政府高官发动的如此规模的犯罪。当然,司法程序不可能取缔侵略战争,但它至少应该将国际法利用其规范和制裁来支持和平。该段有关审判与和平关系的论述是整个开庭陈述的总结部分,它得到了广泛的赞誉和认同:纽伦堡审判的美国首席法官佛朗西斯·比德尔(Francis B. Biddle)认为,杰克逊的该段陈述"生动且具说服力";美国媒体则认为,杰克逊作出了史上最为伟大的开庭陈述,杰克逊本人也将之视为其"生命中最为重要的任务"。③

---

① Antonio Cassese, "Reflections on International Criminal Justice", *The Modern Law Review*, Vol. 61, No. 1, 1998, pp. 5–6.
② Antonio Cassese, "Reflections on International Criminal Justice", *Journal of International Criminal Justice*, Vol. 9, No. 1, 2011, p. 271.
③ Telford Taylor, *The Anatomy of the Nuremberg Trials: A Personal Memoir*, New York: Knopf Publishing Group, 1992, pp. 401–404.

（二）通过记录功能影响行为和政策选择

忠实的历史记录能够向人类警示歧途，指引迈向文明的道路。纽伦堡审判中，杰克逊曾说，二战中所发生的罪行如此罪恶且极具破坏性，对于这些罪行，文明不能容忍或者忽略，这些罪行倘若再发生，那文明将再遭受劫难。① 对于这样的事实，人类需要知晓并牢记，如此才能以史为鉴，避免重蹈覆辙。肖克罗斯检察官指出，人类的记忆是短暂的，战败国往往被玩弄于胜者的同情和宽宏大量。对于战争和暴行，如果没有权威的记录，随着时间的流逝，胜者所体现的容忍和真诚会大打折扣，事实被别有用心的宣传家操纵。因此，只有通过司法审判客观、完整地记录历史，提供公正和权威的案件记录，历史学者才能寻找到真相之源，政治家们才会时刻受到警诫，未来世代才能够记住伤痛及其根源，即违反国际法的战争及其暴行。②

国家间的武装冲突往往伴随着生理和心理的相互创伤，这容易造成国家间持续的对立情绪与行动，国际秩序因国家间循环式的对抗而无法得到维护。通过审判和惩罚对战争罪行负有责任的个人，人类社会得以认识惨痛的历史，在此基础上，新的和平秩序才能够得以建立，记录历史是国际刑事审判的重要功能之一。联合国前秘书长安南在安理会报告中指出，通过建立详细且被证实的罪行记录，国际刑事审判能够帮助社会走出冲突时期。③

国际审判记录历史的功能得到了现代国际刑事审判的支持，有些法官甚至将记录历史视为国际审判实践的最大成就。2008年，在向联合国大会所做的第13次报告中，ICTR主席贝隆（Dennis Byron）指出，法庭最为重要的成就是积累了大量的毫无争议的历史记录，这些记录有力地反驳了否认种族灭绝和暴行发生的声音；通过司法确认的历史记录和文献资料对于

---

① See Robert Jackson, Opening Statement before the International Military Tribunal, 21 November, 1945, Robert H. Jackson Center, https://www.roberthjackson.org/speech-and-writing/opening-statement-before-the-international-military-tribunal/，最后访问时间：2024年5月31日。
② See Prosecutor Hartley Shawcross's Statement on 4 December, 1945, Nuremberg Trial Proceedings, Vol. 3, The Avalon Project, http://avalon.law.yale.edu/imt/12-04-45.asp，最后访问时间：2024年5月31日。
③ Report of the Secretary-General, The Rule of Law and Transitional Justice in Conflict and Post-Conflict Societies, 23 August, 2004, para. 39.

本国、地区和国际社会历史具有重要的价值，它们有助于地区的和平和民族的和解进程，同时也为其他地区应对类似罪行提供了指导。① 贝隆法官指出，和解需要寻找真相，刑事审判的任务是确定个人罪责，并非确立有关冲突的历史事实。法庭确认有关种族灭绝和暴行的事实记录，它们是追究个人责任的事实框架。这些记录不容许修正主义者发挥作用。另外，法庭通过延伸计划促进民族和解与和平状态的维持，这些计划让卢旺达民众更好地理解法庭的工作，并对司法程序建立起信心。② 黎巴嫩特别法庭（Special Tribunal of Lebanon，STL）在其第二年度报告中指出，法庭通过庭审和证据创建不偏不倚的历史纪录，司法追责有助于结束政治暴行，最后帮助建立和维护和平。追究个人责任能够促进社会的团结，创造个人与集体和解的有利环境。③

确立罪行记录十分重要，以至于常被作为国际审判唯一或者最为重要的目的。"国际社会如此组织国际审判，不为别的，就是在让被告有出庭和反驳权利的情况下，能客观真实地记录战争中的暴行和罪行"④，在此基础上，暴行才能被防止，和平才能被重建。马尔蒂·科斯肯涅米（Martti Koskenniemi）则将记录历史作为国际刑事审判的"排他性"目的。在科斯肯涅米看来，除了忠实地记录历史，国际刑事审判目的都不可预期。记录历史的基本逻辑是：面对过去的事实是冲突后的社会，开启修复过程，重建正常社会生活的必要条件。个人遭受的非正义得到公认、受害者的尊严被维护、人们从过去的伤痛中得以恢复、后世对过往暴行的借鉴，这些都建立在国际刑事审判忠实、公正地记录历史的基础上。

记录功能如此重要，有学者将它视为追究个人责任的排他性目的。科斯肯涅米认为，国际刑事司法记录事实并向世界宣布，此种功能的重要性有数个原因支持，但它与惩罚个人不存在什么关系。对国际刑事审判而

---

① Dennis Byron, Address to the United Nations General Assembly by the President of the ICTR 13th Annual Report of the ICTR, http://www.unmict.unictr.org/sites/unictr.org/files/news/newsletters/oct08.pdf, 最后访问时间：2024 年 5 月 31 日。
② ICTR, Conference Proceedings: International Criminal Tribunal for Rwanda: Model or Counter Model for International Criminal Justice? The Perspective of Stakeholder, 9 July, 2009, UN International Residual Mechanism for Criminal Tribunals, https://unictr.irmct.org/en/tribunal, 最后访问时间：2024 年 5 月 31 日。
③ Special Tribunal of Lebanon, Second Annual Report (2010—2011), Part III, p. 35.
④ 朱文奇：《东京审判与追究侵略之罪责》，《中国法学》2015 年第 4 期。

言,威慑理论缺乏说服力,象征性层面的秩序重构功能证明起来困难重重,而唯有讲述和记录事实的功能可以期待。他指出,国际刑事审判之所以重要,不是因为审判终将惩罚犯下暴行的个人或威慑潜在的违法者,也不是重构冲突后的社会秩序,审判的重要意义在于为大众带来过去事实的一般认知。至于何人以何种形式在国内或者国际场合使用该等事实,这与审判本身不存在关系。①

(三)通过区分功能实现民族和解

历史上,胜利的狂热会遮盖战争中所发生的屠戮和罪恶,而失败的悲痛则会孕育耻辱和日渐积蓄的复仇心。战争摧毁人类和谐相处的文明,同时树立起仇恨的高墙。国际法追究个人责任不仅对被告施加其应得的惩罚,而且还有更为宏大的期望,即通过国际审判这一终极手段,以法律约束"暴君"穷兵黩武的冲动,否定侵略战争和战争暴行的合法性,打破战争和暴力的循环,培育国内的法治建设,促进国际法规则的遵守,服务于和平秩序的构建。②

实现正义是恢复与维护和平秩序的前提,只有依据公正的法律程序将严重违反国际法规则的个人绳之以法,人们才能从法律层面,进而是道德层面,认识到所指行为的危害性、不法性及非正当性,从而更好地遵守国际人权法和人道法规则,这为建设良好的国际或国内秩序奠定了基础。③巴西奥尼指出,和平不仅仅是没有武装冲突,还必须利用法律手段解决社会和人际冲突,以图恢复正义。追寻正义和刑事追责满足了最基本的人类需求,表达了防止和威慑未来冲突所必需的最为关键的价值。④

个人责任所代表的正义价值与民族和解所代表的秩序价值之间存在紧密的关联。战争及战争暴行往往造成民族或种族间仇恨,如何化解仇恨成为后冲突时代国际社会和所涉国家或地区需要考虑的重要事宜。国际审判

---

① See Martti Koskenniemi, "Between Immunity and Show Trials", *Max Planck Yearbook of United Nations Law*, Vol. 6, No. 1, 2002, pp. 1-11.
② See Robert Jackson, Opening Statement before the International Military Tribunal, 21 November, 1945, Robert H. Jackson Center, https://www.roberthjackson.org/speech-and-writing/opening-statement-before-the-international-military-tribunal/,最后访问时间:2024 年 5 月 31 日。
③ Alexander K. A. Greenawalt, "Complementarity in Crisis: Uganda, Alternative Justice, and the International Criminal Court", *Virginia Journal of International Law*, Vol. 50, No. 107, 2009, p. 128.
④ Cherif Bassiouni, "Justice and Peace: The Importance of Choosing Accountability over Realpolitik", *Case Western Reserve Journal of International Law*, Vol. 35, No. 2, 2003, p. 192.

记录历史的功能能够区分过去和未来，区分罪恶与善良，因而，它代表着抛弃冲突状态的努力，代表着构建和平秩序的开始。东京审判的首席检察官约瑟夫·季南说："我们必须得出这样的结论，即日本人民完全处于被告的权力和强力之下，在某种程度上，他们也是受害者"①，即犯下国际罪行的个人与无辜的大众并不是一体，它们相互独立，应区别对待。

追究个人责任的重要使命便是所谓的"区分"，即区分战犯和人民，区分过去与未来。东京审判判决发布之日，朝日新闻社发表社论称："我们应该记住的是，这场审判将由被告们缔造的、充满军国主义色彩的过往日本完全埋葬。这场审判清晰地指出，未来，我们应该将国家建设为和平的国度"。通过追究个人责任，人民将自身与发动战争、犯下战争罪行的人区别开来，如卡尔·雅斯贝尔斯（Karl Jaspers）所言，对于德国人而言，纽伦堡审判的好处在于，它将实施确定罪行的领导人以及德国人民整体做了区分对待。② 同时，战后的人民将战争和暴行盛行的时代与未来相区分，将审判视作开启构建和平秩序的起点。有学者评论，在这层意义上，东京审判追究个人责任的实践取得了成功。③

法学家们普遍认为，集体追责容易招致族群间的仇恨和对抗，因而需要转换思维，实现国际罪行的责任个人化。在"波斯尼亚种族灭绝公约适用案"中，国际法院史久镛法官和瓦莱西琴法官（Judge Vladlen S. Vereshchetin）在其联合意见中援引纽伦堡法庭检察官肖克罗斯的话："对于近年来的暴行，除非以个人责任来代替充满种族仇恨的、有害的集体责任理论，否则，和解便无法实现"④。也就是说，国际法必须对暴行进行追责，但并不能将国家整体作为追究责任的对象，如上所述，在国际刑事司法方面，集体责任并非服务于秩序构建的有效的、妥当的法律制裁形式。相反，追究个人责任能够鉴别真正的作恶者，他们是违反法律、道德和良知

---

① Prosecution Opening Statement Presented by Joseph Keenan, Tokyo Trial Proceedings Record, Vol. 1, 4 June, 1946, p. 384.
② Karl Jaspers, *The Question of German Guilt*, E. B. Ashton Trans., New York: Fordham University Press, 2000, p. 52.
③ Madoka Futamura, *War Crimes Tribunals and Transnational Justice: The Tokyo Trial and the Nuremberg Legacy*, London: Routledge, 1995, pp. 117-118.
④ Application of the Convention on the Prevention and Punishment of the Crime of Genocide (*Bosnia v. Serbia*), Joint Declaration of Judges Shi & Vereshchetin, ICJ Reports 1996, p. 632.

的罪犯,他们的权力和影响将被排除出所在社会;追究个人责任能够改变人民"我们—他们"的对立视角,代之以对个人罪责的清晰认识,这有助于化解植根于集体对立的仇恨循环;追究个人责任将那些试图以集体来实现个人目标的机会主义者排除出集体,以人权和法治为宗旨的新的社会秩序得以建立。① 总之,追究个人的刑事责任是实现民族和解的先决条件,它不仅妥当,而且有效。

冷战之后,国际刑法出现了新的发展,联合国安理会从规范层面确认了大规模暴行发生之情势和国际和平与安全的关系,进而将追究个人责任与秩序价值结合起来。在外交家和国际律师眼中,恢复正义、威慑、建立历史记录等目的都被视为建立国际刑事法庭的目标,而其中最为重要的则是恢复被战争撕裂的社会,实现民族和解,② 从某种程度上说,这是国际刑事司法的终极目的。1993 年,联合国安理会"建立前南国际刑事法庭"的第 808 号决议指出,大范围违反国际人道法的行为,包括大规模屠杀和种族清洗,构成对国际和平与安全的威胁,因此,安理会决心阻止罪行,并采取有效措施将对暴行负有责任的人绳之以法,建立国际刑事法庭能够使上述目标得以达成,有助于恢复和维护和平。③

联合国安理会第 955 号决议对国际刑事司法的秩序价值阐述得更为清晰。决议同样强调了种族灭绝及其他违反国际人道法犯罪构成对国际和平与安全的威胁,接着,决议继续说道:"相信在卢旺达这样特殊的情形下,对严重违反国际人道法负有责任的个人进行追诉能够使上述目标得以实现,进而贡献于民族和解进程,并恢复和维持和平"④。在上述 ICTY 第一次年度报告中,卡赛斯强调了国际刑事司法机构在实现秩序价值中的工具性作用,他指出,法庭不是复仇的工具,而是促进和解和实现和平的机构,其方法在于通过实现正义来建立"健康与合作"的关系,可见,秩序价值在国际刑事司法中占据了至高的位置。⑤ 至于秩序价值在个案的审理

---

① Darryl Robinson, "Serving the Interests of Justice: Amnesties, Truth Commissions and the International Criminal Court", *European Journal of International Law*, Vol. 14, No. 3, 2003, p. 489.
② Jose E. Alvarez, "Rush to Closure: Lessons of the Tadić Judgment", *Michigan Law Review*, Vol. 96, No. 7, 1998, pp. 2031-2032.
③ See Security Council Resolution 808, S/RES/808, 22 February, 1993.
④ See Security Council Resolution 955, S/RES/955, 8 November, 1994.
⑤ Annual Report of ICTY, A/49/342, S/1994/1007, 29 August, 1994, paras. 15-18.

和判决中能够在多大程度上发挥指引作用，则是可以再行探讨和研究的问题。

同时，特设刑事法庭也普遍地将秩序价值纳入个案的审理中。从法庭角度来看，推动民族和解是其追究个人责任的重要目标。"德隆吉奇案"（Prosecutor v. Deronjic）初审判决指出，根据《宪章》第七章的规定，法庭不仅致力于寻求和记录前南斯拉夫境内所发生暴行的事实，而且需要为受害者、受害者家属以及犯罪者带来正义。事实和正义应当在族群间以及国家间培育民族和解的感觉。① 对于法庭来说，每一个案件就是一个过程，法庭程序仅仅是其中一个环节；法庭需要法律维度，致力于推动法治，恢复正义，也必须关注审判程序和惩罚的社会影响，通过实现正义预防犯罪，促进民族和解。② 不仅如此，法庭将民族和解作为采纳认罪请求的法理逻辑，进而将其作为减轻刑罚的重要情节。当然，这不仅是出于司法经济的考量。在国内法院，认罪请求作为减轻刑罚的情节是出于现实需要，而国际法庭将其作为减轻刑罚的情节的论理逻辑相对宏大，法庭认为，被告认罪有助于揭示事实真相，进而促进冲突地区的民族和解，最终达到法庭恢复和维持和平秩序，阻止和预防犯罪的目的。③

从检察官角度来看，被告人对民族和解的贡献度是其建议刑罚时的重要依据。ICTY 检察官在"普拉夫西奇案"（Prosecutor v. Plavsic）中指出，和解是刑事程序的重要因素，被告为和解作出贡献需要巨大的勇气，法庭考虑判决原则和建议时往往纳入和解的考量。④ 在"莫米尔·尼科利奇案"（Prosecutor v. Momir Nikolić）中，检察官甚至用两个"重大"来强调被告行为对和解的贡献。检察官指出，对于这起二战后欧洲最大规模的屠杀行动，这是第一次有塞尔维亚被告承认"斯雷布雷尼察"（Srebrenica）事件的刑事责任。被告认罪代表着其对确定案件事实的重大贡献，也是对民族和解所作出的重大努力。被告是作为犯罪的知情者承认罪责的，在相关政府否认暴行存在的时候，他的承认具有历史意义。⑤ 从被告人的角度来看，

---

① *Prosecutor v. Deronjic*, Sentencing Judgment, IT-94-2-S, 2003, para. 120.
② *Prosecutor v. Momir Nikolic*, Sentencing Judgment, IT-02-60/1-S, 2003, para. 83.
③ *Prosecutor v. Deronjic*, Judgment, IT-02-61-S, 2004, para. 236.
④ *Prosecutor v. Plasvic*, Sentencing Judgment, IT-00-39&40/1-S, 2003, para. 67.
⑤ *Prosecutor v. Momir Nikolic*, Sentencing Judgment, IT-02-60/1-S, 2003, paras. 142-143.

主动承认罪责能够化解仇恨,更好地促进民族和解。相对于法庭依职权追究追责而言,被告人主动承认自己所实施的犯罪以及犯罪角色具有更大的意义,因为这有助于敌对团体间进行公开对话与和解,加上被告对犯罪行为真诚的忏悔,法庭追究个人责任的过程便能够为民族和解提供良好的机会。①

当然,司法追责在促进和解或者构建和平中并非占据排他的地位,不"固执于"追究个人责任的非司法模式也被认为发挥着恢复秩序、促进和解的作用。非司法模式基于这样的理念,即法律不仅是价值导向的,而且也作为社会建构而存在;法律价值不仅来自形而上的规范渊源,而且也源自经由讨论、妥协和说服的商谈过程而形成的社会共识。因此,法律需要超越规则,探求社会共识及其最佳实现途径。非司法模式正是致力于重建冲突后的社会共识,它被认为能够独立发挥恢复社会秩序的作用,补充或者强化刑事审判的社会功能,促进冲突后社会的转型。凭借调查、协商、赔偿等权能,非司法模式能够以更加包容、透明和全面的方式揭示罪行,确定罪责,进而对受害者利益、社会心态和秩序等进行更加综合的考量。②

有地区已设立专门的"和解机制",将秩序价值与司法功能分离,并单独加以经营。例如,1975年,印度尼西亚入侵作为前葡萄牙殖民地和现"非自治领土"的东帝汶,此后,东帝汶独立运动组织与印尼当局之间的军事冲突不断。自1999年起,亲印尼武装在印尼武装部队的支持下使用暴力、威胁与恐吓等手段,企图促使东帝汶民众在即将举行的全民公决中赞成并入印尼。公投之后,恼羞成怒的亲印尼分子杀害了上千名东帝汶民众,成百上千的人流离失所。2001年7月13日,"联合国东帝汶过渡委员会"(UNTAET)成立"东帝汶接纳、真相与和解委员会"(CRTR),该委员会的任务主要是确立印尼统治下侵犯人权的事实,帮助被控实施严重罪行的个人被接纳,并更好地融入社会。③

和解委员会职能的实质在于通过豁免或赦免来减损个人责任的绝对性

---

① *Prosecutor v. Momir Nikolic*, Sentencing Judgment, IT-02-60/1-S, 2003, para. 72.
② Charles Villa-Vicencio, "Why Perpetrators Should not Always be Prosecuted: Where the International Criminal Court and Truth Commissions Meet", *Emory Law Journal*, Vol. 49, No. 1, 2000, pp. 205-222.
③ UNTAET Resolution 2001/10, part. IV.

和程度，以换取冲突各方对和解目标与过程的共识和行动。CRTR 不仅有权通过报告过往人权侵犯行为的性质、原因和范围以确立此类行为的事实，而且有义务就未来如何避免侵犯人权的行为提出有关改革或倡议的建议。其关键在于，委员会享有的广泛权力使其在调查中得以采取中立立场，冲突各方违反国际法的行为都被置于调查范围内。① CRTR 最为核心的内容在于将和解程序与司法追责并列，违法者的坦承和忏悔能够作为受害者正义得以实现的可行方式。和解程序的要旨在于偏重个人化的解决方案，允许个人在坦承其全部罪行的基础上得到豁免。当然，豁免的取得需要满足严苛的实体和程序条件。UNTAET 决议既秉持追究犯有严重罪行之个人刑事责任的原则，同时，又从社会秩序重建和恢复的实际需求出发，在一定范围内赋予某些罪行实施者以豁免，使他们更好地融入冲突后的社会当中。在某些学者看来，此类和解模式不仅不违反刑事追责的国际公认标准，反而能够提高现有司法资源的利用效率，同时以替代的制裁形式维护了受害者正义与社会需求之间的平衡，因此，它不失为战后社会恢复和平与公正的有效机制。② 个人责任能否被交易，这不仅是理论问题，同时也是极具地方特殊性的实践问题。

总而言之，自出现之时起，个人责任就不是单一面向或维度的法律概念，相反，它首先被作为恢复和维护社会秩序的重要因素被政治家所考虑。这种社会维度的考量被司法者纳入了起诉、审判和惩罚的司法过程中，此时，它转化为司法者对国际法理的基本阐述，其追求在于法治，而其基础在于遵守，如果没有良好制定之国际规则的普遍遵守，国际社会的秩序便无法期待。该层逻辑认为，威慑是国际法追责及惩罚个人的核心作用，通过追究个人责任所展现的威慑效力，潜在违反者的行为选择被影响，一般预防得以实现。

当然，威慑所展示的图景并不完全，如同遵守理论所揭示，名誉增减、利益得失、教育借鉴等都被纳入了个人责任的法理维度中，并与威慑一并发挥着规范作用。最后，司法面向反映着国际法追究个人责任的本

---

① UNTAET Resolution 2001/10, part. IV, Section 13. 1 (d) (e).
② Carsten Stahn, "Accommodating Individual Criminal Responsibility and National Reconciliation: The UN Truth Commission for East Timor", *American Journal of International Law*, Vol. 95, No. 4, 2001, pp. 965-966.

质，即从根本上来说，追究个人责任无非是要实现正义，它不仅仅是对受害者，对被告者也是如此；该面向具有独立的、根本的价值，如果司法审判和惩罚无法代表正义，社会面向和法理面向所展示的规范功能便失去了根基。确实，围绕三个面向的关系，学界和实务界存在争议，有关于关系性质的争议、关于顺位的争议，也有关于相互关系的讨论，但无论如何，明确各个面向的本质是讨论的基础，否则，便会得出错误的结论。

第五章 个人责任与国际法的效力

本章主要论述个人责任增强国际法制裁效力的逻辑、方法和法律技术。规范视角下个人责任的核心要旨是通过防止转移罪责来保证法律制裁的效力和威慑力。为防止罪责在主体间的转移和虚化，个人责任"部分"地取消了以官方身份及其豁免权排除罪责的辩护合法化；基于组织形态的行为归因和罪责转移被排除，理性基础上的意志选择与规范损害成为罪责判断的基础。另外，个人责任必须解决行为集体性与责任个体性之间的落差、合法追究共同犯罪之责任的严密法网任务。

伯根索法官（Tomas Buergenthal）曾说，国际法上的个人责任赋予了国际人权法以"牙齿"[1]，这里的牙齿实际上指的是指对违反国际人权法、人道法之个人的有效追责机制。劳特派特在其《国际法与人权》一书中说道："除非将责任归咎并施加于有血有肉的个人，否则，责任便无所寄存，这样的观点很有说服力"[2]。对劳特派特来讲，个人应当是责任的承担者，如果以豁免、国家行为、上级命令、下级实施等理由让组织、集体或者上级来承担刑事责任，或者以"犯罪行为由他人做出"为由来减轻罪责和惩罚，那么，法律制裁的效力便无法保证。因此，国际刑法致力于在法理上将"有血有肉"的个人与抽象的实体相分离，剥离国家、组织等抽象实体给予实施犯罪之个人的保护，使行为人直接面对国际法的追责，以此促进和保障对国际法的遵守。

---

[1] Tomas Buergenthal, "The Contemporary Significance of International Human Rights Law", *Leiden Journal of International Law*, Vol. 22, No. 2, 2009, pp. 221–222.

[2] Hersch Lauterpacht, *International Law and Human Rights*, London: Stevens & Sons, 1950, p. 40.

司法实践中，个人责任以确认核心要素是否具备为基础。一般而言，与国内法一致，国际法上的个人责任由犯意（mens rea）和行为（actus reus）两个要素构成，因此，对国际刑庭而言，确立刑事责任的方法便是依据一定的理论来认定犯罪要素。"塔迪奇案"分析了参与犯罪之个人责任的认定标准。审判庭指出，纽伦堡审判没有详细确立罪责的标准，不过，从中能够发现确立责任的要素：

第一，必须具有犯罪意图（intent），即行为必须清楚地意识到参与行为，并伴有意识清晰地参与决定；这种认知或意图能够从相关场景中推断得出；

第二，必须有确切的参与行为，而且，其参与必须对非法行为的实施有所贡献。① 上诉庭接着指出，无论是在国内法还是国际法中，一个基本的假设是，个人责任必须建立在个人罪责的基础上，如果个人没有实施或者通过其他形式参与犯罪，他或她便不用承担刑事责任。②

至于个人罪责的认定，不同的刑事司法机构所采用的路径不一致，根据现实情况，各法庭所采取的理论或偏重主观因素，或侧重客观因素，但毫无疑问，将个人责任牢固地确立在个人罪责的基础上，实现程序正义与司法公正的紧密结合是国际刑事司法所一贯追求的目标。

一 防止个人援用豁免规避责任

个人豁免是阻碍个人责任发挥制裁功能的首要障碍。1982年，ILC开始起草"危害人类和平及安全治罪法草案"，在第2084次会议上，起草委员会主席克里斯蒂安·托穆沙特（Christian Tomuschat）指出，被告依据职位而提出的豁免将不会出现在草案中，而且被告所提出的其以官方身份行事的辩护不会免除他的刑事责任，法典将会刺破国家的面纱，起诉那些代表国家这一抽象实体来实施犯罪的、对罪行负有切实罪责的人。③ 对于国际罪行，个人代表国家行事的现象属于假象，个人与国家的身份混同使真

---

① *Prosecutor v. Tadic*, Opinions and Judgment, IT-94-1-T, 1999, paras. 670–680.
② *Prosecutor v. Tadic*, Appeal Judgment, 2004, para. 186.
③ Christian Tomuschat (Chairman of the Drafting Committee), 2084th Meeting of UN Drafting Commission on Crimes Against Peace and Security of Mankind, A/CN. 4/SR. 2084, 21 July, 1988, para. 72, Yearbook of International Law Commission 1988, Vol. I, United Nations Publication, 1990, p. 289.

正负有罪责的个人逃避法律的制裁,只有揭开豁免的面纱,区分个人与国家,法律制裁才能够真正实现。

卡赛斯教授将国际刑事司法的扩展视为国际社会近 20 年来(2011 年之前)的主要成就之一。国际刑事司法之所以拥有如此高的地位,首要的原因在于它改变了人类禁止暴行的方式。国际刑事司法改变了在国家间关系中寻求制止暴行的传统方法,转而追究主权遮蔽之下的、实施严重违反人权之行为的个人的刑事责任。"惩罚个人是保证遵守人权的最为有效的方法",一如纽伦堡审判不对德国发布命令和判决,而是将司法的矛头指向那些对战争及暴行负有责任的个人。[1]

对违反国际法规则的犯罪行为,行为人往往采用转移责任主体或行为合法化的途径来进行脱罪辩护。行为人往往辩称自己并非以个人身份行事,而是以组织成员或代理人的身份做出行为,因而自己应享有所谓的豁免权,行为的责任应当归于国家。但是,国家只是由人组成和控制的抽象实体,行为人与普通个人不一样的仅仅是其身份和地位,无论从理论还是实践方面看,法律允许这样的"责任逃避或转移"存在巨大的弊端:个人所从事的犯罪行为,罪责却需要拥有组织成员身份的所有人来承担,这有违罪责自负和公平的理念。[2] 行为人仅仅因为其官方身份便可以转移罪责,这显然是依据行为人的身份而非行为本身而进行的法律评价,违背了法律平等适用的法律理念。[3] 因此,国际社会已有的实践倾向于否认官方身份本身可以产生阻碍个人追责的豁免,或者直接否认国际罪行属于官方行为的属性。从国际法遵守的角度看,只有排除官方身份、个人地位、层级关系等妨碍个人司法追责的法律因素,国际法普遍、平等的实施才可能实现,国际法规则的正当性和效力才能够展现出来。

对抗豁免代表着国际社会坚持正义的态度和立场。"不去惩罚犯下暴行的领导无异于给未来的暴君传递信号,即他们仍将享有豁免"[4]。从规则

---

[1] Antonio Cassese, "Reflections on International Criminal Justice", *Journal of International Criminal Justice*, Vol. 9, No. 1, 2011, p. 272.

[2] 赵秉志主编《当代刑法学》,北京:中国政法大学出版社,2009 年,第 37 页。

[3] 《罗马规约》第 27 条第 1 款对法律公平适用的观念有清晰的表述:《罗马规约》应平等适用于所有人,不因官方身份而有区别。

[4] Laurel E. Fletcher & Harvey M. Weinstein, "Violence and Social Repair: Rethinking the Contribution of Justice to Reconciliation", *Human Rights Quarterly*, Vol. 24, No. 3, 2002, p. 591.

遵守角度看，允许个人以豁免为由而逃脱罪责无异于传递这样的信息，即个人不必在乎国际法规则，因为无论怎样行为，法律责任及惩罚的触手都不会伤及自身。如此而言，对于国际法规则，遵守与否便沦落为了自我选择的问题，依托国家行为理论和法律豁免，行为人便可以为所欲为。"国家不是抽象的实体，而是由人构成的社会"。因此，如杰克逊所言，国际罪行实际是由具体的人来计划和实施的。过往，主权的观念几乎完全掩盖了个人的所作所为，包括违反国际法的罪行。对于实施罪行的个人而言，主权、国家等观念是挡在其面前的面纱，他们通过国家来实施行为，最后法律责任却被挡在形式合法性之外。以国家主权或尊严的名义庇护犯有国际罪行的个人，这首先是对遭受暴行侵害的人们的冒犯。随着国际法的发展，国际社会共享的某些价值逐渐取得强行法地位，主权观念为代表国家行事之个人所提供的保护开始变得不那么绝对。[1]

从刑事正义角度来讲，如果允许行为人将刑事责任转移给国家，这等同于特定犯罪行为本身并未受到法律层面的评价，这不符合有罪必罚的刑事正义要求。如上所述，从规则遵守的角度看，最为重要的是，允许个人将行为责任归于国家会使刑事制裁的焦点错位，责任及惩罚无法取得真正的威慑效果，这会削弱个人和国家遵守国际法规则的动力。为惩治战争罪行，二战后的国际审判致力于追究发动战争、实施暴行的个人的刑事责任。但是，被告往往是位高权重的政界和军界的高官，法庭必须首先揭开豁免的面纱，解决因豁免所产生的责任错位问题，去除豁免给个人责任追究造成的法理障碍，在这方面，两个国际审判的工作是具有创造性和突破性的。

纽伦堡审判和东京审判都否认豁免可以作为被告逃避、免除罪责的法理依据。纽伦堡法庭判决指出，国际法在特定情况下保护国家代表的原则不能适用于国际法上的犯罪行为，战争和战争暴行的实施者不能躲在官方身份背后，来逃避惩罚。[2] 纽伦堡法庭判决进一步写道："《国际军事法庭

---

[1] Thomas Weatherall, "Jus Cogens and Sovereign Immunity: Reconciling Divergence in Contemporary Jurisprudence", *Georgetown Journal of International Law*, Vol. 46, 2015, p. 1175.

[2] Trial of the Major War Criminals before the International Military Tribunal, Official Text in the English Language (Vol. I), Nuremberg, from 14 November, 1945 to 1 October, 1946, Official Documents, Published at Nuremberg, Germany, 1947, p. 223, https://www.gutenberg.org/cache/epub/51292/pg51292-images.html, 最后访问时间：2024年6月30日。

宪章》的精髓在于它确立了这样的原则，即个人需要承担超越单个国家所施加的、国内法上之服从义务的国际义务。如果国家授权的行为超越国际法所允许的范围，那么，以国家权力行事且违反战争法的人不可以再获得豁免。"① 两次审判有关豁免的法理发展需要注意的有三点。

第一，在通常情况下，两个国际军事法庭的宪章和判决使用"官方地位"②的表述来代替豁免的字眼。如此措辞的原因可能在于，官方地位是个人享有豁免的基础，豁免是官方地位在法律上的某种逻辑结果，宪章与判决意在揭示凭借官方地位的抗辩在法庭上不再被接受。另外，官方地位的表述也反映，法庭特意强调个人与国家的区分，即官方地位并不会使个人与国家或组织的身份相混同，即使代表国家或组织行事，个人仍旧必须承担因计划、参与、实施、帮助违反国际法的罪行而产生的国际法上的责任。

第二，《IMT 宪章》与《IMTFE 宪章》"官方地位"的措辞也反映出宪章的思路是从国内法着手的，即国内法赋予了个人以法律上或事实上的豁免，对于国际罪行，国际法不再允许个人凭借其官方地位、依据国内法所享有的豁免在国际法层面产生效力。因此，这显示了国际法优先于国内法的一面。至于国际法上（主要是习惯国际法上）有关豁免的规定，在法庭管辖权内，被告当然不能够援引，否则，法庭追究个人责任的管辖权便无法确立。③ 东京审判判决指出，二战时期日本驻德大使大岛浩（Oshima Hiroshi）以其享有外交豁免权为由抗辩，声称他应当免于被起诉。不过，判决认为，外交豁免权并不包含免除个人责任，他只是免于在所在国被起诉，这样的豁免与法庭所追诉的国际法上的罪行没有关系。④ 有关国内法和国际法上的豁免问题一直是围绕国际刑事司法的关键问题，问题的核心在于如何在国际法层面确立有关个人责任之规则的优先性，基本路径有国

---

① Trial of the Major War Criminals before the International Military Tribunal, Official Text in the English Language (Vol. I), Nuremberg, from 14 November, 1945 to 1 October, 1946, Official Documents, Published at Nuremberg, Germany, 1947, p. 223, https://www.gutenberg.org/cache/epub/51292/pg51292-images.html，最后访问时间：2024 年 6 月 30 日。
② 《国际军事法庭宪章》第 7 条；《远东国际军事法庭宪章》第 6 条。
③ 纽伦堡和东京军事法庭关于法庭管辖权的措辞是"应当（shall）拥有审判和惩罚的权力"。参见《国际军事法庭宪章》第 6 条；《远东国际军事法庭宪章》第 5 条。
④ International Military Tribunal for the Far East Judgment, 12 November, 1948, p. 1189.

际条约、联合国安理会决议以及国内法，不过，它们所产生的法律效果各有不同，这方面内容将在第五章进行讨论。

第三，《IMT宪章》与《IMTFE宪章》在措辞上基本一致，即官方地位不能够免除被告的责任，当然，《IMTFE宪章》的措辞更为和缓，同时，它将以官方地位行事的事实作为量刑的考量因素。后来的特设刑事法庭和ICC沿袭了两个军事法庭的相关规定，尤其是ICC，其措辞更是增加了反映人权保护的内容。不过，法庭宪章和判决有关豁免的规定似乎存在区别。一方面，宪章和判决确认官方地位不得被作为免除个人责任的理由，这似乎是从抗辩角度来说的，即被告以官方地位作出的抗辩不被接受，个人责任不能因为官方地位的身份而被免除，但豁免本身是否存在并不清楚。例如，杰克逊检察官在纽伦堡庭审中指出，将个人责任推给上级或国家实际上为所有与违反人性与和平犯罪相关的人提供了豁免，这种辩护在审判中不能被允许。[①] 另一方面，纽伦堡法庭判决中用了"获得"一词，其意似乎是，违反战争法规的个人不仅不能以官方地位为由摆脱个人责任，而且他们本身就不再享有豁免，即与国际法罪行相关且被法庭起诉的个人从根本上被剥夺了法律上的豁免权。实际上，从根本上否认豁免具有重要的法律影响，被起诉的人不仅不能援用豁免进行辩护，而且也不能援用豁免来对抗为审判而采取的逮捕、引渡、转移等司法措施。显然，当代的国际刑事司法实践并没有达到根本否认豁免的阶段，相反，豁免问题对现代国际刑事司法造成了巨大的挑战。否认辩护还是否认豁免本身，这对纽伦堡审判的法官来说可能只是措辞选择问题，但是，他们也许并未预料到该问题的后续发展。

否认豁免文化已经成为当代国际社会的共识，豁免完全违反保护人权、实现正义和维护和平的理念。"在尊重和保护人权构成国际法基本原则之一的世界中，仅仅依靠国家层面的传统机制来应对侵犯人权的大规模暴行完全不合时宜。在以人权导向作为趋势的国际法框架内，依据刑事法治概念，通过立法使得犯罪和非正义合法化，独裁者因此而可能使他们自

[①] Nuremberg Trial Proceedings, Vol. 2, p. 149, The Avalon Project, http://avalon.law.yale.edu/imt/12-04-45.asp, 最后访问时间：2024年5月31日。

身豁免于起诉的理念变得不可承受"。① 如果豁免仍旧可以作为庇护犯下国际罪行之个人的责任，那么，违反国际法的罪行便不会被禁绝，人民便可能继续成为罪行的受害者，种族、民族和国家间的冲突也不会得到平息。当代特设国际刑事法庭的共同声明指出，"允许被控实施作为严重罪行的个人逃脱司法，这会增强造成冲突和暴行的豁免文化……只有当司法追责的文化取代豁免的文化，世界上各国人民才能一起在和平中生活和繁荣"②。

有鉴于此，在惩治严重违反国际法的犯罪方面，必须移除虚拟实体对个人所提供的不合法、不合理的袒护。战后成立的特设和常设国际刑事法庭（ICTY、ICTR、ICC）均确立了"官方身份无关性"原则，③ 对此，《罗马规约》还规定，法律的解释和适用必须与国际公认的人权一致，这显然包括法律平等适用的理念，这既否认了身份因素作为抗辩或程序障碍的功能，也强调通过正当程序来保障审判过程中被告的人权。④ 同时，ICC的规定更进一步，《罗马规约》规定，官员在国际法或国内法之下而享有的豁免或特殊程序不影响法院对此人行使管辖权。不过，考虑到ICC作为常设国际机构，《罗马规约》又对ICC与国家之间在豁免问题上的关系做了规定，在此方面确保国家所承担的国际法义务的优先履行。⑤ 无论如何，行为人不能再以豁免抗拒国际刑事法庭的管辖，或以之为依据来摆脱个人罪责。换言之，依据现有的国际法规则，行为人尚有可能因豁免而暂时摆脱国际刑事法庭的追诉，但是，再高职位的官员终究也会退职，他不可能永远符合享受豁免的条件，而国际刑事司法追责的过程却永远不会停止，豁免的"盾牌"终有被刺穿的一天（见图5-1）。

---

① Christian Tomuschat, "The Legacy of Nuremberg", *Journal of International Criminal Justice*, Vol. 4, 2006, p. 840.
② Joint Statement of the Prosecutors of the ICC, ICTY, ICTR, and the SCSL, 27 November, 2004, http://www.iccnow.org/documents/JointDeclarationProsecutors26Nov04.pdf，最后访问时间：2024年6月10日。
③ 《国际军事法庭宪章》第7条；《远东国际军事法庭宪章》第6条；《联合国前南斯拉夫国际刑事法庭规约》/《联合国卢旺达国际刑事法庭规约》第6条第2款；《罗马规约》第27条。
④ 《罗马规约》第21条第3款。
⑤ Sarah M. H. Nouwen, "Legal Equality on Trial: Sovereigns and Individuals before the International Criminal Court", *Netherlands Yearbook of International Law*, Vol. 43, 2013, pp. 151-160.

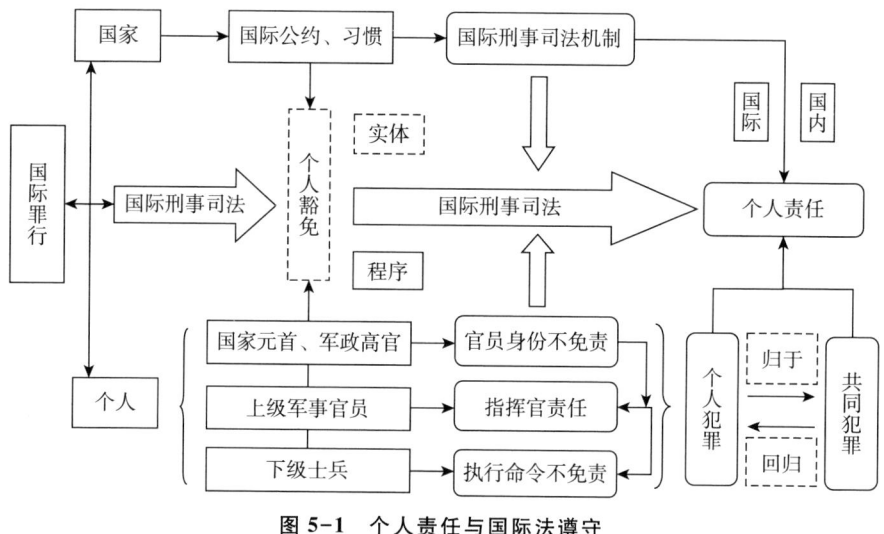

图 5-1 个人责任与国际法遵守

二 上级承担促进规则遵守的义务

战争暴行常以组织的形式，或者由从属于组织的个人实施，法律制裁如何服务于组织控制，如何贡献于规则遵守是国际刑事司法面临的重要问题，上级刑事责任是其中的关键问题。学者珍妮·马丁内斯（Jenny S. Martinez）指出，上级刑事责任是国际刑法的核心内容，它对大规模暴行最为基本的难题作出了回应，即暴行虽然常由下级士兵来实施，但上级官员却总是需要担负更大的道德责任与法律责任①，因此，对于国际法规则的遵守，上级自然担负着不可推卸的责任。另外，较之于自下而上的威慑，自上而下的威慑更为有效，巴西奥尼先生将这个基于经验和常识的说法视为指挥官责任的理论基础，其逻辑在国际人道法和各国的军事立法中都有所反映。②

通过将下级暴行与上级职责相联系，国际刑事司法明确了如下内容，

---

① Jenny S. Martinez, "Understanding Mens Rea in Command Responsibility: From Yamashita to Blaskici and Beyond", *Journal of International Criminal Justice*, Vol. 5, No. 3, 2007, p. 639.

② "自上而下"和"自下而上"的威慑的区分是依据责任的"本座"来确定的，即由谁来承担违法或罪行的责任。Cherif Bassiouni, "The New Wars and the Crisis of Compliance with the Law of Armed Conflict by Non-State Actors", *The Journal of Criminal Law and Criminology*, Vol. 98, No. 3, 2008, p. 796.

即上级职责不仅包括军事行动的成败,同样重要的是,上级必须明确和掌控其下属人员的行为,确保他们遵守国际人道法规则,以及在违反此类规则的情形下惩罚相关个人;国际人道法规则的禁止性规定必须得到积极的贯彻,上级人员有职责使这些规则由纸面转化为现实。在特定情形下,如果上级人员没有履行阻止和惩罚的职责,那么,他就可能承担相应的刑事责任。根据罗林法官的观点,上级刑事责任确实存在且十分重要,为防止和惩治国际罪行,作为与不作为都需要在法律上有所规定,在高度组织化的社会或组织体之内,不仅需要禁止犯罪行为,疏于或者怠于防止和惩治犯罪的行为也要被纳入法律评价和制裁的范围内,至于如何以及在何种程度上认定上级责任,则是另外一回事。[1]

从司法层面来讲,二战时,以下属人员实施罪行,上级未曾有效行使职责或施加控制为名使上级官员承担刑事责任的实践尚无前例,因此,上级刑事责任属于战争史和国际法层面的创新。不过,上级刑事责任的思想和动议早在一战后就已经出现了。1919 年委员会报告指出,各交战国有权组成适当的法庭审判违反战争法规和惯例以及人道法的个人,起诉的对象包括属于敌国的那些知晓犯罪或可能发生的犯罪,有权介入,但是却没有去阻止或者采取措施去防止、结束或者压制暴行的上级人员。当然,实际实施犯罪的人不可以以此为自己辩护。[2] 美国代表团指出,积极罪行与消极犯罪之间存在很大区别,其责任要素完全不相同。他们指出了追究上级责任可能会使犯罪实施者逍遥法外的可能性,以及认定上级责任的标准所存在的困难。尽管如此,他们认为,上级责任所确立的"作为的职责或义务"十分必要。他们进一步明确了上级责任的构成要素,即相关个人应当知道罪行发生,而且,其应当有权来阻止、结束或者压制此类罪行。主观要素与客观要素必须兼备,仅有其一不能成立。[3] 当时,上级责任主要针对上级人员对罪行的结束和制止,惩罚的职责还没有出现,而且,责任的认定标准也相对模糊。

---

[1] See Robert Cryer, "Röling in Tokyo: A Dignified Dissenter", *Journal of International Criminal Justice*, Vol. 8, No. 4, 2010, pp. 1109-1126.

[2] "Commission on the Responsibility of the Authors of the War and on Enforcement of Penalties", *The American Journal of International Law*, Vol. 14, No. 1/2, 1920, p. 121.

[3] "Commission on the Responsibility of the Authors of the War and on Enforcement of Penalties", *The American Journal of International Law*, Vol. 14, No. 1/2, 1920, pp. 129, 143.

上级刑事责任在国际法上的确立有数个面向的考量，其核心在于以"法律控制"促进和保证规则的遵守。从法律义务上讲，上级责任源于上级人员疏于或怠于履行国际法赋予其的特殊职责。东京审判中有19名被告被判承担上级刑事责任，理由在于他们有义务保证下级人员遵守相关的公约、战争法规和惯例，不过，由于故意或者疏忽，他们放弃了采取充足措施保障遵守并阻止犯罪的职责，而这本身就是对战争法规的违反（罪状55）。① "哈利洛维奇案"（Prosecutor v. Halilovic）将上级的不作为犯罪设定为独立的实体罪行，审判庭指出，指挥官责任并非因为他们本身实施了罪行，指挥官也并非分担实施罪行之下级人员的责任，相反，其本质在于不作为，即其在下属违反人道法规则、实施罪行的情况下保持沉默或无所事事，这种不作为是有罪的，因为，国际法对上级人员施加了防止和惩罚实施罪行之下属的积极职责。② 实际上，不作为犯罪多见于各国国内军事立法中，这是各国遵守战争法之义务的逻辑结果。例如，英美"军事法手册"均指出，如果指挥官不采取其力所能及的、必要且合理的措施来保证下级士兵对战争规则的遵守，相反，在知晓相关罪行已经或可能被实施的情况下却保持沉默，那么，他们就必须承担法律上的责任。③

从职能上考虑，上级刑事责任源自上级人员放弃或者忽视自身所担负的"控制"职责。上级官员在促进军事组织及其人员遵守国际人道法规则方面发挥着关键的作用，其基本逻辑在于指挥官能够影响甚至决定其下属的行为和方式，因此，下属的行为反映着上级人员行使职责的程度和方向，指挥官有能力防止、阻止和惩罚其下属所实施的违反国际人道法的行为。④ 在"山下奉文案"中，墨菲法官对这种"控制"的司法确认表示怀疑。他指出，控制部队的职责和责任随特定战斗的性质和激烈程度而变化，确认

---

① B. V. A. Roling, Criminal Responsibility for Violations of the Laws of War, https://docslib.org/doc/12439443/criminal-responsibility-for-violations-of-the-laws-of-war, 最后访问时间：2024年5月30日。

② *Prosecutor v. Halilovic*, Judgment, IT-01-48-T, 2005, para. 54.

③ B. V. A. Roling, Criminal Responsibility for Violations of the Laws of War, https://docslib.org/doc/12439443/criminal-responsibility-for-violations-of-the-laws-of-war, 最后访问时间：2024年5月30日。

④ Joakim Dungel & Shannon Ghadiri, "The Temporal Scope of Command Responsibility Revisited: Why Commanders Have a Duty to Prevent Crimes Committed after the Cessation of Effective Control", *U. C. Davis Journal of International Law and Policy*, Vol. 17, 2010, p. 12.

该职责的非法偏离需要经过复杂和精细的计算，无法利用客观和现实的行为规范来判定是否存在这种偏离，因此，指挥官的责任仅仅是复仇情绪的表达。随后的"丰田案"（Toyoda）显示，被告实际上行使着对马尼拉部队的控制权，虽然法庭以客观标准来证明被告应当知晓相关暴行，但最终仍以证据不足为由判其无罪。[①]

基于上述逻辑，在刑事追责过程中，法庭采用严格的主观要素，强化对组织或团体拥有领导权或影响力之个人的职责要求，防止相关人员借由职责划分或主观意识来脱罪。与之相关联的是下级人员的主观意识。在军事行动中，常规的现实是，下级人员几乎完全放弃了其意志自由，他们的意志从属于上级的意志，根据著名刑法学家克劳斯·罗克幸（Claus Roxin）所提出的大规模暴行的官僚化理论，通过对具有分层权力之组织体的控制，上级人员能够将下属像工具一般加以使用。[②] 在此情形下，对下属犯罪行为不采取防止或者惩罚措施，下属会轻易地把此种情形归结为上级人员或整个军事组织的意志、态度或政策，从而形成虚假的合法化，这将对国际人道法的遵守造成极大的挑战。

从犯罪过程来讲，鉴于国际罪行所呈现的大规模、系统性等集体特征，部分国际罪行的实施往往需要上级权力的默许或认可，甚至是介入和助力。ILC 在起草"危害人类和平及安全治罪法草案"时对法律追究上级刑事责任的逻辑进行了分析。委员会指出，"危害人类和平及安全罪"要求掌握政府权力的人员介入，他们有权力针对极其重要的事情或行为制定政府计划或者国家政策。该罪行要求相关人员有权使用或者授权使用必要的暴力手段，或者动员人员来实施此等罪行。可以这样认为，计划、煽动、命令或授权实施此类罪行的政府官员不仅提供了犯罪的方式和人员，而且是在滥用源自主权的权威或权力，因此，他们应当被认为比具体实施犯罪行为的下属负有更大的罪责。从某种程度上讲，这些上级官员对罪行的发生负有最大的责任，国际社会允许他们援引国家行为、官方地位、豁免等逃避罪责无疑是荒谬的，因为，这些滔天罪行震撼着人类的良知，违

[①] Ann Marie Prevost, "Race and War Crimes: The 1945 War Crimes Trial of General Tomoyuki Yamashita", *Human Rights Quarterly*, Vol. 14, No. 3, 1992, pp. 333-335.

[②] Mark Osiel, "The Banality of Good: Aligning Incentives Against Mass Atrocity", *Columbia Law Review*, Vol. 105, No. 6, 2005, pp. 1381-1382.

反了国际法中最基础的原则，危害了国际和平与安全。[1]

从后果上讲，鉴于上级人员的地位、职权及其在军事组织内所扮演的重要角色，他们疏于或怠于行使职责会发出这样的信息，即遵守国际人道法规则并非强制要求，或遵守规则的要求可以屈从于现实的需求，甚至，整个社会或组织会认为，上级人员授权、鼓励、允许、默许、容忍或者认可下属实施此类犯罪行为。[2] 罗林法官对此指出，上级人员针对下级人员犯罪行为的态度和反应能够营造所谓的思想氛围，而正是这种氛围才使大规模的系统暴行成为可能。[3] 对此，上级刑事责任致力于通过法律制裁宣示如下内容，即国际法对拥有控制权的个人设置了与职责相称的义务，通过控制、引导和惩治下属行为的职责，他们必须营造有利于遵守国际人道法规则的氛围。

第一，对于在特定组织关系中处于领导或指挥地位的人，控制和约束下属的行为是其不可抛弃的职责，"不知道""无从知道"等理由不能成为有效的抗辩。例如，1945年10月2日开始的"山下奉文案"（Yamashita Case）审判中，被告人辩称自己并不知道所发生的暴行，而且通信渠道存在故障，否则他将采取果断措施去阻止行为的发生。除有证据证明被告实际知晓相关行为外，检察官还认为，被告并未做出"足够的努力"去发现这些事实。了解治下军队的所作所为是指挥官的责任，指挥官履行针对平民的责任与抗击敌人的使命同等重要。[4] 根据"提拉利奇案"（*Prosecutor v. Delalic et al.*）法庭的说法，"上级指挥官被施加了一项职责，即使用权力去阻止和惩治他的下属所实施的罪行，怠于以合理方式履行上述职权会受到个人责任的制裁"[5]。命令意味着服从，在某种程度上决定着行为的实

---

[1] Commentary on Art. 7 of Draft Code of Crimes Against Peace and Security of Mankind, in United Nations, Yearbook of International Law Commission, Vol. II, Part 2, A/CN. 4/SER. A/1996/Add. 1 (Part 2), 1996, pp. 26–27.

[2] Amy J. Sepinwall, "Failures to Punish, Command Responsibility in Domestic and International Law", *Michigan Journal of International Law*, Vol. 30, No. 2, 2009, p. 289, note 202.

[3] B. V. A. Roling, Criminal Responsibility for Violations of the Laws of War, https://docslib.org/doc/12439443/criminal-responsibility-for-violations-of-the-laws-of-war, 最后访问时间：2024年5月30日。

[4] Beth Van Schaack & Ronald C. Slye, *International Criminal Law and Its Enforcement: Cases and Materials* (2nd edition), New York: Foundation Press, 2010, p. 699.

[5] *Prosecutor v. Delalic et al.*, Appeal Judgment, ICTY-96-21-A, 2001, para. 197.

施及其方向。1992 年，根据联合国安理会第 780 号决议成立的"专家委员会"指出，指挥官有责任控制他的军队，应该采取所有可能的措施来保证法律规则的遵守。指挥官本人性格弱势或者其治下的军队不可约束不是有效的抗辩。如果军队在过去曾经犯下战争罪，那么，在确认他们具有在未来遵守规则的意图和能力之前，指挥官不应该再使用这支部队。疏于或怠于执行这样的职责就要承担相应的责任。[1]

第二，事实上属于指挥或领导地位的人也须妥善承担上述职责。"塔迪奇案"采用"有效控制"的标准确定从属关系，有效控制的展现对法律上和事实上的上下级关系均属必要。[2] 决定罪责的因素在于相关个人是否拥有控制下属行为的权力，正式任命不能作为追究指挥官责任的必要条件。为此，司法裁判者对任何情形的现实状况必须时刻警醒，并准备刺破可能对严重罪行负有极大责任的个人提供遮护的法律形式。当然，对于控制关系过远或者不存在的情形，也须防止行为人承担他人的刑事责任。[3]在"科尔蒂奇与切尔凯兹案"中，法庭认为，正式的上下级关系对于"命令"的查明并非必须，只要能够证明被告拥有发出命令的权力即可。[4]

第三，法律上或事实上处于领导或者指挥地位的人须积极履行"防止和惩罚"的职责，对于治下人员的行为须具有高度的责任感，对潜在的罪行须具有充足的防范意识及其基础上的防范行为，放任或者疏忽均构成相关罪行的犯意。例如，在"山下奉文案"中，军事委员会和最高法院虽然并未确认被告知悉具体的违法情节，但认为，被告对罪行的无知状态以及将与罪行相关的权力全盘让予的做法对未来的下属犯罪造成了不可接受的巨大风险[5]，这显然是从规则遵守的角度做出的逻辑脱离。在"布拉斯基奇案"(*Prosecutor v. Blaskic*)中，上诉庭认为，被告知道存在犯罪记录和包含犯罪人员的部分军队准备攻击阿米奇（Ahmici）及其附近城镇，却下达了攻击命令，这显然冒着针对穆斯林平民的罪行会再次发生的风险。上

---

[1] Final Report of the Commission of Experts Established Pursuant to Security Council Resolution 780 (1992), U. N. Doc. S/1994/674, May 27, 1994.
[2] *Prosecutor v. Tadic*, Appeal Judgment, ICTY-94-1-A, 1999, para. 223.
[3] *Prosecutor v. Delalic et al.*, Appeal Judgment, ICTY-96-21-A, 2001, para. 188.
[4] *Prosecutor v. Kordic & Cerkez*, Judgment, IT-95-14/2, 2000, para. 388.
[5] See William H. Parks, "Command Responsibility for War Crimes", *The Yale Law Journal*, Vol. 82, No. 6, 1973, pp. 1274-1304.

诉庭接着说道，在意识到存在实施犯罪可能的情况下，个人依旧命令或者疏于制止相关人员实施行为，这构成了《罗马规约》第 7 条第 1 款之下犯罪的犯意。因此，在该种意识和情况下发布命令等于接受犯罪。①

三 下级人员作为理性个体面对追责

巴西奥尼教授曾说："整个军事法历史当中，服从命令一直被认为是下级的最高使命之一。相应地，因为发出命令的指挥官承担责任，这些下属被免于承担行为。即作出决定的人需要承担刑事责任，而执行的人则不需要。"② 指挥官承担下属行为所引发的刑事责任基于这样的考量或假设。

第一，鉴于军队严密的等级结构以及维护军事纪律的要求，在上级—下属关系链中，下属处于绝对的从属地位，违反战争法规和惯例的行为或是直接源于指挥官的命令，或者是为完成任务而实施的，下属对此没有选择自由。

第二，罪行的根源在于上级所发出的命令，对上级施加刑事责任能够对下级产生威慑，使他们在未来的军事行动中遵守规则，避免实施新的罪行。

不过，在司法实践中，行为人往往利用组织关系来推脱自己身上的罪责，即他们将责任通过组织上存在的从属关系转移给其他主体。实际上，"执行命令免责"是一战之前流行的观点和实践，这是出于军队或政府的组织化特征而得出的结论，如果让下属承担责任，他们可能畏首畏尾，从而影响行动的效率和成功。因此，传统战争法规、惯例和学说采用不追究下属责任的观点。例如，奥本海说，如果武装部队的成员因为执行政府的命令而实施违法行为，那么，他们不是战争罪犯。不过，奥本海在后续《国际法》修订中修改了前述观点，他认为，武装部队的成员只有义务遵守合法的命令。③

二战后的国际刑事审判对"命令抗辩"作出了回应，从法理上消解了

---

① *Prosecutor v. Blaskic*, Appeal Judgment, IT-95-14-A, 2004, paras. 344-345.
② Cherif Bassiouni, *Introduction to International Criminal Law* (2nd edition), Leiden: Martinus Nijhoff Publishers, 2013, p. 403.
③ 朱文奇：《国际刑法》，北京：中国人民大学出版社，2007 年，第 216 页。

此种抗辩的绝对合法性。一如肖克罗斯所言,"现在已经是这样的时刻,一个人如果还可以服从于自身的良知,那么他就应当拒绝上级(违反人道法的)命令"。① 对于下级刑事责任面对的抗辩,二战之后国际刑法的发展从规范、效果和理论三个方面做出了回应。

首先,从实际效果上来看,下级确实犯下了违反国际法的罪行。战争结束后,文明世界的公意并不会满足于对战争罪行鼓动者的惩处,违反战争习惯的恶行的实施者也应当被绳之以法。违反战争法规和惯例或国际人道法的罪行虽然由个人实施,但很多属于国家或组织政策,目标的实现不仅需要上级以国家或者组织机构的身份发出命令,而且必须由个人单独地或合作地将命令变为现实,将犯罪计划变为犯罪行为和后果。纽伦堡审判指出,执行侵略计划的人不能因为仅仅是在执行他人所设计的计划就免除责任,因为,希特勒自己并不能发动侵略战争,他必须得到党政军官员、外交人员以及商人的合作。当这些人给予合作时,他们知道自己行为的性质和目的,他们不能因为受命于独裁者就解除行为的责任。②

换言之,下级人员作为拥有自由意志的主体参与到犯罪中的,他们以独立的主观意识和行为完成或贡献于战争罪行,与犯罪后果之间存在直接的联系。从规范角度看,他们承担个人责任的主、客观要素完备。正如"兰达弗里城堡号案"(Llandovery Castle)审判庭所指,如果个人知道上级命令违反了普通法或军事法而仍旧执行,那么他就应当承担刑事责任;进而,"执行上级命令之所以被认定为犯罪,主要不在于上级命令的违法性,而在于执行行为本身构成了战争罪等罪行,因此,他要为执行上级命令而做出的行为承担个人责任。"③

其次,"执行命令不免责"原则是从维护国际法效力,促进国际法遵守的角度作出的理性考量,即防止责任人逃脱罪责和重犯。一方面,放纵和减轻下级人员的罪责会削弱国际法的威慑力,损害国际法的规范

---

① Ann Tusa and John Tusa, *The Nuremberg Trial*, London: Macmillian, 1983, p. 178.
② Trial of the Major War Criminals before the International Military Tribunal, Official Text in the English Language (Vol. I), Nuremberg, from 14 November, 1945 to 1 October, 1946, Official Documents, Published at Nuremberg, Germany, 1947, p. 223, https://www.gutenberg.org/cache/epub/51292/pg51292-images.html, 最后访问时间:2024 年 6 月 30 日。
③ See Charles Garraway, "Superior Orders and the International Criminal Court: Justice Delivered or Justice Denied", *International Review of the Red Cross*, Vol. 81, No. 836, 1999.

和制裁效力。

（一）法律及其制裁的威慑力将受到挑战。梅汝璈先生指出，"从逻辑上讲，如果都只是把责任向发布命令的上级长官推，推到最后，将只有国家元首一个人或高级首长几个人对某些战争罪负责了。这对于战争法的有效实施会有极大的损害"①，因为，到头来，没有人需要为自己的行为负责，个人可以将责任无限地向上推到某个抽象或拟制的人格体，其逻辑结果是，"为恶者"没有可以期待的罪责，因而可能选择为所欲为。

（二）刑罚的预防功能将无法得到保障。如巴西奥尼所言，如果执行命令的下属宣称他们做出行为是因为上级的命令如此要求，因而就不必承担刑事责任，毫无疑问，这将损害刑法有效的威慑以及对特定种类犯罪的有效预防。②

（三）承认执行命令之抗辩无异于否认法律本身，最终将损害法律的公信力。佛林茨认为，上级负责原则断不可被接受为有效抗辩，因为，所有被告都将做出类似抗辩，在元凶自杀之后，法律将无法追究任何人的法律责任，这将导致法律无用这样荒谬的结论。③

另一方面，执行命令免责会增加下级人员的思维惰性，凝固理性判断，这不利于未来规则遵守的实现。在上级—下属关系中，任何行为目的之实现都必须通过下级人员的执行，也就是说，下级人员掌握着罪行实施与否的最后一道关口，免除下级人员的责任等同于对其行为选择给予肯定。未来的军事行动中，下属随时可以将上级命令当作借口来破坏规则，实施新的犯罪，规则遵守变得不可期待。"下级犯有战争罪行，如果只是根据他们'对上级服从'就可以不追究其刑事责任，法律上就会产生恶劣的后果…在这些侵略和暴行中，下级如果对上级只是盲从，同样也是一种灾难"④。

最后，"执行命令不免责"原则的确立源于对个人理性和自由意志的尊重，个人需要在行为之时辨别是非，作出符合正当法律的行为选择。个

---

① 参见梅汝璈《远东国际军事法庭》，北京：法律出版社，2005年。
② Cherif Bassiouni, *Crimes Against Humanity in International Criminal Law*, The Hague: Martinus Nijhoff Publishers, 1992, p. 399.
③ George A. Flinch, "The Nuremberg and International Law", *American Journal of International Law*, Vol. 41, No. 1, 1947, p. 21.
④ 朱文奇：《国际刑法》，北京：中国人民大学出版社，2007年，第214页。

人拥有辨别是非善恶的智识和能力,在作出行为之时应该服从自身对行为合法性的判断,而如果明知或者应当知道行为的违法性却执意为之,那么他就必须承担个人责任。如黑格尔(G. W. F. Hegel)所言,刑罚不是否认个人的存在及其自由,相反,它反映着的意志,是犯人自由的定在,是国家尊重个人理性之存在的表现。执行上级命令而犯下战争罪行的个人需要承担刑事责任,其根源在于个人在面临命令之时存在辨识善恶、合法与非法以及进行选择的能力,违背依据理性、良知和法律而作出的行为选择,或者置理性判断于不顾,都会引发主观上的可苛责性。[①] 纽伦堡审判判决指出,国际法从来不曾承认以上级命令所做之辩护的有效性,确定个人责任的关键并不在于上级命令是否存在,而在于特定情况下相关个人的道德选择是否现实可行[②],也即,个人在能够选择遵守法律规则的情况下是否选择如此行事,这是上级命令辩护能否被排除以及下级人员是否须承担法律责任的根本原因。

"执行命令不免责"原则有一个引申的含义,即国际法不仅约束代表国家行事的上级政府官员,而且必须得到普通个人的遵守。国际法不再是"执国政者"的专属事项,个人在国际法面前也必须保持主体性和个人理性。例如,在美国军事法庭根据"控制委员会第 10 号法案"所审理的"佛利克案"(Flick Case)中,被告是以个人身份经营德国重工厂的商人,他们与纳粹德国政府之间不存在官方关系,并未参与侵略战争的策划、准备、发动和实施,也未和他人共谋或者合作实施上述行为。检方认为,重工业与科学技术是德国进行侵略战争的两个主要力量源头之一,被告控制着这些工业集团,不过,由于检方的反对,法庭并未就该问题进行举证。[③]

法庭认为,国际法调整主权行为却不惩罚个人的观点不能够再成立,当然,纽伦堡审判所针对的是国家官员和机构。因此,被告辩称,他们没有公务职位,也不代表国家行事,因而,不应当为国家违反国际法的行为承担刑事责任。国际法远超普通个人的工作、兴趣和理解之外,言外之

[①] 朱文奇:《国际刑法》,北京:中国人民大学出版社,2007 年,第 214-215 页。
[②] See Draft Code of Offences Against the Peace and Security of Mankind with Commentaries (1954), art. 4, Yearbook of the International Law Commission, Vol. II, 1954, p. 137.
[③] Trials of War Criminals before the Nuremberg Military Tribunals under Control Council Law No. 10, "The Flick Case", *US Government Printing Office*, Vol. 6, 1952, p. 1192.

意，个人与国际法没有关系，那属于政府高官的职责范畴，普通的个人没有理由承担国际法上的个人责任。对此，法庭回应道，将国际法的约束力在政府官员和普通公民之间做如此区分没有道理，"如一般的国内法一样，国际法也同样拘束着每一个公民"，与政府高官一样，普通个人应当为其犯罪行为承担罪责，"罪责只是程度不同，不存在性质差别"。[1]

四 确保共同犯罪的参与者承担应有责任

集体犯罪产生集体罪责（collective criminality）。衡量集体罪责背景下的个人责任是国际刑法面临的重要挑战，从纽伦堡法庭到当代的特设刑事法庭都在应对这个法理问题。[2] 刑事责任的基础是个人罪责，没有人需要为其没有做出或者以其他形式参与的行为承担刑事责任，无论是国际法还是国内法，这都是个人责任领域的一项基本假设。[3] 国际刑事司法真正需要解决的问题除落实"罪刑法定"原则之外，还必须解决如何追究以不同形式参与犯罪之个人的刑事责任问题。违反国际法的罪行常常只是集体犯罪的反映：侵略战争和违反国际法的国际罪行通常由多人合作或者协同完成，他们拥有共同的犯罪目的。个人在犯罪链条中虽然扮演着不同角色，发挥着不同作用，而且，经常的情况是，只有部分人具体实施犯罪，但是，这并不影响其他个人行为可能构成犯罪的事实。那些参与或贡献犯罪的人服务于犯罪的顺利实施，他们的行为在道德可谴责性上与实施犯罪者并无本质区别。[4]

在共同犯罪的追责方面，责任网络的完善存在横向和纵向两个维度。横向上，必须严密法网，防止逃避和减轻刑事责任的情况。共同犯罪中，尽管证明单独个人在犯罪中的作用相对困难，但是，让在国际罪行中扮演不同角色和作用的个人承担其应有的刑事责任是国际刑事司法必须完成的任务，否则，实施国际犯罪的个人便有可能逃脱或者减轻法律制裁，这不

---

[1] Trials of War Criminals before the Nuremberg Military Tribunals under Control Council Law No. 10, "The Flick Case", *US Government Printing Office*, Vol. 6, 1952, p. 1192.

[2] Jain Neha, "The Control Theory of Perpetration in International Criminal Law", *Chicago Journal of International Law*, Vol. 12, No. 1, 2011, pp. 160-163.

[3] *Prosecutor v. Tadic*, Appeal Judgment, IT-94-1-A, 1999, para. 186.

[4] *Prosecutor v. Tadic*, Appeal Judgment, IT-94-1-A, 1999, paras. 191-193.

仅不符合道德要求，而且法律制裁的规范效力、社会效果以及规则遵守无法得到保障。[1] 纵向上，必须精准制裁。个人责任并非覆盖范围越广越好，如果放任责任无规制地扩张，可能造成的情况是，个人承担本应当由他人承担的刑事责任，或者个人所承担的责任与其罪责及对犯罪的贡献程度不相称，如此一来，法律制裁产生更多的是不满、愤恨和投机，而非威慑和对正义的支持。

（一）共同犯罪计划与共谋

在完善个人责任的形式方面，纽伦堡审判作出了两项安排。

第一，《纽伦堡宪章》第6条列举了侵略罪的犯罪参与形式，并在最后一段确立了共同犯罪计划或共谋犯罪，即参与形成或执行共同计划，或者共谋实施所列罪行（包括侵略罪、反人类罪和战争罪）的领导者、组织者、煽动者以及共犯应当对该计划所涉所有行为承担责任。第6条并未规定反人类罪和战争罪的犯罪参与形式，但是，从字义上理解，反人类罪和战争罪也存在共同计划或者共谋之下的共犯。不过，纽伦堡法庭认为，自己对参与共同犯罪计划或者共谋实施反人类罪和战争罪的个人没有管辖权，22名被告中，法庭仅判处其中的12名被告构成侵略罪的共谋罪行。[2] 起初，检方倾向于将第6条最后一段认定为独立的罪行，但法庭认为，本段旨在确立参与共同计划之个人的责任，也即，《纽伦堡宪章》企图将共犯与正犯纳入同一罪行，而非创设独立的罪名。[3]

另外，将共犯纳入罪行必须符合客观和主观方面的相应条件。为确定个人对特定侵略罪行所应当承担的刑事责任，必须考察个人对武装力量所具有之权力的范围、作为顾问或合作者在运用权力中的重要性以及他们在该过程中的犯罪意图。个人在共谋中的行为或者权力本身并不能确定个人责任，个人必须对已经在进行的或者即将开始的战争行为所具有的"侵略

---

[1] Antonio Cassese, "The Proper Limits of Individual Responsibility under the Doctrine of Joint Criminal Enterprise", *Journal of International Criminal Justice*, Vol. 5, No. 1, 2007, p. 110.

[2] 《纽伦堡宪章》第6条创设了共谋的实体罪行，同时也揭示了共谋犯罪的参与形式。Pamela J. Stephens, "Collective Responsibility and Individual Responsibility: The Constraints of Interpretation", *Fordham International Law Journal*, Vol. 37, No. 2, 2014, pp. 510-511.

[3] Trial of the Major War Criminals before the International Military Tribunal, Official Text in the English Language (Vol. I), Nuremberg, from 14 November, 1945 to 1 October, 1946, Official Documents, Published at Nuremberg, Germany, 1947, p. 223, https://www.gutenberg.org/cache/epub/51292/pg51292-images.html, 最后访问时间：2024年6月30日。

目的"拥有认知，对于战争的侵略性质没有认知或者仅仅具有防卫性认识的个人不应当对共谋计划、准备或开始侵略战争承担责任。① 可见，从共谋引入国际刑事审判之始，主、客观要素便成为确定参与共同犯罪之个人责任的主要路径，两者不可偏废。当然，纽伦堡法庭对追究共同犯罪过程中矫枉过正的倾向存在警惕。检方指出，任何在纳粹政党和德国政府中的显著参与都应被视为共谋的证据，法庭则认为，共谋必须明确存在于犯罪目的中，法庭必须明确一项具体的犯罪计划是否存在，参与者在其中扮演何种角色。②

第二，《纽伦堡宪章》第 9 条确定了犯罪组织的概念，犯罪组织成员的身份便可能意味着刑事责任和惩罚。犯罪组织类似于共谋，两者的核心均在于通过合作来达成犯罪目的，即共同犯罪。但是，作为犯罪组织成员本身不能确定个人责任，个人必须对犯罪目的或组织行为具有认知，或者，个人因与犯罪行为存在密切关联而被视为组织成员。③ 对于依据犯罪组织而提出的个人指控，被告的证明责任在于证明自己参加犯罪组织并非出于自愿，或者自己并不知道所在组织的犯罪目的。由于法庭在审判中不愿意转移证明责任，于是，检察官不得不举证，以证明个人加入犯罪组织的自愿性，或其对相关犯罪意图存在认识，④ 这使得检方的证明任务变得极为繁重。另外，法庭清晰地指出"犯罪组织"所包含的危险，团体罪责属于新的且影响广泛的概念，倘若没有程序保障，它的适用将导致极大的非正义。即使以犯罪组织的概念进行追责，个人罪责仍然是审判的基本原则，法庭必须避免集体惩罚，同时，法庭必须确保无辜之个人不被惩罚。⑤

---

① Quincy Wright, "The Law of the Nuremberg", *American Journal of International Law*, Vol. 41, No. 1, 1947, pp. 66-67.

② Quincy Wright, "The Law of the Nuremberg", *American Journal of International Law*, Vol. 41, No. 1, 1947, pp. 68-69.

③ Trial of the Major War Criminals before the International Military Tribunal, Official Text in the English Language (Vol. I), Nuremberg, from 14 November, 1945 to 1 October, 1946, Official Documents, Published at Nuremberg, Germany, 1947, p. 223, https://www.gutenberg.org/cache/epub/51292/pg51292-images.html，最后访问时间：2024 年 6 月 30 日。

④ Pamela J. Stephens, "Collective Responsibility and Individual Responsibility: The Constraints of Interpretation", *Fordham International Law Journal*, Vol. 37, No. 2, 2014, pp. 511-512.

⑤ Trial of the Major War Criminals before the International Military Tribunal, Official Text in the English Language (Vol. I), Nuremberg, from 14 November, 1945 to 1 October, 1946, Official Documents, Published at Nuremberg, Germany, 1947, p. 223, https://www.gutenberg.org/cache/epub/51292/pg51292-images.html，最后访问时间：2024 年 6 月 30 日。

犯罪组织在20世纪末再次兴起的国际刑法实践中被抛弃，完善罪责"网络"的任务主要围绕共同犯罪的路径展开。如果说纽伦堡审判采用共同计划或共谋主要为了防止个人逃脱刑事追罚，那前南刑事法庭则运用相关刑罚理论防止个人转移、逃避或减轻罪责。

共犯理论在国际法层面的适用属于新事物，纽伦堡审判为后世国际刑事审判树立了共犯（complicity）的先例和原则：对于违反国际法的行为，不仅需要追究主要正犯的责任，还必须考虑那些资助、帮助、鼓励、支持和协助犯罪实施的人。一方面，在国际层面，简单地将行为和责任归咎于单个行为者无法反映犯罪现象的复杂性，只有从共犯理论的角度追究犯罪参与者的责任，规范与罪行之间才能够相符合，罪责刑相适应才能真正得到实现。另一方面，国际法追究"便利犯罪"之个人的刑事责任，这能够使个人更加理性地做出行为，他们不得不考虑自身行为对他人造成的影响及其法律后果；个人责任担负展示价值选择、指引个人行为的规范功能，从人权角度考虑，共犯责任模式显示，在可能发生侵犯人权之情势时，拥有控制权的个人必须在影响范围内有所作为，否则，默示共谋便得以成立；纽伦堡审判后，扩张法网成为一种趋势，国际刑事司法不仅关注军政高官，而且延伸到鼓励和便利犯罪的任何人，"责任延伸到我们所有人"[①]。

严密法网是国际刑事司法的重要任务，只有如此，个人对国际法规则的遵守才能够被期待。共犯责任理论的发展伴随着诸多法理上的问题。首先，集体暴行的追责与集体责任的区分问题。对暴行的追责采用集体模式可能引发追究集体责任的嫌疑，当然，这需要国际刑法具有完善的共犯责任理论，在严密法网的同时将责任牢固地树立在个人罪责之上。现实的情况是，国际刑法缺乏独立的共犯追责理论，援用国内法的理论（如犯罪控制理论）虽然方便易行，但国际罪行有其自身的特点，实施国际罪行的个人不仅没有背离集体，反而共享着集体的规范与理念，因而，漠视、赔偿、和解、重犯等问题是国际刑事司法必须面对的难题。其次，依据何种方式严密法网，是扩张模式还是传统的重点模式。前者可能更能反映集体暴行的行为特征，也最能够发挥法律制裁的规范功能；后者可能是特定政

---

① 扩张法网的方法之一便是将集体行为纳入个人罪责理论的考量中。Mark A. Drumbl, "Pluralizing International Criminal Justice", *Michigan Law Review*, Vol. 103, No. 6, 2005, pp. 1034-1035.

治环境中更为可行的选择，不过，该方式并未完成分配责任以实现正义的目标。①

（二）共同犯罪集团

完善法网的第二种路径依托犯罪目的及行为所包含的集体性，弱化归责的个体特征和客观要素。ICTY/ICTR 以共同犯罪目的的形式来追究犯罪共同参与者的刑事责任。"塔迪奇案"中，上诉庭认为，没有证据证明塔迪奇直接参与 Jaskici 村庄的平民屠杀事件，但是，这并不必然意味着塔迪奇就不对该罪行承担责任。ICTY/ICTR 虽然没有规定"共同计划或目的"，但其第 7 条第 1 款及第 6 条第 1 款包含了适用共同犯罪理论的规范基础。第 7 条第 1 款规定，任何计划、煽动、命令、实施犯罪，或者在计划、准备和实施过程中实施帮助或教唆行为的，应当为罪行承担个人责任。"塔迪奇案"上诉庭依据 ICTY 规约条文、规约的宗旨与目的、习惯国际法等对第 7 条做了扩大解释。② 上诉庭指出，第 7 条第 1 款设定了个人责任的范围，任何符合上述五种行为方式的行为都能够引致个人责任，包括直接责任和间接责任。依据规约的目的和宗旨，结合规约第 2—5 条的犯罪条款以及联合国秘书长向安理会就第 808 号决议第 2 段所作之报告，第 7 条所指个人责任不局限于具体实施犯罪的个人。

上诉庭继续指出，直接实施者之外的犯罪参与者往往发挥着关键作用，他们的道德恶性并不比直接实施者低；因此，仅仅追究犯罪实施者的责任就会忽视其他参与者在实现犯罪目的中的作用，而将上述人员认定为帮助犯或教唆犯则会低估其刑事责任的程度。它意味着，所有参与实施严重违反国际人道法之行为的人，无论以什么形式实施和参与犯罪，必须被绳之以法。以共同目的参与或贡献于犯罪的个人不仅不能被允许逃避罪责，而且不能因参与形式的不同而减轻本应该承担的犯罪责任。③

ICTY 在法理上面临的实际问题是，必须以恰当的理论使罪责罚相适应具备现实可操作性。为实现上述目标，ICTY 上诉庭采纳了"共同犯罪集

---

① "扩张模式"即通过共犯等理论扩大个人责任的适用范围；"重点模式"即将个人责任的适用局限于对暴行发生负有最为主要责任的个人，主要是军政领导人。Mark A. Drumbl, "Pluralizing International Criminal Justice", *Michigan Law Review*, Vol. 103, No. 6, 2005, pp. 1310-1314.

② *Prosecutor v. Tadic*, Appeal Judgment, 1999, paras. 186-190.

③ *Prosecutor v. Tadic*, Appeal Judgment, 1999, paras. 190-192.

团"（joint criminal enterprise，JCE）理论。该理论指出，基于共同计划或目的，拥有共同的犯罪意图，即使在犯罪中承担的角色不一，相关行为人也应当被追究刑事责任（JCE I 理论）[1]；甚至，当个人实施行为并非出于共同计划，但此类行为却是实现共同犯罪目的之自然、可预见的结果时，出于行为人的明显过失，他们也应当为此承担刑事责任（JCE III 理论）。[2] 对于 Jaskici 村庄的屠杀事件，上诉庭指出，虽然行为人可能并未承认过谋杀属于共同计划的组成部分，但在剑拔弩张的时刻强制转移平民可能导致平民死亡，这种结果是能够预见的。换言之，被告对于共同计划之外的犯罪行为也具备主观恶意，因此，他们应当为此承担责任。[3] 国际刑庭适用 JCE 理论的目的在于以相对灵活的手段严密法网，防止任何难以详细查明其犯意但对犯罪做出实质性贡献的个人逃脱罪责。

　　法理上的灵活处理源于政策方面的考量，反过来，JCE 理论也由此而遭受诸多质疑。学界与实务界争论的核心在于该理论能否实现犯罪行为和个人罪责的恰当匹配。一方面，JCE 理论是否具备妥善区分刑事责任程度的功能，例如，区分正犯与从犯的刑事责任。正犯和从犯显示着不同的犯罪参与程度，随着参与程度的降低，两者的区分度渐趋模糊，但是，两者的构成要素和责任程度均不相同，刑事审判对两者进行妥善区分显得十分关键。[4] 传统而言，较之于帮助犯和教唆犯，共同正犯拥有共同的犯意，对犯罪的贡献较大，因而也需要承担较重的刑事责任和刑罚。司法实践中，帮助犯罪和教唆犯罪能够专门指向主要罪行作出的实质性行为，而共同正犯仅仅需要做出行为以服务于共同计划或目的。依据 JCE 理论，可能出现这样奇特的情形，即虽然没有参与到共同计划或目的中，但帮助犯或教唆犯在犯罪中可能发挥更大的作用；正犯虽然对犯罪贡献甚微，却因为知晓共同犯罪计划或目的且采取了一定的行为而位列正犯，这显然模糊了

---

[1] *Prosecutor v. Tadic*, Appeal Judgment, 1999, para. 196
[2] *Prosecutor v. Tadic*, Appeal Judgment, 1999, para. 204.
[3] Pamela J. Stephens, "Collective Responsibility and Individual Responsibility: The Constraints of Interpretation", *Fordham International Law Journal*, Vol. 37, No. 2, 2014, pp. 515-516.
[4] Kai Ambos, "Joint Criminal Enterprise and Command Responsibility", *Journal of International Criminal Justice*, Vol. 5, No. 1, 2007, p. 168.

正犯与从犯的区分。①

从这个角度看，如"塔迪奇案"上诉庭所示，JCE 理论强化了主观要素在认定个人刑事责任中的作用，不过，JCE 理论对正犯客观方面的要求被弱化，甚至被排除出认定罪责的考量范围，毫无疑问，这降低了法庭认定正犯及其责任的门槛。② 潜在的结果是，犯罪的集体性掩盖了个体性，法庭对罪责的认定并不能真实反映个人罪责，责任的认定和刑罚的归咎缺乏恰当的区分度，罪责刑相适应不能得到良好的实施。③

ICTY 采用 JCE（尤其是第 I 项）理论追究共同犯罪之个人的刑事责任事出有因。法庭往往面对下列犯罪情形：参与者众多，行为交叉纠缠，因果关系错综复杂，且犯罪呈现系统化。因此，常有的情形是，鉴别某一罪行的直接实施者或者理清被告在特定罪行中所发挥的具体作用十分困难，在被告并未参与犯罪实施的情况下，行为与犯罪后果之间的因果联系更加难以确定。同样，许多案件中，罪行是在上级命令或计划下实施，还是说只是个人依据自己的主观意志而实施，这并不能清晰无误地判定。如果严格按照客观要素、主观要素以及因果关系的证明模式，法庭面临证据、资源、技术等方面的困难，很难保证有效地完成归责和惩罚，追责和惩罚的规范效果及社会效果也难以得到保证。④

为此，法庭采取了弱化主、客观要素的论证方法来便利归责。基于所有犯罪参与者均致力于实现且同时希望其他参与者贡献于共同犯罪目的之事实，他们均需要对罪行承担相同程度的责任；从系统的视角看，犯罪参与者以多样的行为合力促成犯罪目的，在这一过程中，个人及其行为实际上从属于实施犯罪的团体，个人的主观意志被融合在共同的犯罪计划和犯

---

① Antonio Cassese, "The Proper Limits of Individual Responsibility under the Doctrine of Joint Criminal Enterprise", *Journal of International Criminal Justice*, Vol. 5, No. 1, 2007, pp. 115-116.
② 正犯和共犯均须对犯罪有显著的贡献，两者的区分主要体现在主观方面，正犯分享集体犯意，而共犯仅仅知晓其在帮助一项罪行。*Prosecutor v. Kvocka*, Appeal Judgments, IT-98-30/1-A, 2005, para. 90.
③ 由于在法理上排斥对客观要素的考量，尽管有些法庭致力于纳入个人角色和功能的考量，但仍旧存在同等归责的趋势。Kai Ambos, "Joint Criminal Enterprise and Command Responsibility", *Journal of International Criminal Justice*, Vol. 5, No. 1, 2007, pp. 173-174.
④ Verena Haan, "The Development of the Concept of Joint Enterprise at International Criminal Tribunal for the Former Yugoslavia", *International Criminal Law Review*, Vol. 5, No. 2, 2005, pp. 172-173.

罪目的当中，分析特定个人在犯罪中所具有的主观状态及其所发挥的具体作用变得不再那么急迫；这样一来，法庭避开了或者说减弱了对犯罪要素及因果关系进行条分缕析之考察的必要。①

另一方面，JCE III 理论是否存在矫枉过正的嫌疑，即依据模糊的标准放大个人所应承担的刑事责任。卡赛斯法官指出，对于检方而言，以下内容的证明并非易事，即共同犯罪计划或目的之外的参与者的犯罪行为能够被另一参与者预料到，而且，该参与者自愿承担该行为被实施的风险。依托可预见性和自愿承担风险这一相对较低的犯意标准，JCE III 理论实际上避免了对个人主观方面与犯罪后果之间因果关系的深入考察，这可能使不同犯罪参与者之刑事责任的区分趋向模糊。② JCE III 理论的出现和适用源于数项重要的法律和政策考量。

第一，共同罪行与额外罪行间的衍生关系。所谓的额外或附带犯罪是在共同犯罪计划和目的基础上产生的，共同犯罪是额外犯罪的前提，两者之间存在客观上的逻辑联系。共同犯罪的参与者本身就有义务预料到潜在的、共同犯罪之外的罪行，如果他甘愿承担额外罪行被实施的风险，那么，在该罪行实际发生的时候，他就应当为此承担个人罪责。

第二，公共政策考虑。在共同犯罪中，对于那些在共同犯罪目的之外另行实施犯罪的人，法律要求某些参与者在预见到（或意识到）所谓的"额外罪行"可能被实施的情况下，采取反对或阻止措施。也就是说，刑事审判必须展示这样的规范姿态，即共同犯罪之外的任何犯罪行为都将不被容忍，共同犯罪的参与者应当预先对此采取阻止措施。

第三，普遍视角的考虑。JCE III 理论所坚持的可预见标准并非针对现实中的个人，它以合理谨慎之个人来审视共同犯罪的参与者，要求他们在一定情形下预见到额外犯罪被实施的可能性，这些附带罪行的性质极端恶劣，国际社会需要对此进行预防和惩罚。总的来说，尽管存在诸多批评，

---

① 有学者将此种便利化称为"对共谋、帮助和教唆更加慷慨的应用"。Mark A. Drumbl, "Pluralizing International Criminal Justice", *Michigan Law Review*, Vol. 103, No. 6, 2005, p. 1039.
② 有学者指出，实行犯与 JCE III 理论中的被告分别适用主客观标准，这有违公平之嫌。更为严重的是，JCE III 理论可能在被告缺乏犯意的情况下对之进行处罚。Mohammed Elewa Badar, "'Just Convict Everyone!'—Joint Perpetration: From Tadic to Stakic and Back Again", *International Criminal Law Review*, Vol. 6, No. 2, 2006, pp. 301-302.

但是，JCE III 理论已然成为 ICTY/ICTR 审判法理的重要组成部分，有观点认为，JCE III 理论在习惯国际法上有着坚实的基础，而且是 ICTY 在审判中一贯适用的责任形式。①

（三）犯罪控制理论

依据主观理论认定正犯及其罪责存在诸多弊端。首先，仅仅分析主观上的因果关联难以理解犯罪行为在法律上的意义；其次，忽视客观要件容易导致可罚性沿循因果关系链而扩大，这有违罪刑法定原则；最后，认定标准主观化，可能导致裁量权滥用。鉴于主观理论忽视"客观要素"的弊端，罗克幸提出了行为控制理论，试图通过行为控制来解释和确定正犯，即在实现犯罪过程中，对事件产生和发展发挥着决定性影响的个人才会产生行为控制，属于正犯。犯罪控制理论是对正犯的规范化理解，这种控制是客观要素与主观意思的统一，只有基于明示或默示的犯罪意图（特殊犯意或对犯罪产生实质可能性的共同认识），同时，共同犯罪者不可或缺地共同参与且将犯罪计划付诸实施，如此方能构成对犯罪行为的共同控制，这属于典型的正犯；依据"斯塔季奇案"（*Prosecutor v. Stakic*）审判庭的说法，这种情况可以被描述为：单独的个人无法完成犯罪，共同正犯必须对实施共同犯罪施加同等的控制，并以协同的行为合力达到共同的犯罪目的。②

ICTY 审判庭曾试图将"共同正犯"理论引入司法实践，以解决责任与罪责相适应的问题。"斯塔季奇案"中，审判庭指出，JCE 理论只是对规约第 7 条第 1 款实施的一种解释，相较而言，共同正犯理论是更为直接且应当被优先考虑的理论，审判庭似乎认为，唯有构成共同正犯，JCE 理论的适用才有坚实的基础。被告并不需要参与犯罪的所有环节；所谓"实施"包括直接或间接地参与犯罪，可以是积极的行为，也可以是消极的不作为，可以单独，也可以协同。无论如何，共同正犯必须基于明示的犯罪协议或默示的犯罪同意，他们致力于达到共同的犯罪目的，他们通过协同行动，共同对犯罪行为施加控制。③ 在对行为的共同控制过程中，必须对

---

① *Prosecutor v. Stakic*, Appeal Judgment, IT-97-24-A, 2006, para. 62.
② 江溯：《国际刑法中的行为控制理论》，《环球法律评论》2015 年第 2 期。
③ 有观点认为，"斯塔季奇案"判决对共同正犯理论的论述并不令人满意。判决并未明确说明为何共同正犯理论更为直接，未说明 JCE 理论与共同正犯理论之间的关系，其所依据的资料源也过于狭窄。Neha Jain, "The Control Theory of Perpetration in International Criminal Law", *Chicago Journal of International Law*, Vol. 12, No. 1, 2011, pp. 179-180.

共同正犯之个体的主观状态进行考察：除特殊犯意之外，他们相互知晓犯罪发生的高度可能性，知道自身权力和职责在实施或阻止犯罪过程中的重要性。① 通过主客观要素并重的分析，共同正犯理论致力于将责任视角由集体降低到个人，在认定责任之前，确保被告具有主观层面的可苛责性；同时，共同正犯理论努力完整地呈现犯罪行为与犯罪后果之间的逻辑链，通过行为控制理论，揭示被告依据自身的职权或行为对犯罪实施及后果所具有的影响。总之，ICTY 审判庭援用共同正犯理论，试图在最大程度上将责任追究置于个人罪责之上。②

不过，共同正犯理论引入 ICTY 法理的最大障碍在于缺乏规范基础。"斯塔季奇案"的上诉庭指出，共同正犯理论并没有习惯国际法的支撑，也不符合法庭既定的法理，该理论本身不是法庭管辖权范围内的有效法律，否则，它将引发法律适用的不确定性，因此，法庭应当将共同正犯理论搁置一边，转而依据 JCE 理论进行分析。③ 同理，"米卢蒂诺维奇案"（*Prosecutor v. Milutinovic*）中，对于检方所提出的"间接正犯"指控，审判庭指出，"斯塔季奇案"所援引的理论并未包含该指控的客观方面，而且，习惯国际法也不存在任何相关的内容。④ 如何妥善地构建追究共同犯罪责任的理论依据，是国际刑事法庭必须首先解决的问题。"卢班加案"依据"犯罪控制"将共同正犯理论作为追究刑事责任的基础，其原因首先在于共同正犯和间接正犯可以覆盖 JCE 理论所试图应对的行为范围，使法律适用简化和统一化，另外行为者对犯罪的贡献以及犯罪危害标准较为直观且易于把握。⑤ 该案预审庭指出，《罗马规约》第 25 条第 3 款实质上反映了基于控制的共同正犯理论，只有对犯罪行为施加共同控制的个人才能够被

---

① *Prosecutor v. Stakic*, Judgment, IT-97-24-T, 2003, paras. 495-498.
② JCE 理论面临的重要问题便是难以区分刑事责任的程度。依据 JCE 理论所施加的刑事责任并未确立在个人罪责之上，无论参与程度如何，犯罪参与者都被认定为存在同等罪责。在犯罪集团内，搜集充足证据以确定个人罪责相对困难，但困难本身无法证成 JCE 理论对个人罪责的忽视。Jens David Ohlin, "The Co-Perpetrator Model of Joint Criminal Enterprise", *Annotated Leading Cases of International Criminal Tribunals*, Vol. 14, 2008, pp. 741-742.
③ *Prosecutor v. Stakic*, Appeal Judgment, IT-97-24-A, 2006, paras. 80-98.
④ *Prosecutor v. Milutinovic*, Decision on Ojdanic's Motion Challenging Jurisdiction, IT-05-87-PT, 2006, para. 7.
⑤ Steffen Wirth, "Co-perpetration in the Lubanga Trial Judgment", *Journal of International Criminal Justice*, Vol. 10, No. 4, 2012, pp. 977-978.

认定为共同正犯。根据预审庭的观点，正犯不应当限于实际执行犯罪的个人，那些能够决定犯罪是否实施和如何实施的个人也应当被认定为正犯；主观路径（如 JCE 理论）依据主观状态认定责任，这可能会忽略个人对犯罪实施的贡献程度，而参与者对犯罪的贡献程度是决定正犯责任的核心因素，所谓的控制则需要依据主观因素和客观因素来具体判定。①

个人罪责必须确立其行为与犯罪结果之间的逻辑关系，也必须考察犯罪参与者的主观可苛责性。对于客观要素，"卢班加案"审判庭指出，根据《罗马规约》第 25 条第 3 款，实施犯罪的正犯与从犯的责任存在差别，当然，法庭可以降低正犯的门槛，以扩充正犯责任，但是，这样会导致刑事责任规范效果的流失，因此，刑事责任必须建立在个人对共同犯罪计划之必要贡献程度上，这是认定共同正犯责任的关键；当然，这种贡献并不需要个别证明，因为，共同正犯的责任源于执行共同计划过程中的相互归因。② 对于共同正犯的范围，审判庭同意预审庭的看法，即不仅具体实施客观要素的个人需要被位列正犯，那些控制和主导实施犯罪的人也需要承担正犯责任；换言之，制定犯罪计划，控制其他犯罪参与者或者决定他人角色的行为都可以被认定为实施犯罪。③

对于主观要素，根据《罗马规约》第 30 条，预审庭认为，共同正犯必须相互知晓共同计划的执行将会导致犯罪客观要素的达成，并且接受或同意这样的结果；他们必须知晓现实情况将使他们对犯罪进行控制。换言之，共同正犯的主观状态不仅包括直接故意（dolus directus），也包括间接故意（dolus eventualis）；他们不仅故意实施行为并积极促成犯罪结果的发生，而且，他们知道其行为存在产生犯罪结果的风险，在这样的主观状态下，他们仍旧对共同犯罪计划的实施提供不可或缺的贡献。④ 如此，追究共同正犯的刑事责任拥有了建立在主观要素与客观要素之上的罪责基础。

国际刑事审判中，个人将他人作为工具或者利用组织进行犯罪，也必须承担正犯的刑事责任。ICC "康丹加案"（Prosecutor v. Kantaga and Chui）引入了间接正犯的概念，即如果被告通过自身控制他人的意志进行犯罪，

---

① Prosecutor v. Lubanga, Judgment, ICC-01/04-01/06-2842, 2012, paras. 918–923.
② Prosecutor v. Lubanga, Judgment, ICC-01/04-01/06-2842, 2012, paras. 998–1000.
③ Prosecutor v. Lubanga, Judgment, ICC-01/04-01/06-2842, 2012, paras. 1003–1004.
④ Prosecutor v. Lubanga, Judgment, ICC-01/04-01/06-2842, 2012, paras. 1007–1018.

则该他人的行为将可能被归于被告；在组织内，控制组织的领导者需要为该组织成员的犯罪行为承担正犯责任。[1] 对于《罗马规约》第 25 条第 3 款规定正犯和从犯责任的区分，审判庭从客观、主观和犯罪控制三个路径进行了分析。客观路径偏重犯罪行为的具体执行，那些主导犯罪目的达成的人被排除在正犯范围之外；主观路径注重考察行为实施犯罪的意图，行为人对犯罪的贡献程度被忽视，正犯与从犯的责任无法妥善地得到区分。兼具主、客观要素的犯罪控制路径最为妥当，它不仅能够全面地考察相关的背景情况，完整地覆盖对犯罪存在贡献（包括控制犯罪）的个人，而且，它也将犯罪者的主观状态纳入考量范围之内，从规则层面讲，它能够使《罗马规约》中所有与个人责任相关的条款（主要是第 25 条和 30 条）发挥完全的作用。[2]

犯罪控制可以表现为对执行者意志的控制，也可以体现为对犯罪实施者所属组织的控制，即"实施者背后的实施者"。审判庭认为，在"组织化和分层级的权力机构"中，组织内的最高权力者对整个组织施加控制，个人作为组织成员实施的罪行完全在其掌控之下。最高权力者（间接正犯）对犯罪的控制并不体现在对个人的控制之上，因为，具体实施犯罪的成员具有可替换性；所谓的"控制"是由促使机构运转的"功能性自觉"来实现的，即间接正犯总是能够故意地利用权力机构中的部分下属来实施犯罪，他们计划犯罪，通过组织力量监督犯罪准备，并控制着犯罪的实施过程。如上所述，间接正犯能够对犯罪施加控制的要素主要就是其在组织内的地位及组织的特征。[3] 总之，犯罪控制理论在"严密法网"的同时，致力于实现追究刑事责任的"精准化"，通过主观可苛责性和客观犯罪贡献度的结合，刑事责任被更为牢固地确立在个人罪责的基础上，作为法律制裁形式，个人责任调整个人行为，才能够更好地发挥促进规则遵守的功能。

---

[1] *Prosecutor v. Katanga and Chui*, Decision on the Confirmation of Charges, ICC-01/04-01/07-717, 2008, paras. 511-513.

[2] 根据判决，间接正犯是指那些控制犯罪实施，同时意识到使其对犯罪施加控制之现实情况的个人。即间接正犯能够决定犯罪是否实施和如何实施。*Prosecutor v. Katanga and Chui*, Judgment, ICC-01/04-01/07, 2014, paras. 1383-1399.

[3] *Prosecutor v. Katanga and Chui*, Judgment, ICC-01/04-01/07, 2014, paras. 1401-1416.

第六章 个人责任包含的法理争议

本章分析个人责任包含和塑造当代国际刑事司法基本格局的法理争议。个人责任的法律主义立场在其巩固时刻被推向极致，责任概念由道德、规范的维度扩展到功利、理性与秩序的维度，多元目标被累积式地纳入绝对正义的系统内。伴随理论移植和体系构建，个人责任内在价值的合理性质疑与实证局限性逐渐显现，正义系统内的多重价值不仅面临理论充足性的检讨，相互间也存在抵牾之处。另外，个人责任的执行体系与规范体系存在发展错位，这引发了政治考量摄入、域外管辖、豁免例外、义务冲突、机制独立性与灵活性平衡等法理争议。

第一，绝对主权观将主权倾向于赋予国家自由行为的最大权限，反对国际法对主权所施加的规范限制，它与个人责任的观念之间存在天然的紧张关系。第二，刑事威慑与民族和解是对责任"个人化"进行逻辑推导的结果，不过，自个人责任原则产生之始，它们就处于理论自洽的状态，现实中，它们面临来自实证层面的质疑。第三，建立和维护和平的秩序是国际刑事司法的重要使命。理论上，正义与和平价值之间是互为支撑的关系，实现正义是构建和平的基础；现实中，国际刑事司法却被认为阻碍了和平进程，难道个人追责与和平存在矛盾吗？

一 主权与个人责任的内在张力

二战后，国际法与国家、个人的关系发生着巨大的变化。一方面，通过创造性地追究反人类罪，纽伦堡审判将人权的思想和规则扩展到了国际法层面，政府与公民的关系第一次被纳入国际法的视野当中，这是人类文明的进步。虽然如此，秉持绝对主权观而"为所欲为"的事件仍旧不在少数。另一方面，在越来越多的武装冲突情形中，非国家武装团体和行为者成为武装冲突的参与者，以国家为中心的国际人道法律体系面临着规则空白、欠缺和冲突的状况。

（一）绝对主权观之下的个人责任

二战前，绝对主权观盛行。在国际法层面，国家拥有至高的价值，个人则隐没在国家的笼罩下。有学者指出，纽伦堡审判前，生活在集权主义国家之中的个人得不到国际法的保护，政府以酷刑、谋杀或奴役等手段侵害公民只是国内法体系中的事宜。由于主权观念的遮蔽，对大规模侵犯人权罪行负有责任的政府首脑得不到相应的惩罚。国际社会不存在能够超越主权的制裁"牙齿"，没有国际性质的法院来恢复正义。绝对主权观将主权作为国际法的核心组织原则，它倾向于赋予国家自由行为的最大权限，反对国际法对主权所施加的规范限制，它与保护个人权利、追究个人责任的观念之间存在天然的紧张关系。[①] 绝对主权观阻碍着个人责任在国际和国内司法体系中的贯彻。

国家权力与主权执行之间存在内在的紧张关系。亨金对此极为直白地指出，抗拒执行是主权的最后堡垒，主权国家经常援引传统的国家价值拒绝国际人权法和国际刑法再执行，如上文所言，执行是国际法体系的弱势环节。[②] 同样地，国际人权和人道法的执行机制相对羸弱，国际人权规范主要依靠主权国家的国内法体系来执行。主权国家的国内发生大规模侵犯人权的现象时，常有的情况是，国际社会无法做出及时、有效的回应。战后的国际审判追究国际法上的个人责任，导致了主权观念的转变。亨金指出，二战后，国家体系、国际法的特征以及国际法与国内法的关系都发生了巨大变化，这之中，主权观念的变化是其中的重要方面。

现代国际法的发展削弱了基于主权理念的规范假定。国际法院前法官托马斯·伯根索（Thomas Buergenthal）指出，"当今的政治气候对于侵犯人权的行为愈发敏感，越来越不愿容忍，而且越来越多地回应来自公共或

---

① Mariano-Florentino & Cuellar, "Reflections on Sovereignty and Collective Security", *Stanford Journal of International Law*, Vol. 40, No. 211, 2004, p. 237.

② Louis Henkin, "Human Rights and State Sovereignty", *Georgia Journal of International Law and Comparative Law*, Vol. 25, No. 1, 1996, p. 41.

个体的要求以阻止上述行为的压力。从事大规模侵犯人权行为的政权会逐渐发现，它作为政府的合法性在国内和国际层面受到质疑"[1]。在此背景下，一个软性的且有限的主权概念似乎成为保护人权、惩治国际罪行的逻辑必然。这种逻辑在于，如果没有更高位阶的规范及机制对国家行为进行约束、评价和判断，那么，统治者将可能完全垄断其自身行为合法性的评判权，如此一来，个人权利将完全直接地面对容易扩张的国家权力。如果国家是绝对主权的，那么，国际法将失去存在和发挥作用的空间，主权也便等同于为所欲为的权力。如果国家可以不受国际法约束而为所欲为，这不仅违背主权的本意，国际社会的和平与安全也无法得到保障。[2] 当然，这种主权渗透逻辑并非完全自证，原因在于国际关系受到国际政治的巨大影响，以至于软性主权在现实中仅蜕化为一项理想。

不过，国际社会的人权、人道规范话语使人们开始反思绝对主权观，国际社会越来越多地将国家与个人关系纳入治理视野：在规范层面，政治力量和主权所划定的法域边界开始模糊化，负责任的国际成员这一身份要素被纳入主权的内涵，在此背景下，国际法或国际社会有权去影响原先属于国家排他管辖或者国内政治决定的领域。[3] 对于构成国际罪行的国内行为，主要是反人类罪和种族灭绝，国际社会致力于采取集体措施，包括国内或国际司法的司法追责来予以回应，以增强国际法的效力。一个相当激进的观点是，主权不仅是对免于外部干预的诉求，而且也是允许某种类型外部干涉的自由。[4] 对此，卡赛斯教授直言，当今国际社会，无论大规模侵犯人权的行为在哪里发生，保护人权和实现正义的需求将压倒对绝对主权原则的尊重，保护侵犯人权之国家代理人的帷幕将被人权和正义的需求

---

[1] Tomas Buergenthal, "The Contemporary Significance of International Human Rights Law", *Leiden Journal of International Law*, Vol. 22, No. 2, 2009, p. 223.

[2] 有观点认为，国家之上的规范权威是必要的，只有当国家的绝对自由转变为外部法之下的自由时，人类的自由才可能真正实现。Robert H. Jackson, *Quasi-States: Sovereignty, International Relations, and the Third World*, Cambridge: Cambridge University Press, 1990, pp. 173-174.

[3] Anne-Marie Slaughter, William Burke-White, "The Future of International Law Is Domestic", *Harvard International Law Journal*, Vol. 47, No. 2, 2006, pp. 349-352.

[4] Brian F. Havel, "The Constitution in an Era of Supranational Adjudication", *North Carolina Law Review*, Vol. 78, No. 2, 2000, p. 327.

冲破。[1]

人权或人道话语的兴盛并不能根除绝对主权观，相反，绝对主权观的持续存在使国际刑事司法面临一定的困境。首先，现代国际刑事司法机制建立在主权之上，没有国家的同意，国际刑事司法透过主权高墙来追诉对国际罪行负有责任的个人有时候显得困难重重。其次，联合国安理会对国际和平与安全负有首要职责，受限于主权原则，各成员间无法就追诉国际罪行的问题达成一致，安理会无法在原有框架下实现功能的扩展。最后，主权国家以所涉事宜属于国内事宜为理由，反对国际刑事司法机构的管辖，同时，掌握权力的个人往往以其行为具有国内合法性或正当性来对抗国际刑事司法机制可能展开的追诉。

为此，相应的人权审查或调查机构也采取了相对灵活但具有争议的调查和报告方式。一方面，它们排除"实际确证""排除合理怀疑""高度可能性"等证明标准，在"合理理由"基础上，依据其所取得的信息和其他材料，在足以使一个理智谨慎之人相信所涉事件或者行为方式切实存在时得出有关情势的调查结论。这说明，主权原则是现有人权审查机制及司法追责机制的基本原则，其功能建立在国家同意之上，为此，对待主权国家国内可能存在的大规模侵犯人权的现象，国际社会将采取审慎的态度和立场。即便如此，个人责任原则在当代国际社会应对大规模侵犯人权过程中具有基础性地位，相关罪行即使以国家政策的名义实施，主要的个人仍然面临着被追诉的可能性。

特别是对于反人类罪来讲，由于它往往作为国家政策的一部分，受到政府的默许或支持；它以广泛且系统化的形式实施，直接指向平民，所侵犯的人的基本权利，诸如生命权、自由权、健康权等。无论是和平时期还是战争时期，反人类罪行都要被禁止。[2] 司法追责是应对和最终解决主权国家之内的侵犯人权情势的重要方面，在主权国家否认事实、责任及其外部干预的情况下，实现个人责任原则可能是一个漫长的过程。

联合国安理会是不是讨论国内人权问题的合适场合，安理会成员国之间

---

[1] Antonio Cassese, *International Criminal Law* (2nd edition), Oxford: Oxford University Press, 2008, p.305.

[2] 朱文奇：《现代国际刑法》，北京：商务印书馆，2015年，第260-262页。

存在分歧。有观点要求以"保护的责任"为基础要求安理会介入阻止大规模违反人权的行为。中国与俄罗斯则认为，人权问题不应当被政治化，安理会应该关注与世界和平和安全相关的事宜，而不适合讨论此类一国国内的人权议题，特别是在复杂且敏感的地区形势之下，安理会不应该采取会升级紧张局势的措施，而应该促进追责与和平价值之间的平衡。① 对于安理会而言，似乎必须在"纯粹的外交家"和"顾及司法正义的外交家"之间做出抉择，或者对国家主义视角和自由主义视角的"合"与"分"作出选择。

上述争论所涉及的首要问题是程序层面的，即根据《宪章》和安理会的议事规则，一国国内大规模侵犯人权的情势是否属于安理会的职权范围。该基本问题有几个衍生的实体问题。

第一，在道德或现实逻辑之外，"和平与安全"的扩张解释存在何种规范基础？它与传统的解释之间的差异和紧张关系如何解决？它如何与主权原则（例如，不干涉内部事务原则）协调？

第二，安理会在《罗马规约》之下逻辑（序言）和权限（第13条），即规约所载之严重违反国际法的罪行与世界和平、安全之间的规范联系以及安理会提交情势的权力，能够在多大程度上扩展适用于非缔约国？

第三，个人责任原则被纳入安理会职权的考量依据的是《宪章》还是《罗马规约》？它是以选择性还是必要性的方式被纳入安理会固有职权的？以及它将在什么程度上被纳入？②

---

① See UNSC Record, S/PV. 7353, 22 December, 2014, p. 2, 16, pp. 19–20. 除上述中俄双方的反对意见外，俄罗斯、安哥拉的代表还将"双重标准"作为反对安理会讨论朝鲜人权事宜的理由。See UNSC Record, S/PV. 7575, 10 December, 2015; United Nations Meetings Coverage and Press Releases, Security Council Adopts Procedural Vote Allowing It to Hear Briefings on Humanitarian Situation in Democratic People's Republic of Korea, 11 December, 2017, https://www.un.org/press/en/2017/sc13115.doc.htm, 最后访问时间: 2024 年 5 月 30 日; 塞内加尔认为，人权问题与国际和平、安全之间不存在直接的关系，它属于联合国大会和人权理事会的权限范围；政治化、选择性的人权指控属于政治施压，它无助于维护和平。See UNSC Record, S/PV. 7830, 9 December, 2016. 对于这一立场，需要注意的是，联合国大会建立人权理事会的决议明确指出了保护人权与安全之间的关系，即"认识到发展、和平与安全以及人权之间相互联系并相互强化"，如下文所述，这种表述或逻辑是否具有扩大安理会职权的作用，值得探讨。See UNGA, Resolution Concerning Human Rights Council, 3 April, 2006, A/RES/60/251.

② 例如，安理会决议"强调将那些对攻击平民之军队拥有控制权的个人绳之以法的需要"，其措辞是"需要"而非"必要"，似乎个人追责并不是必要的手段。See UNSC, Resolution Concerning Peace and Security in Africa, 26 February, 2011, S/RES/1970 (2011).

尽管存在争议，但是，所有安理会成员国都没有以明确的方式否认大规模侵犯人权构成反人类罪的可能性，也没有否认国际社会应当通过恰当的方式对相关情势进行司法追责。至于何为"恰当的方式"，如上所言，国际社会仍在探索，而且，这个问题是如此复杂，它只能在历史发展的范畴内得到解决。这正如同卡尔·施密特（Carl Schmitt）对所谓"邪恶敌人"所表达的忧虑：如果说自由被威胁，那么，谁可以来具体地决定（威胁的存在并采取措施）……所有的这些都留待解决；毕竟，言语和事实是存在差别的，不能仅仅依赖前者将一个主权国家置于正义、合法的对立面，并在此基础上采取政治或司法措施，这有可能导致正义粉饰之下的伪善的秩序。① 果真如此的话，这便是最终意义上的国际法政治化，国际关系中现实主义底色将尽显无遗。

（二）个人责任与内政话语

不干涉是国际法的基本原则之一，它是衍生自主权平等和国家独立的国际法律概念，其目的在于维护国家关系的稳定性。内政的本质是管辖权，它反映着国内法与国际法二元分立的现实，而不干涉原则则是试图将这种管辖权分立的事实通过法律原则确立下来。除非受到条约或习惯的限制，国家可以按照其意志处理其内部和外部事务，即所谓"保留领域"。②《宪章》第 2 条第 7 款是有关不干涉内政的最初论述，该款指出，作为国际组织，其基本法律文件不得被视为授权联合国介入本质上属于一国管辖之事项。一方面，应当明确，不干涉内政与国际组织的权能并行不悖，根据基本法律文件的规定，某些国内事务可能落入国际组织管辖之下，这也是为何用"本质上属于"一词的原因，因为，根据国际法，存在联合国可以管辖的国内事项；另一方面，至于何谓"内政"，则是相当不确定的。有观点认为，无论如何，保护人权和基本自由的努力不应当被视为一国的内部事务③，当然，毫无疑问，这样的观点并无坚实的合法基础，因而总

---

① Seyla Benhabib, "Carl Schmitt's Critique of Kant: Sovereignty and International Law", *Political Theory*, Vol. 40, No. 6, 2012, pp. 687-698, pp. 701-703.
② 邵津主编《国际法》（第二版），北京：北京大学出版社，2005 年，第 32 页。
③ 肖指出，"艾克曼案"似乎就是为干涉提供正当性的例证。Malcolm Shaw, *International Law* (6th edition), New York: Cambridge University Press, 2008, pp. 212-214; UN Security Council Resolution, Question Relating to the Case of Adolf Eichmann, S/RES/138 (1960).

会遭到批驳。

不同于《宪章》文本的表达，一般而言，不干涉原则的适用范围限于国家之间，它并不当然适用于国际组织和国家之间的关系。1970年，联合国大会通过的《国际法原则宣言》对不干涉原则做了规定，它将不干涉置于国家间的关系框架内，强调国家有义务不介入他国国内管辖事项，并指出：任何形式的干涉实践…均会导致威胁国际和平和安全的情形。① 《国际法原则宣言》并未对国际组织与不干涉原则的关系作出论述，可以肯定，如果一国将特定国际组织或其行为视为他国介入本国内政的手段，该国家将会援用不干涉原则进行回应，而这又与国际组织的"政治化"指控相联系。

同样地，1981年的《不容干涉和干预别国内政的宣言》（以下简称《1981年宣言》）对于不干涉原则的规定可以说相对比较"全面"，但同时，也凸显了围绕不干涉原则的"矛盾"状态。一方面，《1981年宣言》指出，各国享有免于任何形式的外来干涉的权利，而且，按照人民的意愿，国家有权自由地决定自己的政治、经济、文化和社会制度，这是国家依据主权而享有的不可剥夺的权利。② 另一方面，《1981年宣言》又特别强调，各国应当避免利用人权议题作为对他国施压，或制造混乱和猜忌的手段；同时，《1981年宣言》还要求，各国有权且有义务在其领土范围内遵守、促进和捍卫人权和基本自由，并采取措施，消除大规模、公然侵犯国家及人民的人权（国际罪行）的现象。③ 更为有趣的是，当错误和歪曲的消息被散播，以至于被本国解读为构成对他国内政的干涉，本国有权

---

① UN General Assembly, Declaration on UN Principles of International Law, 24 October, 1970, A/RES/26/25 (XXV).

② UN General Assembly, Declaration on the Inadmissibility of Intervention and Interference in the Internal Affairs of States, 9 December, 1981, A/RES/36/103, Annex, para. 2 I (b).

③ UN General Assembly, Declaration on the Inadmissibility of Intervention and Interference in the Internal Affairs of States, 9 December, 1981, A/RES/36/103, Annex, paras. 2 II (1), III (c). 例如，在1992年联合国安理会关于和平与安全的辩论中，人权问题成为核心议题之一。中国国务院时任总理李鹏指出，互相尊重主权和不干涉是国际新秩序的基本原则，人权和基本自由需要得到普遍保护，但应该承认，它属于主权事宜，反对借人权议题介入他国内部事务。The Responsibility of the Security Council in the Maintenance of International Peace and Security, 3046th Meeting, Repertoire of the Practice of the Security Council, Chapter VIII, 31 January, 1992, pp. 813–822.

利,也有义务与之斗争,也就是说,信息本身也可以被作为干涉内政的手段。

在不干涉话语中,人权可以说是最为复杂的议题:人权具有内政的性质,人权规范的制定和实施都依赖国内法体系,主权国家有权管辖其领土范围内或与其国民相关的人权事宜,有权根据本国情况采取促进和保护人权的政治、社会、法律等政策和措施。同时,人权又不完全属于内政,对于国际法所明确规定的人权义务,无论是习惯国际法,还是基于明示同意的条约,主权国家均不得以干涉内政为由拒绝履行。① 国际法院法官罗莎琳·希金斯(Rosalyn Higgins)就指出,没有任何一个议题像人权一样,能如此巨大地改变不干涉话语的含义和范围。②《1981 年宣言》揭示,人权本身及相关的信息又可能成为干涉内政的工具,在国家间关系中,一国有权以不干涉原则为基础,对他国围绕人权议题进行的干涉行为进行回应或采取不违背国际法的措施。

但是,所谓的"干涉"并不包括主权国家通过同意让渡的管辖领域,因此,在基本文件授权的范围内,联合国和其他国际组织依据成员国授权所采取的政治和司法措施非但不构成干涉内政,相反,恰恰是通过这种干涉,相关公约或条约所致力于实现的宗旨和目的才具有了实现的可能。③ 因此,如果成员国认为国际组织的行为介入其内政,它往往会选择将矛头指向某些特定国家,而非直接否认国际组织行为的合法性,笔者将此种指控称为"法律外理由"。特殊情况下,如国内存在大规模侵犯人权和基本自由的情况,内政可能很难再成为抗拒国际压力甚至行动的合法理由,所存的争论主要涉及上述情形下国际压力和介入的标准、程序和方式等,尤其是对于"保护的责任",国际共识远未达成,如何寻求保护人权与干涉之间的平衡,国际社会恐怕还需要继续探索更长的时间。④

对于大规模、严重侵犯人权的国内行为,国际社会的压力与介入表现

---

① 朱文奇:《国际法》,北京:商务印书馆,2013 年,第 357 页。
② Jose E. Alvarez, *International Organizations as Law-Makers*, Oxford: Oxford University Press, 2006, pp. 156–183.
③ Mattias Kumm, "The Legitimacy of International Law: A Constitutionalist Framework of Analysis", *European Journal of International Law*, Vol. 15, No. 5, 2004, pp. 918–920.
④ Zhu Wenqi, "Responsibility to Protect, A Challenge to Chinese Traditional Diplomacy", *China Legal Science*, Vol. 1, 2013, pp. 97–120.

为相互联系的政治形式和司法形式。政治形式表现为联合国安理会根据《宪章》第七章所行使的职能,司法形式则具体体现为个人责任原则的落实。司法形式可以源于安理会的决定,现在则主要以国际公约为基础展开,当然,无论司法形式建立在何种法律基础之上,个人责任原则都是其核心,只是执行的方式存在差异。以国际公约为基础的国际刑事司法追责有三方面逻辑含义。

第一,各国基于对个人责任原则的认同,以自身立法、政策等方式予以执行;基于明示同意的授权,主权国家可能将涉及核心罪行的管辖权有条件地转移给国际组织,以增强贯彻个人责任原则的效力。在此情况下,核心罪行本身及其追责在法律上被排除出内政范围,即便如此,国际制度不得妨碍主权国家保留给自身的执行个人责任原则的权力。

第二,若主权国家转移国际罪行的管辖权,则它接受公约所包含的个人责任原则及其执行机制,不过,其仍旧承担遵守主权平等原则和不干涉他国内政的国际义务。

第三,个人责任的普遍性和中立性与主权平等原则内在契合,这要求相关国际制度的程序设计妥善维护普遍性司法原则,并能够使其尊重非缔约国权利,避免通过越权等行为卷入国际关系纷争。

二 个人责任的实证效果

个人责任的理论基础与现实效果之间存在差距,理论的设想并不一定能够完全转化为现实。如何看待国际刑事司法的理论自洽?如果理论逻辑没有实证支撑,那么,这些逻辑还能够站得住脚吗?如果缺乏说服力,国际刑法还能不能继续沿循着这些理论轨迹继续前行?这之中,刑事威慑和民族和解是两个颇为棘手的问题,它们都涉及国际刑事司法的终极目的。解决这些问题十分重要,国际刑法需要给出回应。

(一)刑事威慑

如上所论,威慑是个人责任的重要理论基础,而且依旧被推崇。个人责任和惩罚能够威慑潜在的、违反国际法规则的个人和行为,防止他们真正实施犯罪,这似乎是国际刑事司法坚信不疑的、不容挑战的理论基础。不过,威慑理论及其逻辑在现实中是否存在、发挥作用的程度及其社会后果受到实证分析的质疑和挑战。①

首先,刑事威慑理论始终偏重逻辑面向,忽视实证面向,因而,它只是"跛脚"且不切实际的理论。希尔克(James J. Silk)指出,刑事威慑并非建立在证据之上,相反,它以对威慑的理论和心理确信为基础,刑事责任、惩罚与威慑效果之间的逻辑关联并非是实证的,相反,它首先是推测性的。恰是因为如此,威慑理论缺乏对现实和背景因素的考量,它容易导致对刑事惩罚潜力的过分依赖,从而弱化积极行为的动机。②

其次,威慑理论赖以建立的理性行为者假设存在疑问。威慑理论具有一定的前提,它以理性行为者的假设为基础,它认为:威慑效力的产生基于行为者对责任、惩罚确定性及程度的主观认识,并且,他们会将上述认识纳入行为选择的考量,进而在此基础上改变行为的选择。③ 如果实施罪行的预期收益超过从事其他活动能够得到的收益,那么这个人将实施犯罪,而刑事司法可以大大提高犯罪的成本,因而,出于理性"算计",潜在的罪犯会选择遵守规则。④ 不过,国际法学者认为,实施违反国际人道法和人权法暴行的个人不可能是理性的行为者,他们不可能被潜在的惩罚所阻吓。因此,国际刑法学者(如巴西奥尼先生)所推崇的威慑理论是不可信的,因为,它建立在违法者在武装冲突、种族灭绝、反人类罪的情况下仍旧具有理性的虚拟假设基础上。⑤

再次,司法实践中,威慑理论的逻辑面向和实证面向是脱节的,后者甚至被完全忽视。哈佛大学教授阿莱克斯·怀廷(Alex Whiting)指出,法庭能够影响行为也许有据可循,但ICC是否具备威慑力尚有争论。即使是在国内法中,也很难证明司法追责能够阻止犯罪,而且,并不是所有的犯

---

① 如巴西奥尼先生所指,二战后"永不重犯"的承诺并未被遵守。Cherif Bassiouni, "The Future of International Criminal Justice", *Pace International Law Review*, Vol. 11, No. 2, 1999, p. 312.

② James J. Silk, "International Criminal Justice and the Protection of Human Rights: The Rule of Law or the Hubris of Law?", *The Yale Journal of International Law*, Vol. 39, No. 1, 2014, pp. 99-100.

③ Andrew von Hirsch et al., *Criminal Deterrence and Sentencing Severity: an Analysis of Recent Research*, Oxford: Hart Publishing, 1999, p. 7.

④ Gary Becker, "Crime and Punishment: An Economic Approach", *Journal of Political Economy*, Vol. 76, No. 2, 1968, p. 176.

⑤ Ralph Henham, *Punishment and Process in International Criminal Trials*, London: Rutledge, 2005, p. 141.

罪都能够被起诉、审判和惩罚所阻止。① 即便威慑理论在国际刑事审判中常被援引，但是，对于国际刑事追责、惩罚和威慑之间的现实逻辑，法院或法庭鲜有考虑。"国际体系中有关威慑的论断没有考虑威慑运行的机理，也未讨论威慑的要求与大规模暴行实施的影响因素之间的关系"。② 达马斯卡（Mirjan R. Damaska）也指出，国际刑事法庭建立之初，一般威慑被赋予了核心的重要性，人们认为，刑事惩罚所产生的威胁感能够减弱冲突的残酷性，不过，当暴行未能被阻止，围绕威慑的热情便开始消散了。③ 随之而来的是从实证角度出发对威慑理论进行的质疑。

最后，尽管存在批评和质疑，威慑理论在国际刑事追责和惩罚过程中占据基础性的地位，国际刑事司法大有我行我素和自我满足的姿态。支持威慑理论的核心理由在于，威慑理论的合理性不仅建立在实证有效性之上，甚至，实证状态根本就不具备质疑和否认威慑逻辑的能力。

第一，对于所谓的"理性人"假设的质疑，有学者回应道，实施严重违反国际法之罪行的个人虽未必完全受理性驱使，但是，实证案例揭示，他们做出实施暴行的决定也绝非任意或无意识，罪行的发生可以被理解为理性计划的一部分。④ 实际上，很多暴行都是事先预谋或精心策划的，违反国际法的严重罪行也往往须具备特定的主观要件，因此，行为人不仅拥有进行理性思辨的时间，而且往往会"计较"犯罪行为的得失，这在犯罪目的中体现得非常明显。关键在于，较之于现实存在的其他行为选择，如果国际审判和惩罚只能施加较弱的制裁，那么，它们便很难能够产生可以令人信赖的威慑力。⑤

---

① See By Divya Subrahmanyam, Whiting Offers Views on the International Criminal Court's Impact, https://hls.harvard.edu/today/whiting-offers-views-on-the-international-criminal-courts-impact/, 最后访问时间：2024 年 5 月 30 日。
② Kate Cronin-Furman, "Managing Expectations: International Criminal Trials and the Prospects for Deterrence of Mass Atrocity", *International Journal of Transnational Justice*, Vol. 7, No. 3, 2013, p. 454.
③ Mirjan R. Damaska, "What is the Point of International Criminal Justice?", *Chicago-Kent Law Review*, Vol. 83, No. 1, 2008, p. 339.
④ Stathis Kalyvas, "Wanton and Senseless? The Logic of Massacres in Algeria", *Rationality and Society*, Vol. 11, No. 3, 1999, p. 245.
⑤ Julian Ku & Jida Nzelibe, "Do International Criminal Tribunals Deter or Exacerbate Humanitarian Atrocities?", *Washington University Law Review*, Vol. 84, No. 4, 2006, p. 793.

第二，追究个人责任所产生的威慑力并非全部源自理性算计，如此考虑就会低估了个人追责所具有的社会功能。例如，帕亚姆·阿哈万（Payam Akhavan）就认为，起诉哪怕一小部分的暴行实施者，尤其是那些策划和鼓动实施灭绝种族的领导人和高官，其所产生的象征性效果会对民族和解以及阻止未来类似的罪行产生巨大的影响①。也就是说，国际刑事司法更多的是在展示姿态，国际社会越坚定地谴责和惩罚犯下国际罪行的个人，潜在的违法者便会被迫考虑实施罪行的后果。②

第三，追究个人责任的国际刑事司法机制往往具有很强的地域性，即便刑事司法追责能够产生威慑效力，那也仅仅局限在该追责机制可以影响的范围内。ICC成立十年间，相较于发生罪行的情势，ICC仅仅发出相当有限的逮捕令，所作出的判决也屈指可数，这似乎很难影响到潜在犯罪者的行为选择。③ 通过追究个人责任在世界范围内建立有效的威慑效力不可期望，除非这些法庭及其追责实践预示着类似的机制可能在世界其他地方建立起来。④ 显然，ICC致力于对世界范围内所发生的严重违反国际法的行为进行追诉，从某种程度上讲，ICC追责的威慑逻辑是建立在理论推演的层面上，即ICC追诉和惩罚的确定性及其体现的严厉性能够影响潜在犯罪者的选择。⑤ 如前所述，国际刑事司法的发展阶段存在高低，这必然影响并决定着其所呈现的威慑效果，不过，这样的状况与个人责任原则的贯彻之间不存在必然的关系。

依据笔者的理解，个人责任被赋予的预防效果是从社会面向出发进行的考察，而起诉、责任和惩罚只是属于刑事司法的本来内涵。因此，前后

---

① Payam Akhavan, "The International Criminal Tribunal for Rwanda: The Politics and Pragmatics of Punishment", *American Journal of International Law*, Vol. 90, No. 3, 1996, p. 509.
② Darryl Robinson, "Serving the Interests of Justice: Amnesties, Truth Commissions and the International Criminal Court", *European Journal of International Law*, Vol. 14, No. 3, 2003, p. 489.
③ Kate Cronin-Furman, "Managing Expectations: International Criminal Trials and the Prospects for Deterrence of Mass Atrocity", *International Journal of Transnational Justice*, Vol. 7, No. 3, 2013, p. 443.
④ Kate Cronin-Furman, "Managing Expectations: International Criminal Trials and the Prospects for Deterrence of Mass Atrocity", *International Journal of Transnational Justice*, Vol. 7, No. 3, 2013, p. 440.
⑤ Silvia Mendes, "Certainty, Severity, and Their Relative Deterrent Effects: Questioning the Implications of the Role of Risk in Criminal Deterrence Policy", *Policy Studies Journal*, Vol. 32, No. 1, 2004, p. 61.

两者之间本来就是在两个层面进行的论述和理解，因而，两者之间的错位并不奇怪，实践中的不相契合也属正常。总的来讲，前者是后者所蕴含的效果，它们可能表现出来，也可能处于隐形状态，无论如何，前者不存在颠覆后者的能力，即便社会面向的指标在短期内或者特定区域内得不到验证，个人责任及其司法过程的必要性和重要性也无法被否认，理由如阿伦特所述，国际刑事司法的存在和发展有其自身的逻辑和正当性。

（二）民族和解

对于个人责任和惩罚所包含的秩序价值，国际刑法专家往往作出这样的假设，即"不应谴责整个国家，而应该将责任和惩罚落实到个人"，也即必须实现国际刑事责任的个人化，在区分个人和集体以及明确罪责的基础上，秩序才能得到恢复和重建。[1] 不过，个人责任与秩序价值之间逻辑推导关系的客观性和真实性受到质疑。国际刑事责任个人化的秩序价值并非拥有坚实的实证基础，立足于秩序价值的论断并非源于实践或调查，而是从鲜有质疑之信条出发得出的结论，理论与实践之间的鸿沟表现明显。不过，国际刑法学人如此执着地抱定此种信念，以至于很少有人去实际考察社会秩序得以恢复，社会创伤得以治愈，社会关系得到和解的过程。很少有数据或实证研究证明冲突后的社会秩序因受益于司法追责而得以恢复，在个人层面，更是鲜有人理解追责与秩序间的逻辑。[2]

国际刑事司法的秩序价值在实证层面所面临的挑战主要来自四个方面。第一，从实证角度看，追究个人责任的秩序价值并没有完全转化为现实。一项实证调查表明，ICTY对米洛舍维奇（Milošević）的起诉未能剥夺他执政和行为的正当性，相反，这被视为对塞族人整体的国际控诉，这无疑助长了塞尔维亚的民族主义情绪。如前所述，基于有效促进和解的考量，某些冲突后社会（如南非、东帝汶等）甚至采取非司法的方法来应对国际罪行问题，这似乎意味着，虽然国际刑事司法历来视重建秩序为责无旁贷，但是，个人责任并不是和解的必然条件，它可以被减损，可以被交

---

[1] Laurel E. Fletcher & Harvey M. Weinstein, "Violence and Social Repair: Rethinking the Contribution of Justice to Reconciliation", *Human Rights Quarterly*, Vol. 24, No. 3, 2002, pp. 597-598, note 87.

[2] Janine Natalya Clark, "The Limits of Retributive Justice: Findings of an Empirical Study in Bosnia and Hercegovina", *Journal of International Criminal Justice*, Vol. 7, No. 3, 2009, pp. 483-484.

易，甚至可以被搁置。①

第二，国际刑事司法本身及其所涉事实、证据被政治现实绑架，反而阻碍了和解的达成。现实表明，政治立场和诉求相对的国家或团体对个人责任以及刑事司法整体有着迥异的观点和看法。据实证调查表明，前南斯拉夫地区的波斯尼亚人和塞族人对 ICTY 的审判实践各执一词，前者认为，追诉个人有助于降低地区不和谐因素，后者则认为，追究个人责任的审判与社会秩序无关，而且，他们倾向于质疑法庭的公正性和事实记录的真实性。ICTY 的历史记录并没有产生悔罪感，相反，国际审判被政治宣传家用来营造其族群作为冲突受害者的形象。②

第三，国际和地区政治现实反映，围绕个人责任的话题自始便面临着巨大的政治裂痕和社会裂痕。作为历史问题，整个审判都可能作为社会舆论、政治话语和外交关系对立的焦点之一，例如，日本国内及其与邻国之间对于东京审判的立场存在纪念性立场和保守立场的差别，甚至，民族主义的情绪盖过了普遍性视角下的观点、立场和实践。③ 中、日、韩等国围绕东京审判事实与法律的争论显示，国际刑事司法的记录与区分功能并没有获致理论上的效果，个人仍旧被视为国族的代表，其所作所为仍然存在争议，涉及审判和惩罚的历史问题往往存在争议，涉及审判的政策、行为甚至是言论几乎都会引发政治余波。因此，就有学者指出，对于历史上发生的国际罪行，"记住但原谅"是和解的基础，但现实情况似乎是，"记住但永不原谅"，在这种情况下，笃信民族和解的论点似乎是痴人说梦。④

第四，不充分的个人追责导致和解的规范目的和社会效果无法达到。国际刑事审判贡献于和解的前提是实现区分，即区分实施严重违反国际

---

① Robert D. Sloane, "The Expressive Capacity of International Punishment: The Limits of the National Law Analogy and the Potential of International Criminal Law", In Michael Bohlander ed., *Globalization of Criminal Justice*, New York: Routledge, 2016, p. 364.

② Laurel E. Fletcher & Harvey M. Weinstein, "Violence and Social Repair: Rethinking the Contribution of Justice to Reconciliation", *Human Rights Quarterly*, Vol. 24, No. 3, 2002, pp. 600–601.

③ Hiro Saito, *History Problem: The Politics of War Commemoration in East Asia*, Honolulu: University of Hawaii Press, 2017, pp. 129–154.

④ Yuichi Hosoya, Is Historical Reconciliation Possible? A Seventieth Anniversary Assessment, The Tokyo Foundation for Policy Research, http://www.tokyofoundation.org/en/articles/2015/is-historical-reconciliation-possible，最后访问时间：2024 年 5 月 30 日。

法之罪行的个人与其所属的整个族群,而区分功能的达成必须建立在责任充分个人化的基础上。实证研究表明,被调查地区的人们认为,ICTY并没有使得足够多的人被追究刑事责任,相关个人也没有在应有的程度上被追究个人责任,因此,他们被迫返回到集体责任的观念里,使用"我们"与"他们"来描述相互间的身份,双方都倾向于视自己为战争和暴行(甚至是审判)的受害者,在这种状况下,实现和解显然缺乏基础。[1]

民族和解论点所面临的质疑与其纳入国际刑事司法体系的方式存在关系。作为秩序价值的表现形式,和平与安全是通过安理会在《宪章》下的职权而融入国际司法价值体系中的,依托《宪章》在国际法体系中的权威,和平与安全成为国际司法审判不容挑战的"信仰性"理念,从某种程度上讲,其逻辑是自证且不容置疑的[2];就和解而言,安理会建立国际刑事法庭的决议(第808号决议与第827号决议)并未明文提及该词汇,而且,法官最初排斥将广泛的社会背景(进而是社会目标)纳入案件的审理过程。例如,"提拉利奇案"审判庭指出,法庭的目标在于实现正义,它将把对背景事实的考虑限制在案件需要的范围内。法庭不会去探究导致冲突和暴行的历史原因,将此等因素纳入考量无助于实现正义[3],当然,法庭也不会将广泛的社会因素作为个案审判(确定责任和量刑)的指引因素,个案是否对社会秩序产生积极的影响本身也不是法庭需要考察的内容。和解的出现既不是基于实证研究或经验,也不是依靠法理上的权威而进入国际刑事司法视野的,和解是随着"辩诉交易"(pleading bargains)逐渐进入国际刑事审判的法理之中,即它是为了使既有的司法实践正当化而引入的回应性概念。[4] 所以,秩序价值的现实表现形式都可能面临实证的

---

[1] Janine Natalya Clark, "The ICTY and Reconciliation in Croatia: a Case Study of Vukovar", *Journal of International Criminal Justice*, Vol. 10, No. 2, 2012, pp. 418–422.

[2] 例如,安理会决议认为,大规模违反国际人道法的情势本身构成对和平与安全的威胁,并确信建立国际刑事法庭是追究个人责任的必要条件。See UN Security Council Resolution 764, S/RES/764, 13 July, 1992; Resolution 808, S/RES/808, 22 February, 1993.

[3] Prosecutor v. Delalic, Judgment, IT-96-21-T, 16 November, 1998, paras. 88–89.

[4] Shahram Dana, "The Limits of Judicial Idealism: Should the International Criminal Court Engage with Consequentialist Aspirations?", *Penn State Journal of Law & International Affairs*, Vol. 3, No. 1, 2014, pp. 55–56.

挑战，因为它们都是理论层面建构的产物，尤其是作为"后来者"的和解。①

针对来自实证层面的质疑，可能产生如下问题，即纽伦堡审判也只是将"起诉和审判"作为度量成功的标准，不过，当代国际刑事审判的"目标扩容"使其自身定位变得模糊起来，在这种情况下，如何对秩序目标的达成与否进行衡量？考察有关恢复和重建社会秩序的实际状况难道没有必要吗？国际刑事司法只需要朝着理论框架内符合自身逻辑的"灯塔"前进即可，还是说，必须明确自身的能力所及，并依据更加实际的标准行使职能？② 反过来说，如果承认追究个人责任是实现和解的必要条件，那在实证层面的探讨还有什么意义？难道是要否认个人责任与和解之间的逻辑联系吗？抑或反对整个国际刑事司法？笔者认为，相关质疑应当以服务和完善国际刑事司法为方向。

对此，国际司法实践可能作出两方面的回应。

第一，可以说，"和解"概念本身就是很难衡量、见效极慢且理想化的，而且，和解（或更广义的和平）的概念是如此宏观，以至于它的实现需要调动整个社会和法律秩序中的多种积极因素，一个合理的推论是，实现正义（具体说来，追究个人责任）恐怕只是实现秩序价值过程中的一个组成部分，③ 这一点即使是刑事法庭本身也不予否认。根据审判结束数年内某些地区的实证数据来否认其规范功能，这未免操之过急，且有以偏概全之嫌。

第二，个人责任原则是否具备充分的实证基础这样的设问具有误导性，相反，实证考察的缺陷的原因在于国际社会对个人责任原则的贯彻不

---

① 例如，"塔迪奇案"辩方在中间上诉中对追究个人责任与和平之间的逻辑关系提出法理和实证层面的质疑。他们指出，当前情况显示，建立国际刑事法庭既不会，也不能够促进和平；无论如何，安理会不能够创设个人责任，并以设立国际刑事法庭为手段来达到上述目标。上诉庭总结道，这里涉及的问题主要有三个。第一，是否存在对和平的威胁？第二，安理会是否有权采取设立国际刑事法庭的措施？第三，设立国际刑事法庭以促进和平的逻辑如何被证明？*Prosecutor v. Tadic*, IT-94-1-AR72, Decision on Defense Motion for Interlocutory Appeal on Jurisdiction, 1995, para. 27.

② Janine Natalya Clark, "The ICTY and Reconciliation in Croatia: a Case Study of Vukovar", *Journal of International Criminal Justice*, Vol. 10, No. 2, 2012, pp. 485-486.

③ 有学者将国际刑事司法纳入秩序考量的现象称为"司法理想主义的兴起"。Shahram Dana, "The Limits of Judicial Idealism: Should the International Criminal Court Engage with Consequentialist Aspirations?", *Penn State Journal of Law & International Affairs*, Vol. 3, No. 1, 2014, p. 55.

彻底。ICTY 首席检察官布拉默茨（Serge Brammertz）在向安理会所做报告中指出，ICTY 所致力于追求的"和解"目标并未妥善达成，犯下国际罪行的人被视为英雄并掌握国家权力，他们躲在集体责任之后，将国家和社会视为对抗审判正当性的工具，将对其展开的审判视作对整个社会和国家的"敌意"和对抗。在资源和时间有限的情况下，法庭所能做的是，坚持个人责任原则，案件事实证明，罪行是由个人，而非国家、民族或人民犯下的。通过追究个人责任，"司法将社会从集体责任的额外负重中解脱出来，为接纳与理解奠基"。[1] 如果说这样的表述代表着理想，那么，国际社会应当做的是通过法律去实现理想，而非利用理想和现实的差距去否定理想及其逻辑。

　　无论如何，实证层面的质疑会带来理论层面的影响。一方面，如果缺乏实证基础，国际刑事司法与秩序价值的内在一致性就会受到挑战，[2] 这可能导致的实际问题是，既然惩罚个人不是恢复秩序的充足条件，那么，设立国际刑事法庭是否属于安理会恢复国际和平与安全的"有效措施"，如果答案是否定的，从理论上讲，以秩序价值来指引个案罪责和刑罚的判定更加存在问题。[3] 另一方面，如果延续理论与实践（或者实时）相称的思路，缺乏实证支撑还会动摇国际刑事司法的正义代表性。具体而言，国际刑事司法的秩序价值包含这样的前提：作为追寻正义的代表或象征，追究个人责任具有独立的功用，凭借自身的运转，它可以服务于社会秩序的恢复和重建。假若这样的逻辑在实际上行不通，那么，国际刑事司法的自主性和独立性便必须重新考量，如果要实现所声称的秩序价值，它就必须"审时度势"，只有如此，秩序目标才可能达成。当然，这涉及上面分析的

---

[1] 布拉默茨指出，ICTY 向国际社会指明：社会不应当为这些人的所作所为承担责任，罪责是他们自己的，而且只是他们自己的。Prosecutor Serge Brammertz Addresses the United Nations Security Council, International Criminal Tribunal for the Former Yugoslavia, http://www.icty.org/en/press/prosecutor-serge-brammertz-addresses-the-united-nations-security-council-1，最后访问时间：2024 年 5 月 30 日。

[2] 以 ICTY 为例，如果缺乏实证基础，这导致的关键问题不是 ICTY 是否贡献于和解，而是它是否具有，或者如何最终实现这样的功能。Janine Natalya Clark, "The ICTY and Reconciliation in Croatia: a Case Study of Vukovar", *Journal of International Criminal Justice*, Vol. 10, No. 2, 2012, pp. 482-483.

[3] Robert D. Sloane, "The Expressive Capacity of International Punishment: The Limits of the National Law Analogy and the Potential of International Criminal Law", In Michael Bohlander ed., *Globalization of Criminal Justice*, New York: Routledge, 2016, p. 364.

正义与和平的关系问题。

三 司法追责与和平价值

追究个人责任是构建冲突后和平秩序的重要前提。联合国前秘书长科菲·安南指出，法治滞后会构成对持续和平的威胁，正义始终伴随和服务于真正的和平。[①] 不过，国际关系现实似乎揭示，实现和平的手段是多样的（尽管正义被广泛认为是和平的前提），在和平被赋予压倒性的重要意义的情况下，追究个人责任的努力不仅有可能不被认可，反而，它将被视为对和平进程的"忤逆"。2009年，非洲联盟"和平与安全理事会"发布公告指出，ICC在苏丹和平进程的关键时刻起诉巴希尔总统，这可能严重损害各方应对和平与安全威胁的努力，导致地区局势的恶化以及人民苦难的继续。理事会强调，"追求正义应当以不阻碍或者损害和平进程的方式进行"，在理事会看来，正义与和平、追责与和解事业应当综合应对，达尔富尔地区的和平应当通过冲突各方以及联合国安理会来实现，对于当前的情势，安理会应当开启《罗马规约》第16条的暂停机制，如此，"才能给和平以机会"。[②] 显然，非盟认为，ICC对非洲国家在任国家元首的司法追责与和平价值之间存在冲突；至少从非盟公告可以看出，非盟认为司法追责只是达成和平的一种方法或者说一个（非充分）条件，司法追责机制不应当"一意孤行"，它所代表的正义价值应当服从于和平价值。

反过来说，如果真如非盟所言，追究国家元首的个人责任阻碍和平目标的达成，那么，国际刑事司法的正当性便会受到质疑。这种观点显然与整个国际社会的共识相悖，至少从规范层面来看，追究犯下严重国际罪行

[①] 联合国前秘书长安南的讲话曾将正义比作真正和平的"侍从"（handmaiden）。Security Council Calls on Member States to Help Enhance UN Role in Establishing Justice, Rule Of Law In Post-Conflict States, United Nations, https://press.un.org/en/2003/sc7880.doc.htm，最后访问时间：2024年5月30日。

[②] See African Union, Communique of the 175th Meeting of the Peace and Security Council, PSC/PR/Comm. (CLXXV), 5 March, 2009.

之个人的刑事责任被认为是维护世界和平与安全的重要措施。① 非盟在首届"人权部长级会议"宣言中就对此予以承认：尊重人权是促进集体安全、持久和平和可持续发展的关键工具⋯是维护世界和区域和平与安全，消除冲突的必要条件⋯⋯号召非洲国家保证，此类严重的违法行为（灭绝种族罪、反人类罪等）得到完全的应对。② 显然，非盟认识到人权保护与构建和平之间的紧密关系，对于大规模、严重侵犯人权的行为，上述非盟宣言所指的"完全应对"应当包括司法追责的内容。

普遍的观点认为，真正的和平建立在实现正义的基础上，认为国际司法追责有碍和平的观点背离法治精神和思维逻辑。《世界人权宣言》序言指出，所有人所固有的尊严、平等和不可剥夺的权利是自由、正义与和平的基础③，如果不能通过法律（包括司法）来保证和恢复自由与正义，和平便失去了基础。依据巴西奥尼先生的观点，非盟公告所包含的信息无非是"实用政治"（realpolitik）的反映。实用政治与正义价值相对立：前者容忍豁免，只要如此能够达到相应的政治目的；后者则要求追责，以实现报应性或恢复性的结果。在解决冲突方面，前者注重"平息战火"的结果，只要能够迅速地消弭冲突即可，至于战争的根源和隐患则置之不问；后者主张冲突的"治本之策"，即司法追责的基本部分：确立事实、追究责任、施加制裁、提供救济等，唯有如此，真正的或者深度视角下的和平才能够建立起来。前南斯拉夫境内反复的冲突和战争暴行表明，不能够满

---

① 例如，安理会第 808 号决议指出了司法追责与和平之间的关系：安理会认为，前南斯拉夫境内的情势构成对国际和平与安全的威胁，依据其在《宪章》下的义务，安理会决心采取措施结束罪行，并将对暴行负有责任的个人绳之以法，安理会坚信，建立国际刑事法庭能够使得上述目标得以达成，进而有助于和平的恢复和维持。See Security Resolution 808, S/RES/808 (1993), 22 February, 1993. 联合国现任秘书长在 ICTY 闭幕仪式上指出，通过凸显刑事司法与其核心任务之间的关系，安理会确认，它能够通过如此行为来促进世界的和平与安全，这种感觉（feeling）一直在延续着。当然，古特雷斯先生用了"感觉"一词，其用意值得深究。See Secretary-General's Remarks at Closing Ceremony for the International Criminal Tribunal for the Former Yugoslavia (ICTY), 21 December, 2017, United Nations, https://www.un.org/sg/en/content/sg/statement/2017-12-21/secretary-generals-remarks-closing-ceremony-international-criminal，最后访问时间：2024 年 6 月 10 日。

② Grand Bay (Mauritius) Declaration and Plan of Action, 16 April, 1999, African Commission on Human and Peoples' Rights, http://www.achpr.org/instruments/grandbay/，最后访问时间：2024 年 6 月 10 日。

③ See Universal Declaration of Human Rights, Preamble, United Nations General Assembly Resolution 217, UN Doc. A/RES/217 (III), 10 December, 1948.

足于"实用政治"所造就或者可能带来的短暂、虚假和脆弱的和平,有待时日,狼烟还会再起,而暴行也会重新出现;因此,国际社会必须将武装冲突的"真正元凶"绳之以法,还必须承担抚平战争创伤的职责,而这必须借助正式的国际追责机制,唯有如此,真实且长久的和平才能够实现。[1]

和平与正义紧密联系,但在国际关系实践中,确实存在和平与正义的优先选择问题,即特定条件下,为达到停止冲突的目的,正义价值必须对实现"和平"的努力做出某种程度的让步。亚历山大·汉密尔顿(Alexander Hamilton)在《联邦党人文集》中就提到,"在暴乱或叛乱的时候,总是存在这样的关键时刻,向暴乱者或者叛徒提供及时的宽恕能够恢复邦联的和平……如果损害就这样过去,它可能永远不会在后面被提起"[2];所谓的宽恕含义广泛,可能包括免于政治、军事、司法等层面的追责,联邦党人似乎认为,时间的流逝能够自然抚平战争带来的非正义。对于国际社会而言,战争及战争暴行的应对也面临着追究责任与和平考量之间的抉择问题。

罗林法官有关和平的论述有助于理解上述问题,他将和平划分为"消极和平"与"积极和平"两种类型,前者指没有战争或者武装团体间的暴力,而后者则意味着团体间存在某种方式的合作、和谐相处且不断融合,尤其是要消除社会非正义以及结构性暴力,也就是说,积极和平需要建立在消除暴力、实现正义的基础上,当然,这两种分类也可以从狭义和广义的角度来理解。当然,罗林法官也指出,(积极)和平是国际法的至高和终极价值,实现和平需要付出代价,这种代价甚至包括造成或者延续非正义。[3]

罗林法官的观点似乎是,正义支撑和平,但和平高于正义,为了实现和平,正义可以被做某种程度的减损。当然,作为二战及战后审判的"见证人",罗林法官可能受残酷战争及其暴行的影响,选择将稳固的和平状

---

[1] Cherif Bassiouni, "Justice and Peace: The Importance of Choosing Accountability over Realpolitik", *Case Western Reserve Journal of International Law*, Vol. 35, No. 2, 2003, pp. 191-192, 200.

[2] Alexander Hamilton et al., *The Federalist: with Letters of Brutus*, In Terence Ball ed., Cambridge: Cambridge University Press, 2003, p. 363.

[3] Nico Schrijver, "B. V. A. Roling, A Pioneer in the Pursuit of Justice and Peace in an Expanded World", *Journal of International Criminal Justice*, Vol. 8, No. 4, 2010, pp. 1087-1088.

态作为国际法的首要目标。这意味着，正义与和平之间并不完全"契合"，正义的和平导向需要在特定的时间、背景和方式下才能够实现。非洲委员会法律顾问（后担任"非洲人权和人民权利法院"法官）本·科科（Ben Kioko）在 2010 年"坎帕拉《罗马规约》审议大会上"指出，ICC 起诉巴希尔总统所造成的影响是，苏丹政府军与达尔富尔武装在多哈开展的政治谈判被推迟，因为，ICC 的起诉使刑事司法的议题成为达成政治协议的额外条件。因此，虽然非盟历来强调司法追责在推进和解和构建持久和平中的必要作用，但是，追究正义并不能代替和平，它不是和平的全部内容，国际刑事司法应当注重追责的时机、方式和对象，从而不至于破坏正在进行的和平努力。①

司法追责与和平的复杂关系显示了武装冲突所具有的法律和政治双重属性。早期国际刑事司法实践（自一战后的"责任委员会"为起始）就依据武力使用法（jus ad bellum）和战争法（jus in bello）的划分展开，前者主要关注战争的发起和结束，而后者则关注战争中所发生的行为；相较而言，前者呈现较强的政治性，而后者法律性则相对明显。纽伦堡法庭将"侵略罪"视为最高的国际罪行，不过，侵略罪的司法追责在之后的国际刑事司法实践中被边缘化；虽然战争与战争暴行的内在关系并未被否认，但平等行为体之间的战争行为较之战争责任得到更多关注。②

由此产生了围绕和平价值的议题区分，司法追责集中于战争行为上，它主要关注人权和人道问题；战争责任事关和平，它主要由政治决定。无论这种论点是否经得起推敲，但它在实践中确实存在，甚至被推向对立的极端。有观点认为，正义与和平之间存在紧张关系，国际社会应当妥善处理两者关系，而非偏执一方。该组织刻意避免触及武力使用法（尤其是正在审议的侵略罪行），如此方能以中立的姿态高效地展开武装冲突期间的人权保护工作；同时，安理会在 ICC 管辖权方面的权力（即所谓的"管辖

---

① See Statement by Mr. Ben Kioko, Legal Counsel of the African Union Commission on Behalf of the AU Commission at the Review Conference of the Rome Statute of the International Criminal Court, Kampala, Uganda, 31 May – 11 June, 2010, International Criminal Court, https://asp.icc-cpi.int/iccdocs/asp_docs/RC2010/Statements/ICC-RC-gendeba-AfricanUnion-ENG.pdf, 最后访问时间：2024 年 6 月 10 日。

② William Schabas, "The Human Right to Peace", *Harvard International Law Journal*, Vol. 58, 2017, pp. 28-32.

过滤",jurisdictional filter)应该有所限制,作为政治机关,安理会应该主要处理战争与和平相关的政治问题,如果将高度政治化的争议与 ICC 管辖相联系,这毫无疑问会将 ICC 卷入政治纷争,进而损害 ICC 的独立性、公正性、可信度以及审判其他罪行(灭绝种族罪、反人类罪和战争罪)的能力。①

这里可供探讨的问题是:国际刑事正义并不是在"真空"中运行,它的实现是以国际关系为背景的。国际刑事司法的发展既受到理想主义的引领,但也逃不开现实主义的"底色";② 刑事正义事业总是会受到政治和国际关系因素的影响,在这种背景下,国际刑事司法应如何定位:是坚持独立性,发挥能动作用,寻求对地区或国际和平秩序的形成施加影响?或者主动抑制,保持中立地位和"法律本色",避免介入或者被迫卷入政治纷争?例如,国际社会存在这样的观点或声音,即主张刑事司法采用"灵活"和"能动"的工作方式,而非一味"固执":

> 质疑司法判决,做出判决的时间点,它们的及时性;要求检察官发挥裁量权,根据现实情况做出调整,根据短期的政治目标来起诉或者撤销起诉……以和平的名义要求进行赦免、给予豁免或者采用其他方法避免起诉……或者将 ICC 描绘成推进和平进程的阻碍。③

国际司法机构本身极力塑造其独立身份和权威性,其手段是强化程序主义色彩,维护机构独立、中立的定位。例如,奥坎波(Luis Moreno-Ocampo)检察官对上述声音或提议给出了回答:使正义"迁就"和平不符合《罗马规约》,根据规约,成员国应当保证任何武装冲突的解决符合《宪章》;根据规约,法庭有权力独立判断和决定起诉的时间、对象和采取

---

① Claus Kreß & Leonie von Holtzendorff, "The Kampala Compromise on the Crime of Aggression", *Journal of International Criminal Justice*, Vol. 8, No. 5, 2010, pp. 1194-1195.
② Jerome de Hemptinne, "The Future of International Criminal Justice: a Blueprint for Action", In Antonio Cassese ed., *Realizing Utopia: The Future of International Law*, Oxford: Oxford University Press, 2012, pp. 585-586.
③ See Luis Moreno-Ocampo (Former Prosecutor of ICC), Building a Future on Peace and Justice, https://www.icc-cpi.int/sites/default/files/NR/rdonlyres/4E466EDB-2B38-4BAF-AF5F-005461711149/143825/LMO_nuremberg_20070625_English.pdf, 最后访问时间:2024 年 6 月 10 日。

的司法措施,"在合法性与追责问题上,不存在政治妥协的余地"。① 奥坎波检察官的观点反映了ICC在正义与和平问题上的一贯司法政策。2007年ICC"维护司法公正的政策文件"指出,刑事追责与和平进程相互区分,检察官只应该追寻正义或执行法律,道德、政治与构筑和平等考虑不应该影响检察官的决定。② 当然,这样的回应是从法律人的视角给出的,它的主旨在于国际法规则必须得到遵守,如果允许例外的广泛存在,国际刑事司法便有沦落为政治附庸的危险,如果存在政治考量压倒法律追责的可能性,那么,刑事司法追责便无时无刻不面临着政治的劫掠。

同时,司法机制间接地介入政治纷争会产生如下后果,即国际社会(或者地区)对刑事司法机构的负面印象和评价(如政治化、选择性等质疑)可能增加。值得考虑的是,ICC(及其所代表的国际刑事司法)似乎认为,追求和平属于其他国际机构的职权,除了追寻正义,自身不应当被赋予其他任务,但《罗马规约》的设计者和安理会却认为,国际刑事司法及其追寻正义的事业是和平进程的基础环节,为了和平,代表正义的刑事程序应当被启动,这之中难道不存在冲突吗?而且,这不仅仅是概念之间的纠缠,现实情况是,和平与正义关系对国际刑事司法的正常运转产生了重要影响。究竟何种路径才是国际刑事司法的合适定位,这关系到国际刑事司法的未来发展,国际社会必须进行思考。

另一种观点认为,毫无疑问,国际刑事司法必须面对和平与正义、政治与法律之间的张力,如果将平衡指针调向一端,另一端必然受到影响。具言之,如果把奉行正义价值的刑事司法与寻求和平的政治进程联系起来,甚至主张正义应当在其中扮演积极的角色,尤其是涉及国家元首或重要军政官员的个人责任问题,这些个人掌握政治或者军事权力,在和平(或称之为停战)进程中发挥着重要作用,对他们进行的司法追责可能成为阻碍现阶段和平进程或政治努力的因素。这是现实存在的情况,而且,

---

① See Luis Moreno-Ocampo (Former Prosecutor of ICC), Building a Future on Peace and Justice, https://www.icc-cpi.int/sites/default/files/NR/rdonlyres/4E466EDB-2B38-4BAF-AF5F-005461711149/143825/LMO_nuremberg_20070625_English.pdf,最后访问时间:2024年6月10日。

② International Criminal Court, Policy Paper on the Interests of Justice, https://www.icc-cpi.int/NR/rdonlyres/772C95C9-F54D-4321-BF09-73422BB23528/143640/ICCOTPInterestsOfJustice.pdf,最后访问时间:2024年6月10日。

即使检察官将个案中的政治与和平议题纳入考量，也并不存在违反规约条文的嫌疑。

根据《罗马规约》第 53 条，在考察包括罪行严重程度、受害者利益等所有情况后，检察官有重大理由认为，继续调查或者起诉不符合维护正义的要求，则可以决定停止调查。尤其应当注意的是，检察官应当拥有调查和起诉方面的裁量权，而且，国际刑事司法必须考虑到至关重要的执行问题，孤注于前者势必损害国家或整个国际社会提供此种合作的意愿；正义与和平之间并不是零和博弈，它们之间存在互为支撑的空间。① 因此，在和平与正义的关系问题上，毫无疑问，国际刑事司法不应该闭门造车，它不应该消极地处理和平与正义间的张力，而应该将正义的底色纳入追求正义的具体过程当中。换言之，国际刑事司法机构的检察官不仅应该是法律人，也应该是外交家，国际法的特征要求他们如此行事。

另外，安理会在国际刑事司法方面的作用及其矛盾局面值得关注。《宪章》起草者将和平与安全的定义权限交给了安理会，以求其能够以其灵活性适应不断变化的情况。随着国际政治和国际关系的发展变化，和平由传统的政治和军事领域扩展到经济、社会、人道、人权等领域，和平不再仅仅是国家间或政府间的事宜，它也代表着人际和团体间的状态。② 在此背景下，安理会将大规模侵犯人权的行为纳入其辖域，与此同时，恢复和平与安全的工具箱也相应地得到丰富，安理会援用司法手段或者介入国际司法领域成为趋势。一方面，它将战争及战争罪行纳入和平与安全威胁的范畴下，致力于凸显和发挥其在维护和平与安全中的首要责任和积极姿态，代表正义且贡献于和平的司法措施也被作为恢复和平与安全的手段而被采用；另一方面，安理会（实质上是其成员）又极力保持自身的自主性，它不容许向来崇尚独立的司法机构束缚自身的行动，因而，在采用或者通过刑事司法手段恢复和平的行动上，安理会又不可避免地表现出消极或者矛盾的局面，以至于"僵局"可能成为一种常态。

---

① Robert H. Mnookin, "Rethinking the Tension between Peace and Justice: The International Criminal Prosecutor as Diplomat", *Harvard Negotiation Law Review*, Vol. 30, No. 1, 2013, pp. 150-159.

② Rasool Soltani and Maryam Moradi, "The Evolution of the Concept of International Peace and Security in Light of UN Security Council Practice (End of the Cold War-Until Now)", *Open Journal of Political Science*, Vol. 7, No. 1, 2017, pp. 136-138.

第七章　个人责任的执行机制

> 历史告诉我们，如果缺乏有效、公平且不偏私的执法和司法，法律规则就会在很大程度上失去意义。尽管我们在国内法层面拥有发达的执行模式，因为许多原因，我们并不愿意在国际层面建立此类模式。
>
> ——谢里夫·巴西奥尼[①]

本章聚焦个人责任的合作式执行机制，揭示其规范逻辑和潜藏的权力冲突。个人责任的执行机制整体上呈现多边路径与单边路径并行的格局。鉴于个人责任创始阶段合作导向、普遍且临时执行的特征，加之国际法平位结构对国际刑事执行产生的辐射效应，国际执行机制受到持续推崇但面临制度保守性带来的阻力，这使得让渡主权以规定、解释和执行个人责任的国际机制不得不纳入审慎、多元和权力平衡的基本立场。

个人责任已经成为国际法的责任模式之一，同时，它也是现代国际刑法的基本原则。毫无疑问，结束豁免，追究犯下国际罪行之个人的刑事责任已经成为国际社会的共识，国际刑事司法实践正是在国际共识与国际合作的基础上得以推进的。不过，规范层面对个人责任原则的确认并不意味着该原则可以在现实中得到顺利执行，特设国际刑事法庭的成功经验并不能确保个人责任原则在未来国际刑事司法中顺利贯彻。个人责任在当代面临着实体和程序方面的诸多挑战，国际社会如何应对和化解这些挑战关系

[①] Cherif Bassiouni, "Justice and Peace: The Importance of Choosing Accountability over Realpolitik", *Case Western Reserve Journal of International Law*, Vol. 35, No. 2, 2003, p. 202.

到国际刑事司法的效果和未来发展。

一 国际法的结构性及其构成

（一）国际法的结构划分

为完成调整国际关系的任务，国际法需要实现两个相互区别的功能：一，以规范形式确立国际关系应予促进的价值和目的；二，提供调整跨境关系的标准和机制。国际法体系便是由这两项基本功能构成的，前者可称为规范体系，而后者则是运行体系，两者之间存在紧密的联系。[1] 规范体系指基于政策或价值而产生的广为接纳的行为标准，其在不同领域表现出效力强弱不一的行为调整；规范体系包含由权利和义务所构成的国际法原则或规则，它们可能确定义务或赋予权利，还可能分配权力或确定责任。规范体系的构成形式可能是传统的习惯法，也可能是条约和国际组织的决定等。[2]

运行体系则指国际法所提供的调整和管理国际关系的平台或结构。运行体系是国际法主体就特定领域的权力和责任分配所达成共识的表现，它既可以表现为国际组织等正式的结构形式，又可以如1969年《维也纳外交关系公约》的非正式的运行规则形式出现。运行体系的基本要素有法律渊源、法律主体、管辖权、司法机制、监督机制等，其功能在于确定享有权利、承担义务或责任的主体；解决法律争端、应对违法行为；监督义务履行，促进规则和裁决的遵守等。[3]

就国际人道法而言，尽管20世纪上半叶之前的《日内瓦条约》《陆战法规和惯例公约》《日内瓦协定》已经具有了广泛的缔约基础，但其在执行机制方面却沿用着传统国际责任以双边架构、赔偿责任为基础的旧式框架，这体现了运行体系的滞后性。二战后的国际人权公约则配备有执行个人责任的特定执行机制，如《防止及惩治灭绝种族罪公约》第5条规定，

---

[1] Paul F. Diehl & Charlotte Ku, *The Dynamics of International Law*, New York: Cambridge University Press, 2010, p.2.
[2] Paul F. Diehl & Charlotte Ku, *The Dynamics of International Law*, New York: Cambridge University Press, 2010, pp.42-46.
[3] Paul F. Diehl & Charlotte Ku, *The Dynamics of International Law*, New York: Cambridge University Press, 2010, pp.28-37.

由缔约国国内法庭或者有管辖权的国际法庭对违反公约义务的个人进行审判和惩罚。不过,直到1998年ICTR的"康邦达案",追究灭绝种族罪的个人责任才真正成为现实,该案也使沉寂50年之久的《防止及惩治灭绝种族罪公约》重新焕发生命力。[1] 实际上,在该公约的议定过程中就有建立国际执行机制(法庭)的建议,但最终由于各方的争议而没有成形。1949年《日内瓦公约》和《禁止酷刑公约》规定了以"或引渡或起诉"义务为基础的追究个人责任的执行机制。对于某些国家(如以色列)的司法实践或者学者(例如,劳特派特教授)来说,普遍管辖权则是考虑到国际犯罪的严重程度而得出逻辑结果,属于最为理想的执行机制的核心环节。[2]

(二)国际执行机制的缺陷

相对于规范体系的发展,执行机制的滞后往往是常态,国际法的发展史也证明了这一点。19世纪中期以后,战争法规和惯例的编纂开始出现,其标志是1864年《日内瓦公约》和1868年《关于在战争中放弃使用某些爆炸性弹丸的宣言》。直到19世纪末期,以海牙和平会议为契机,现代战争法才开始成型。1899年和1907年两次国际和平会议缔结了以《陆战法规与惯例公约》为核心的数个国际协议,不过,虽然战争法规得到了相当程度的编纂,但规则执行机制却没有同时跟进。与此形成鲜明对比的是,西方诸国早已将违反战争法规和惯例的行为确立为刑事犯罪,并规定了个人责任,但是,国际立法对个人责任的确认及其追究的过程却相当缓慢。

对于一战前国际人道法及国际审判的发展,西奥多·梅隆(Theodor Meron)认为,纽伦堡审判之前的半个世纪,国际人道法理论取得了长足的发展,国际社会将战争法编纂入条约,许多国家接受反人类罪和指挥官责任的概念,许多国家拒绝国家元首豁免的理念。不过,"国际人道法的执行机制落后于其理论的发展⋯以更加透明且广泛之方式惩罚战争罪行以促进规则遵守的机会被错过了。"[3] 总的说来,1899年《海牙公约》完全

---

[1] See *Prosecutor v. Kambanda*, Judgment, ICTR-97-23-5, 1998.

[2] See Mitsue Inazumi, *Universal Jurisdiction in Modern International Law: Expansion of National Jurisdiction for Prosecuting Serious Crimes under International Law*, Oxford: Intersentia, 2005.

[3] Theodor Meron, "Reflection on the Prosecution of War Crimes by International Tribunal", *American Journal of International Law*, Vol. 100, No. 3, 2006, p. 558.

没有规定责任和惩罚条款；1907年《海牙第四公约》仅仅在第3条规定了缔约国的赔偿义务，并将之作为惩罚的主要形式，对于个人责任，该公约也是未置一词。因此，批评者认为，《海牙公约》缺乏有效的威慑力。[1] 同样，1949年的《关于战俘待遇之日内瓦公约》（《日内瓦第三公约》）也只是规定了针对战俘的惩罚和纪律措施，而纽伦堡审判的起诉和惩罚非常倚重该公约。1949年《改善战地武装部队伤者病者境遇的日内瓦公约》没有包含强有力的执行规则，仅规定政府应当建议立法机构采取必要措施来应对与公约条款相违背的行为。[2]

个人责任执行机制的孱弱在战后审判中也有较为明显的体现。依据梅隆的观点，反人类罪是纽伦堡审判（在罪行方面）对国际刑法所做出的最具革命性的贡献。但是，《纽伦堡法庭宪章》将反人类罪的范围限制"在实施与本法庭管辖权范围内的犯罪或与它们相联系"的罪行，即，《宪章》虽然将国际法上的刑事责任延伸到了一国在其范围内对其国民的所作所为，但个人所需承担刑事责任的范围却是有限的，因为《宪章》要求反人类罪行必须是法庭管辖权范围之内的战时行为，而战前的那些导致战争的行为便无法得到追诉。[3] 梅隆法官还指出，对于非国际武装冲突中的个人责任，1949年日内瓦四公约共同第3条和《1949年日内瓦公约第二附加议定书》都没有为普遍管辖权提供法律基础，它们为国际法追究个人责任的努力所提供的法律基础并不确定，而且，适用于非国际武装冲突的习惯法并不包含战争罪行的刑事追责成分。[4]

就国际刑法执行机制的整体发展脉络而言，巴西奥尼先生在1973年划分了两个阶段：第一阶段，主权国家是国际刑法的主要执行者，各国依据相应的程序规定对违反国际人道法的行为进行规制；第二阶段，主权国家认为，让渡主权以执行国际刑法符合其自身及国际社会的利益，用以解释

---

[1] Adam Roberts, "Land Warfare: From Hague to Nuremberg", In Michael Howard et al. eds., *The Laws of War: Constraints on Warfare in the Western World*, New Haven: Yale University Press, 1994, p. 112.

[2] Theodor Meron, "Reflection on the Prosecution of War Crimes by International Tribunal", *American Journal of International Law*, Vol. 100, No. 3, 2006, p. 571.

[3] Theodor Meron, "Reflection on the Prosecution of War Crimes by International Tribunal", *American Journal of International Law*, Vol. 100, No. 3, 2006, p. 568.

[4] Theodor Meron, "Reflection on the Prosecution of War Crimes by International Tribunal", *American Journal of International Law*, Vol. 100, No. 3, 2006, p. 572.

和执行国际刑法规范的机制得以建立。① 也就是说，依据巴西奥尼先生的说法，国际刑法的执行将会由单边路径向多边路径演进。无论现实是否遵循上述轨迹，这至少说明，在国际刑事规范体系具备的前提下，执行机制的建立和完善是国际刑事司法的关键问题。

如巴西奥尼教授所言，直至今天，国际社会已经不再争论追究个人责任原则是否符合道德或者具有现实意义，惩治国际罪行、追究个人责任已经通过公约或习惯确定了下来。进而，国际刑事司法面临的挑战是如何执行法律，即如何使相应的法律规则运转起来，如何将理念和概念纳入运行的系统，具体包括法庭确立管辖权、调查、起诉、逮捕、转移、保护目击证人、保护受害者利益、保障被告人权利等。不过，这些超越责任层面的制度性挑战纵使看似远离责任本体，但本质上都是个人责任本身特征与要素在时空延伸中产生的问题。因此，分析个人责任原则的穿透效应和法理延展对理解、回应既有争议非常重要。

二 个人责任的执行机制

（一）直接与非直接执行机制

对抗豁免，追究个人责任已经成为国际社会的规范共识，在此基础上，国际刑法和国际人道法需要有效的执行手段或方式。为此，国际社会发展出了多边、区域、混合、单方等数种模式，致力于对犯下国际罪行的个人进行司法追责。多边主义是被国际法学者奉为教条般的法律执行模式，它与保守的民族主义和保守政治性指控的单边主义相对，多边国际制度被认为是服务于人类利益的最佳方式。② ICC 是国际刑事司法领域多边路径的代表，它通过多边条约并借助联合国安理会在《宪章》之下的职权确立法院对特定情势之下国际罪行的管辖权，从理论上来讲，法院的管辖权或司法权限有可能扩展到所有主权国家；迫于现实的政治压力，《罗马规约》没有采纳普遍管辖原则，它最终将领土和国籍作为行使管

---

① Cherif Bassiouni, *International Terrorism and Political Crimes*, Springfield: Charles C. Thomas Publisher, 1975, p.490.

② Jose E. Alvaraz, "Multilateralism and Its Discontents", *European Journal of International Law*, Vol.11, No.2, 2000, p.394.

辖权的连接点或前提条件。① 依据《罗马规约》的规定，每个成员国都有职责对犯下国际罪行的个人进行管辖，但在成员国惩治国际罪行的普遍管辖权方面，规约没有明文规定；毫无疑问，成员国单方执行不仅是规约规定的优先方式，而且符合经济原则和政治诉求。②

个人责任的非直接执行机制或国际刑事司法的单方路径主要指，主权国家的国内法院依据国际条约以及转化或纳入国内法体系中的法律规则，主动对国际罪行开展司法追责。单方执行是国际法得以执行的基础，从某种程度上说，它代表着国际刑事司法的未来。如同国内刑事司法就包含表达主义的面向，在国际刑事司法中，程序性障碍的增加更加凸显了"象征"的重要性。乔尔·费因伯格（Joel Feinberg）指出，刑事惩罚是表达有权机关及其所代表群体之憎恨和愤怒、传递反对和谴责的传统工具，简单来说，刑事惩罚具有其他惩罚形式所不具有的象征意义。③ 不应否认，个人主要通过国内法律体系和制度来享有和保障权利，国际法律文件所载之基本权利也必须由国内机构来执行。同样，有观点认为，对于国际罪行的个人追责，主权国家是执行的基础力量，偏执于多边路径容易造成"全有全无"的窘境，虽然包含诸多争议，但国内法院的"单边追责"在当代国际刑事司法图景中扮演着重要角色。④

鉴于国际法的基本特征，主权国家是执行国际规范的基础力量。⑤ 巴西奥尼先生指出，国际刑法得以执行的核心是"非直接执行机制"，即依靠主权国家依据其法律规范来履行其执行责任。⑥ 巴西奥尼列出了 10 项（后增加为 11 项）国际刑法的执行议题，这 10 项执行议题是围绕个人责

---

① William A. Schabas, *An Introduction to International Criminal Court* (2nd edition), New York: Cambridge University Press, 2004, pp. 72-77.

② Louise Arbour, "Will the ICC Have an Impact on Universal Jurisdiction?", *Journal of International al Criminal Justice*, Vol. 1, No. 1, 2003, pp. 585-587.

③ Joel Feinberg, *Doing and Deserving*, Princeton: Princeton University Press, 1970, p. 98.

④ Jose E. Alvaraz, "Multilateralism and Its Discontents", *European Journal of International Law*, Vol. 11, No. 2, 2000, pp. 399-400.

⑤ "整个说来，目前的国际法通过各国国内法律秩序的中介，间接地使个人承担义务并授予权利。国际法规范大多是不完全规范，它们需要国内规范来完成。" Hans Kelsen, *General Theory of Law and State*, Anders Wedberg Trans., Cambridge: Harvard University Press, 2009, p. 343.

⑥ Cherif Bassiouni, "Policy Considerations on Interstate Cooperations in Criminal Matters", *Peace Yearbook of International Law*, Vol. 4, No. 1, 1992, p. 128.

任所形成的规范体系与执行体系的集合,其中绝大多数内容涉及主权国家立法、司法行为以及主权国家间的司法合作问题。当然,巴西奥尼先生关注的焦点在于国家间刑事合作,如果没有国家间围绕表7-1所列事宜展开的合作,国际刑法便无法有效地被执行。

(二)个人责任执行机制的构成要素

巴西奥尼教授所关注的内容确实是整个国际刑法执行机制得以发展的关键。表7-1中,所谓"性质"指特定执行机制属于规范体系(N),或者是执行体系(E)。

表7-1 个人责任的执行机制[①]

序号	内容	性质
1	明确承认被禁止的行为构成国际犯罪或国际法之下的罪行	立法(包括国际法和国内法)(N)
2	默认相关行为的刑事性质,确立禁止、预防、起诉、惩罚等行为的职责	立法(N)
3	被禁止行为的犯罪化(criminalization)	立法(N)
4	起诉的责任或权利	立法、司法(E)
5	惩罚被禁止行为的责任或权利	立法、司法(E)
6	引渡的责任或权利	立法、司法(E)
7	在起诉和惩罚方面进行合作的责任或权利,包括司法协助	立法、司法(E)
8	确立刑事管辖的基础	立法(E)
9	建立国际刑事法院或者具有刑事性质的国际法庭	国际立法(E)
10	取消遵守上级命令的抗辩(笔者注:还包括其他原则)	立法(N)
11	控制和没收非法所得(笔者注:在此不加分析)	司法(E)

实际上,巴西奥尼先生所指1—3以及10机制属于"规范体系"的范畴,它们的主要任务在于从立法上确认罪行、责任以及围绕个人责任的相

[①] Cherif Bassiouni, "Characteristics of International Criminal Law Conventions", In Cherif Bassiouni ed., *International Criminal Law*: *Crimes*, Dobbs Ferry: Transnational Publisher, 1986, p. 7.

关规则和原则。由于它们是国际刑法得以执行的规范基础，所以也被归入了广义上的执行机制。对于国际罪行及相关责任，国内法可能会进行规定，但常见的情形是，国际法（包括国际条约、习惯国际法）对罪行、责任及其追责程序作出了规定，国家为了承担条约或习惯法之下的国际义务，将相关内容转化或纳入国内法体系。第4—9机制属于真正意义上的执行机制，它们的作用在于，使国际刑法规范体系所规定的追诉犯罪和追究责任的内容得到执行。须指出的是，巴西奥尼先生对于机制之间的"位次"没有做出区分，而且对国际机制与国内机制也没有区分。

（三）国际罪行的国家刑事管辖

管辖权是国家在国际法之下调整和影响人、财产或者情形的权力；管辖权是主权的核心或关键特征，行使管辖权能够创设、改变或者终止法律关系或法律义务。[1] 当有关战争及战争行为的规范出现以后，有效的执行机制，尤其是管辖权条款，便成为保证规则得以执行、实现规范目的的关键。[2] 因此，在个人责任的国家执行机制中，确定国际公约、习惯法所确认之特定罪行的刑事管辖权（包括确认是否存在行使管辖权的障碍，例如主权或外交豁免）具有基础性的地位。国家只有通过立法和司法等手段对特定案件或情势确立管辖权，后续的起诉、惩罚、引渡和司法合作等执行行为才具有合法的基础。[3]

如上所述，刑事管辖权可能源自国际条约的规定，也可能是基于国际社会所普遍承认的且被纳入国内法的管辖原则（例如属地管辖、属人管辖等，甚至包括普遍管辖）。管辖是追究个人责任的国家执行机制的核心，这既包括立法管辖，也包括司法管辖和执行管辖。1961年，以色列耶路撒冷地区法院在"艾克曼案"中对国际刑法/国际人道法的国家执行机制作了总结性解读，法院认为，以色列的惩治权来源于如下基础，即所涉罪行的普遍性及其针对犹太人民的特定性，这些罪行触犯了整个人类，震撼着世界的良知，因而也严重违反国际法。在没有国际法庭的情况下，各国的

---

[1] Malcolm Shaw, *International Law* (6th edition), New York: Cambridge University Press, 2008, pp. 645-696.

[2] Christopher L. Blakesley, "Extraterritorial Jurisdiction", In Cherif Bassiouni ed., *International Criminal Law*, New York: Transnational Publishers Inc, 1999, p. 36.

[3] Richard Falk, *Achieving Human Rights*, New York: Routledge, 2008, pp. 113-114.

司法和立法机构便发挥着执行国际法的功能，国际法之下对此类犯罪的管辖是普遍性的。①

1. 立法管辖

国家执行机制在皮诺切特系列案件中得到展示。英国和西班牙通过国内执行立法将《禁止酷刑公约》内化到国内法体系中，并依据国内法确立对相关行为的普遍管辖。国内刑法将国际罪行和管辖权规则充分地内化，这构成国际法得以执行和遵守的重要基础。② 对于管辖原则，普遍管辖被认为是国家执行机制的理想化模式。普遍管辖建立在以下假定基础上：某些触犯国际法的罪行如此严重，它们侵害了整个国际社会的利益，以至于它们不应该再被国界或者主权所遮蔽，相应地，管辖原则应该具有超越领土和国籍的普遍性，因此，国内立法具有基于条约、习惯纳入此类罪行并确立管辖的权利。③

另外，国际社会根本性的权利或利益无法由少数国家或者双边关系网来保护，由于分散化的结构，为发挥保护国家利益的功能，国际法将执行某些根本法律的机制建立在普遍性基础上，各国作为整体都被纳入执行机制的视野之内。④ 从理想的角度来看，普遍管辖原则如果得以确立，它将能够汇聚所有主权国家的执行力量，依据"合并的管辖"形成严密的法网，形成调查、起诉和惩治国际罪行最为有效的执行手段。⑤ 二战后至今，国际社会也间歇性地存在着行使普遍管辖的案例。

2. 司法管辖

为何有权惩罚犯罪者是个人责任的司法管辖必须首先解决的法理问题？反过来看，清晰地确定审判和惩罚的权利则是国际刑法得以执行所面

---

① *Attorney-General v. Eichmann*, Israel District Court of Jerusalem, Criminal Case No. 40/61, Judgment, 11 December, 1961, paras. 11-12.
② See Naomi Roht-Arriaza, "The Pinochet Precedent and Universal Jurisdiction", *New England Law Review*, Vol. 35, 2001.
③ Henry A. Kissinger, "The Pitfalls of Universal Jurisdiction", *Foreign Affairs*, Vol. 80, No. 4, 2001, pp. 86-87.
④ The Executive Council of African Union, Report of the Commission of the Use of the Principle of Universal Jurisdiction by Some Non-African States as Recommended by the Conference of Ministers of Justice/Attorneys General, EX. CL/411 (XIII), 24-28 June, 2008, para. 5.
⑤ See Interim Report of the Independent Commission of Experts Established Pursuant to Security Council Resolution 780 (1992), 73 UN Doc. S/25274 (1993).

临的重要问题。确立普遍管辖的尝试往往从罪行性质和法律功能相适应的视角着手。因此,依据普遍管辖追究个人责任仅仅是一种假象,案件的普遍管辖仅仅是在形式层面被论证的,它具有更多的象征意义而非实质内容。这种现象直到新世纪仍没有改观,国际法院在"逮捕令案"附随意见中以几乎绝对性的措辞指出:毫无疑问,并不存在国家行使真正意义上的普遍管辖的确定实践,所有国家的立法都试图建立某种法院地国的连接点,没有纯粹依据普遍管辖而进行的国际刑事审判的案例。[1] 换言之,理论与实践不同:理论引导实践,不过,如果要确立法律,那么必须依据实践。

现有国际司法实践显示,个人不在案或者缺乏连接因素的情况下,国内法院以普遍管辖原则为据进行调查、逮捕、起诉和审判的合法性并未确立。在2002年国际法院的"逮捕令案"中,希金斯等法官认为,就国内法院依据普遍原则对国际罪行进行管辖的合法性,国内立法和司法实践表现出中立状况。[2] 也即,国内法院以普遍管辖为基础追究个人责任的合法性在国际法层面尚未得到确立。法官纪尧姆(Guillaume)对普遍管辖的意见则更为现实和负面,他指出,国际法只承认有限领域(如海盗、贩奴)的普遍管辖权:

> 国际刑法经历了长足的发展,如今条规充盈,卷帙浩繁……即便如此,国际刑法也从未设想过赋予各国法院惩罚此类犯罪的普遍管辖权……如此行事只会导致完全的司法混乱,这无异于鼓励强国以概念模糊之国际社会的代理人自居,并为自身的利益而随意行事。除少数情形外,国际法不接受普遍管辖权。[3]

不过,国内法院依托普遍管辖开展的司法尝试一直都在继续,正如"艾克曼案"判决中对普遍管辖权所作出的论述,对于国际罪行,国际法

---

[1] Arrest Warrant of 11 April 2000 (*Democratic Republic of the Congo v. Belgium*), Joint Separate Opinion of Judges Higgins et al., ICJ Reports 2002, para. 44.

[2] Arrest Warrant of 11 April 2000 (*Democratic Republic of the Congo v. Belgium*), Joint Separate Opinion of Judges Higgins et al., ICJ Reports 2002, para. 45.

[3] Arrest Warrant of 11 April 2000 (*Democratic Republic of the Congo v. Belgium*), Separate Opinion of President Guillaume, ICJ Reports 2000, paras. 12, 15.

缺乏有效的管辖手段时，国家应当行使管辖权以执行国际法。依据该逻辑，主权国家怠于行动无异于放任国际罪行。

（四）国家刑事管辖的法律要素

"皮诺切特案"是国际罪行刑事追责领域的重要案件。它是历史上第一次有国内法院对另一国前国家元首的国内政治行为展开追责，它将普遍管辖的议题和讨论推到了前所未有的高度，它被认为是对抗豁免和追究个人责任的里程碑。所谓的"皮诺切特时刻"指，围绕20世纪90年代"皮诺切特案"所展开的司法程序中反映的、主权国家依据普遍管辖原则对犯下国际罪行的个人进行起诉、引渡或者缺席审判的实践；这个实践可能存在模糊或争议，却为国内法院发挥"扩张性的积极角色"提供了重要的前例。[1] 美国有线电视新闻网（CNN）将皮诺切特系列案件（见表7-2）称为"国际法的一个决定性的时刻"。该评论指出，英国法院必须决定"国际法是否超过国内法"，根据国际法，犯下反人类罪的人不能再享有豁免，他们应该承担国际法层面的刑事责任。[2] 这显然是一种过于乐观且具有时空局限性的解读。"皮诺切特案"依循单边路径执行国际刑法的实践触及对主权观念、传统管辖原则的冲击和颠覆，尽管此类司法实践可能是零星和暂时的，但引发了有关追究个人责任的广泛讨论，同国际法院"关于或起诉或引渡的问题案"一样，其将豁免、管辖、引渡、执行置于个人责任法理的关键环节。刑事管辖是"皮诺切特案"中相当核心的法律问题，在缺乏连接点（犯罪地、国籍等）的情况下，能否确立管辖权对国内法院来说尤为重要。

对于"皮诺切特案"有关管辖权、豁免和个人责任的问题，各国的司法判决或意见表现出差别，其各自司法实践对普遍管辖原则的支持存在不同程度差别。

---

[1] Richard Falk, *Achieving Human Rights*, New York: Routledge, 2008, pp. 99-120.
[2] 英国律师认为，排除干涉的传统主权观念正在发生改变，国家意识到有必要拥有一种"国际正义体系"。Richard Blystone, Pinochet Case: a Defining Moment for International Law, http://edition.cnn.com/WORLD/europe/9811/24/pionchet.legalities/，最后访问时间：2024年5月30日。

表 7-2　皮诺切特系列案件

国家	法院或法官	判决与意见	评论
A. 比利时	比利时布鲁塞尔初审法庭，调查法官（Belgian Tribunal of First Instance of Brussels, The Investigating Magistrate）	1. 酷刑、谋杀、劫持人质等国际罪行不属于"官方行为"，不能产生个人豁免； 2. 禁止和惩治反人类罪属于习惯国际法，甚至是强行法，并成为比利时国内法律秩序的组成部分； 3. 对抗个人豁免是所有国家的职责；国家至少有权采取必要的措施来起诉和惩治反人类罪； 4. 在缺少（执行方面）国际条约的情况下，国家有权（甚至有义务）去起诉实施国际罪行的人，无论他们藏身何处。①	*从国际罪行本身出发审视执行机制：罪行不产生权利，罪行的严重性决定执行机制的普遍性。 *从国际法和国际社会视角出发，考察是否有惩治国际罪行的权力、义务，甚至是现实必要。 *比利时在行使普遍管辖权领域的实践最为"激进"（或表述为超前）。
B. 西班牙	西班牙国际法院，刑事法庭（Spanish National Court, Criminal Division）	1. 根据西班牙国内法，对于本国国民和外国人所实施的灭绝种族罪、恐怖主义等罪行，国内法院可以行使管辖权；②虽然此案不涉及西班牙国民，但西班牙有正当利益来行使管辖权。 2. 对于灭绝种族罪，虽然国际公约规定以属地管辖为主，但将对该罪行的管辖局限于此不符合公约目的； 3. 国际公约虽未明文将"政治团体"作为灭绝种族罪所针对的对象，不局限于公约相对僵化的用词，而关注行为的效果，即消灭持不同政治立场的群体。③	*国内立法采用扩张型的刑事管辖模式；法院确立管辖权的标准相对宽泛；法院对罪行实体内容进行扩张解释。 *西班牙国内立法和司法实践呈现出较多的主动性，即主动纳入罪行，主动行使管辖，主动要求司法合作。
C. 英国	上议院，布朗-威尔金森勋爵（House of Lords, Lord Browne-Wilkinson）	1. 酷刑作为国际罪行，其强行法的性质证明法院行使普遍管辖权的合法性；对实施违反强行法行为之个人，任何国家都可以予以惩罚； 2. 作为国际罪行，酷刑不能被视为行使政府职能而产生个人豁免；如果前国家元首因豁免而逃避个人责任，只能由下级来承担，这显然不符合国际立法的本意。 3. 如果国家元首能够因执行"公共职能"而享有豁免，那没有理由剥夺下级官员因此而享有的同样待遇，如此而言，普遍管辖权将会瘫痪，而《禁止酷刑公约》则无法达到其目的。	*严格遵守双重犯罪原则，"可引渡罪行"仅限于酷刑，凸显单边执行路径所面临的主权国家间的合作问题。 *除非被正式且明确地纳入国内法，英国法院不接受以国际法为基础的犯罪指控。这体现出英国司法在追诉国际罪行方面相对保守的一面。 *英国法院确认，对被纳入国内法体系的国际罪行的司法追诉不受豁免原则的阻碍。

续表

国家	法院或法官	判决与意见	评论
D. 法国	法国大审法院（巴黎）French Tribunal de grande instance（Paris）	1. 法国国内法体系不存在对于反人类罪（如酷刑、谋杀、强制失踪等行为）的普遍管辖权，只存在反向国籍原则； 2. 对于反人类罪的控诉，除非被告在法国国内，否则法国法院便无法采纳普遍管辖原则； 3. 对酷刑、谋杀等行为的起诉受制于时效，而扣押和强制失踪则不罹于时效。④	*刑事管辖权的确立须以与罪行相关的"联系"以及被告"出现"为前提；国际罪行的管辖既要符合合法性，也要照顾可行性。 *该刑事管辖模式在当今各国最为普遍，其特点是约束刑事管辖权，进行严格的合法性考察，最为保守（或谨慎）、最为顾及传统主权理念的类型。

注：① Luc Reydams, "In re Pinochet. Belgian Tribunal of First Instance of Brussels (Investigating Magistrate), 8 November, 1998", *American Journal of International Law*, Vol. 93, No. 3, 1999, pp. 700-703

② Judicial Power Organization Act of Spain, Organic Act No. 6/1985, art. 23 (4).

③ Maria del Carmen Marquez Carrasco and Joaquin Alcaide Fernandez, "In re Pinochet. Spanish National Court, Criminal (Plenary Session) Case 19/97, 4 November, 1998; Case 1/98, 5 November, 1998", *American Journal of International Law*, Vol. 93, No. 3, 1999, pp. 690-696.

④ Brigitte Stern, "In re Pinochet. French Tribunal de grande instance (Paris)", *American Journal of International Law*, Vol. 93, No. 3, 1999, pp. 696-700.

国际刑法执行机制的发展充满曲折。从全球来讲，欧洲（例如西班牙、比利时等国）在依据普遍管辖原则进行刑事追责方面较为激进，不过，出于政治因素，这样的进程存在反复。例如，2009年和2014年，西班牙国家议会通过法律，虽然扩大了法院可以行使普遍管辖权的罪行范围，却限制法院依据普遍管辖原则提起刑事诉讼的权力，具体而言，2014年通过的法案（Organic-Law 1/2014）要求，法院必须通过个案考察确立案件与西班牙之间的联系，而且必须依据"补充原则"确认转让管辖权的外国法院，只有在该外国法院确实不愿意或者不能够实施调查的情况下，西班牙法院才可以依据普遍原则行使管辖权。① 以此为基础，德国、西班牙等国内法院以实施国家恐怖主义为由对叙利亚政府成员进行调查，这使欧

---

① Contribution of Spain on the Topic of the Scope and Application of the Principle of Universal Jurisdiction, No. 16-05499 (E), Spanish Ministry of Foreign Affairs and Cooperation, pp. 3-8, http://www.un.org/en/ga/sixth/71/universal_jurisdiction/spain_e.pdf, 最后访问时间：2024年5月30日。

洲国家在依托普遍管辖原则推进域外罪行刑事管辖、调查和审判方面走在了前列，其立场和实践相对激进，但实践中欧洲国家在确立管辖方面还是相当谨慎。①

从法律层面来看，主权国家（现阶段实践中主要是欧洲国家）对国际罪行行使普遍管辖权还面临数个执行机制方面的顽疾。第一，立法漏洞。各国对确立和行使管辖权的法律依据存在差别，这导致入罪和开启司法程序的门槛方面存在漏洞，因此，必须推进国际罪行定义、程序规则、司法措施等方面的一致性。第二，管辖权基础。如果继续以被告出现和补充性原则作为确立普遍管辖权的前提，或者各国在个人豁免方面的法律不一致，那么，普遍管辖在促进国际刑法执行方面的效力便会大为降低。第三，国家间的司法合作。采用多边或区域的方法，确保根据普遍管辖权发起刑事调查和追诉的国内法院能够在犯罪调查、证据收集等方面得到足够的支持。②

个人责任的执行问题说到底是主权国家的执行问题，这之中，国际法与国内法的互动与协调十分重要。一方面，"自下而上"，必须依托主权国家的主动性：主权国家通过国内立法确立对国际罪行的普遍管辖权，并以此为基础开启司法过程，依托主权国家间的司法合作，将违反国际法严重罪行的个人置于国内法的追诉之下，这属于"皮诺切特时刻"所展现的光辉路径。另一方面，"自上而下"，必须发挥国际刑事司法的引导力：依据内容广泛且完备（包括罪行、管辖权等内容）的国际公约和习惯法，国际刑事司法机构有权确立对国际罪行的管辖，并得到主权国家的依法执行和遵守，实施国际罪行的个人直接面临国际法的审判，这属于国际刑法发展到高级阶段的执行路径。

两者都属于国际刑法的理想化执行状态。现实中，前者的阻碍主要是横向的，这主要是指国家间的立法差异和政治压力，几乎每一个国内法院管辖的国际罪行都会触及上述难题，因此，如比利时法院在"皮诺切特

---

① Wolfgang Kaleck & Patrick Kroker, "Syrian Torture Investigations in Germany and Beyond: Breathing New Life into Universal Jurisdiction in Europe?", *Journal of International Criminal Justice*, Vol. 16, No. 1, 2018, pp. 165-191.

② Wolfgang Kaleck, "From Pinochet to Rumsfeld: Universal Jurisdiction in Europe 1998—2008", *Michigan Journal of International Law*, Vol. 30, No. 3, 2009, pp. 958-964.

案"中指出,"关于国际人道法的执行,所存在的风险并非国家可能超越其(司法)权限,而是通过寻找所谓无管辖权的借口,国家纵容最为严重犯罪上的豁免,而这无疑违反国际法的基本法理(raison d'etre)",[1] 这之中的借口既有法律方面的,也有政治方面的。后者的阻碍则主要是纵向的,出于自身利益、国际法以及国家间关系的考量,主权国家并不愿意让渡超越其接受程度的主权,或者不愿意接受国际权威的统治。

三 国际执行机制与个人豁免

(一)个人责任与豁免的学理分析

在豁免与管辖权关系上,实体豁免已经被认为无法构成个人责任的抗辩事由,而程序豁免主要涉及外国国家所采取的逮捕、转移等司法措施,却存在非常大的争议。早在 1943 年,著名法学家汉斯·凯尔森就分析了战争罪之个人责任的司法追责与豁免问题之间的紧密关系。他指出,根据一般国际法,国家承担集体责任排除了政府官员、根据政府命令或授权行事之个人的法律责任,这是由于个人豁免造成的结果,"平等者之间无管辖权"[2] 这一法理在当代国际罪行的司法追责中也还适用。国际罪行的管辖权豁免与个人责任是相互独立、但又紧密联系的问题。国际法院"逮捕令案"判决指出,管辖权豁免属于程序问题,而刑事责任属于实体问题;虽然管辖权豁免可以在一定时间内阻止法庭对相关国际罪行的管辖,但是,它无法免除犯下国际罪行之个人的刑事责任,在特定情形下,豁免不再构成国际或者国内法庭对个人行使管辖权的障碍。对于国内法院而言,对国际罪行拥有管辖权并不意味着豁免的丧失,而个人丧失豁免也并非意味着管辖权的确立。尽管有关防止和惩罚国际严重罪行的公约往往要求国家延伸其管辖权,犯下国际罪行这一事实不影响习惯国际法之下的豁免,相关

---

[1] Luc Reydams, "Belgian Tribunal of First Instance of Brussels (Investigating Magistrate), 8 November, 1998", *American Journal of International Law*, Vol. 93, No. 3, 1999, pp. 700–703.

[2] Hans Kelsen, "Collective and Individual Responsibility in International Law with Particular Regard to the Punishment of War Criminals", *California Law Review*, Vol. 31, No. 5, 1943, pp. 540–541.

个人所享有的豁免仍然可以对抗外国法院的管辖权。[1]

对于国际法庭而言，对国际罪行负有罪责的个人所享有的豁免与法庭的管辖权不存在关系，享有主权豁免的国家元首即使可以在外国法院主张豁免，但无法以此来阻碍国际法庭确立管辖权。不过，确立管辖权和行使管辖权是两个不同的问题。国际法庭追究个人责任须由被告人出庭受审，而逮捕、转移被告人则不可避免地涉及国际法上的豁免问题。实施违反国际法之罪行的个人往往是政治高官，甚至是国家首脑，这些人在国内法和国际法上享有豁免权。国家首脑、政府高官是国家权力的代表者，一般来讲，其本国国内法一般不会否认或放弃本国在任元首或政府高官的豁免权。豁免不再从法理上构成对个人责任本身的挑战，但主权或外交豁免从程序上对国际罪行的司法追责过程造成了重大障碍。[2] 换言之，豁免对个人责任的挑战由实体方面转向程序方面。

（二）限制个人豁免的造法动议

ILC 对实体豁免和程序豁免问题进行了探讨。"危害人类和平及安全治罪法草案"起草委员会在审议第 7 条时，ILC 特别报告员指出，纽伦堡法庭否认了被告所提出的国家行为或豁免的辩护，此后，排除依托官方地位对国际罪行所提出的辩护一直被主要的国际刑事法庭宪章所采纳。这些否认官方地位或豁免辩护的关键条文并未就豁免的实体和程序面向做出清晰划分。起草委员会认识到了这一点，它指出，在起诉和惩罚负有罪责之个人的司法程序中，否认任何程序豁免作为否认实体豁免或辩护的逻辑必然。不允许个人援引豁免逃避罪责，反而允许其利用豁免来逃避罪责的影响，这样的现象似乎自相矛盾。[3] ILC 在对草案进行二读时并没有触及程序豁免的问题，换言之，ILC 将程序豁免从国内司法程序中排除的努力似乎

---

[1] Arrest Warrant of 11 April 2000 (*Democratic Republic of the Congo v. Belgium*), Judgment, ICJ Reports 2002, paras. 59–61.

[2] Arrest Warrant of 11 April 2000 (*Democratic Republic of the Congo v. Belgium*), Judgment, ICJ Reports 2002, para. 60.

[3] Commentary on Art. 7 of Draft Code of Crimes Against Peace and Security of Mankind, Yearbook of International Law Commission, Vol. II, Part 2, A/CN.4/SER.A/1996/Add.1 (Part 2), 1996, pp. 26–27.

没有了下文，程序豁免问题仍然是国际刑事司法中悬而未决的问题。①

自 2007 年开始，ILC 将"外国官员国家管辖豁免"问题列入其工作方案，随后十年，外国官员豁免的起源、概念、渊源、范围等问题得到充分研讨，基本形成了绝对的属人豁免和相对的属事豁免两类划分。特别是属事豁免"限制和例外"问题，即外国官员针对国际罪行的豁免例外引起了巨大争议。2017 年 ILC 无记名投票通过的草案第 7 条第 1 款规定，外国刑事管辖的属事豁免不适用于灭绝种族罪、危害人类罪、战争罪、种族隔离罪、酷刑、强迫失踪六类国际罪行。反对观点认为，剥夺豁免没有充分的国家实践，因而并非现行法而是拟议法，且针对第 7 条排除之官员的程序保障措施并不充分，尤其是官员所属国的权利没有得到妥善维护，容易使权力、政治因素介入导致司法沦为政治工具。无论如何，第 7 条之后的程序保障无法化解其本身在国家实践和法律确信方面的缺陷。②

实际上，对于豁免的程序面向，尤其是属事豁免中的程序问题，国际社会存在完全进行排除的国家实践，但这类实践要求的政治环境相当严苛。例如，"联合国东帝汶过渡行政当局"第 2000/15 号法令决定成立对严重刑事犯罪享有排他管辖权的刑庭。该法令第 15 条第 2 款规定：依据个人官方身份所享有的豁免或者程序规则，无论是国内法还是国际法之下的，不应阻碍法庭对他行使管辖权。③ 需要认识到的是，"联合国东帝汶严重罪行刑事法庭"所针对的主权国家内发生的违反国际法的严重罪行，它不涉及国家间关系中的实体或程序豁免问题，因此，这样的规定并不具有广泛的意义。

在多边公约方面，《罗马规约》对可能承担国际责任之个人的外交豁免作出了规定，其核心意旨是避免成员国面临有关豁免之法律冲突。《罗马规约》第 27 条第 1 款确立了"官方身份无关性"原则，个人在国内法和国际法上因官方身份所享有的豁免不能作为免除个人责任或减轻刑事处罚的理由。不过，国际法中有关豁免的规则并不因此完全失去效力，在某些情况下，ICC 成员国必须面对相互抵触的国际义务。当 ICC 要求逮捕和

---

① Immunity of State Officials from Foreign Criminal Jurisdiction: Memorandum of the Secretariat, 31 March, 2008, A/CN.4/596, para. 83.
② 参见邓华《终结有罪不罚抑或打开"潘多拉的盒子"——对国际法委员会"官员豁免专题"中"国际罪行例外条款草案"的批判》，《国际法研究》2022 年第 6 期。
③ UNTAET Regulation 2000/15, Section 15, Irrelevance of Official Capacity.

转移的个人既非 ICC 成员国，也与联合国安理会所提出的情势无关时，作为第三方国家及其元首或政府官员，其豁免权不能被 ICC 成员一方任意剥夺（pacta tertiis）。[①]

第 98 条第 1 款：如果被请求国执行本法院的一项移交或协助请求，该国将违背对第三国的个人或财产的国家或外交豁免权所承担的国际法义务，则本法院不得提出该项请求，除非本法院能够首先取得与该第三国的合作，由该第三国放弃豁免权。

《罗马规约》内部的规则冲突是有关豁免法律争议的主要内容，有关个人责任与豁免的规则存在诸多模糊之处，其相互关系仍待明确。不过，一直存在支持"取消豁免"的学术探讨和国际实践。例如，有观点认为，《罗马规约》第 27 条对豁免做了基本规定，即个人豁免不能够免除责任和减轻刑罚，且豁免不能阻止法院行使管辖权，从目的解释的角度来看，第 27 条第 2 款应理解为，豁免不仅不能阻止法院对相关案件和个人行使管辖权，而且，成员国必须承担逮捕和转移相关个人的义务，唯有如此，法院才有可能顺利地追究相关个人的刑事责任。[②] ICC 在"巴希尔案"（Bashir Case）裁决中则否认成员国所面临义务冲突的可能，它指出，成员国应该被视为法院的工具或者延伸，因此，即使针对非成员国国家元首，成员国执行 ICC 逮捕或转移的合作要求实质上是在履行 ICC 的管辖权，成员国没有面临相互冲突的法律义务。[③]

另外，有观点认为，《罗马规约》第 98 条第 1 款中所用的"国际法"仅指习惯国际法，不包含双边、区域性的有关豁免的国际条约，或者是否包括国际组织涉及外交豁免的章程、决定或其他形式的法律文件。[④] 这种

[①] 《罗马规约》第 98 条。

[②] Dapo Akande, "The Legal Nature of Security Council's Referrals to the ICC and Its Impacts on Al Bashir's Immunities", Journal of International Criminal Justice, Vol. 7, No. 7, 2009, pp. 337-338.

[③] Mark Klamberg, Commentary on the Law of the International Criminal Court, Brussels: Torkel Opsahl Academic EPublisher, 2017, pp. 665-667.

[④] 有学者认为，第 98 条第 1 款中的"国际法"只是指习惯国际法，而第 2 款中的"国际协定"才是指国际条约。此种解读显然存在错误。Jens M. Iverson, "The Continuing Function of Article 98 of Rome Stafute", Goettingen Journal of International Law, Vol. 4, No. 1, 2012, p. 137.

观点最大程度地排除了基于协议之豁免的适用性。实际上，所谓"有关外交豁免的国际法"的表现形式既包括习惯国际法，也包括国家间订立的条约，这些条约既可以是多边的，也可以是区域性或双边的；同时，国际组织所做出的有约束力的法律文件也并未被排除在外。[1] 因此，有关外交豁免的国际协定若作为《罗马规约》的后法，其本身又是国际交往的必然结果，而规约并未规定其排除豁免规定的优先适用，在这样的情况下，ICC成员国就会面临规则冲突的局面，这无异于置成员国于违反国际法的境地。

（三）个人责任与被解释的取消豁免

战后所确立的个人责任原则使"麦克劳德原则"式的实体豁免得到限制，但执行层面的程序豁免则因主权原则而面临持续的法律张力。例如，依托安理会权力来排除豁免、确立管辖权的司法实践饱受非议。安理会通过第1593号决议向ICC提交达尔富尔情势，后续苏丹被要求与ICC"完全合作"以及"提供一切必要之协助"，并被解读为要求苏丹承担相当于ICC成员国的义务，并取消其国家元首所享有的主权豁免。[2] 不过，根据ILC"国家官员对于外国刑事管辖的豁免"的第三次报告，取消在任国家元首之豁免的权力在于其所属国家，多数国际法文件和国内判决指出，豁免的放弃必须明文为之；在法理上允许默示放弃豁免将导致混乱；况且，即便国家加入确立普遍管辖权的国际条约，也不意味着国家默示放弃了其国家官员的豁免。[3]

布里相博法官（Judge Mare Perrin de Brichambaut）在"巴希尔案"的少数意见中从文义、语境、目标或目的、安理会成员的发言、相关决议内容以及后续实践对第1593号决议中"完全合作"的含义进行解释，他得出的结论是，根据当前的法律规则，第1593号决议是否去除巴希尔所享有

---

[1] 有学者则指出，该条所指的"国际法"主要是指ICC成员国与第三国签订的条约以及习惯国际法，其主要考虑是条约不拘束第三国的原则和避免法律义务的冲突。参见李世光等《国际刑事法院罗马规约评释》（下册），北京：北京大学出版社，2006年，第685-686页。

[2] Luigi Condorelli & Annalisa Ciampi, "Comments on the Security Council Referral of the Situation in Darfur to the ICC", *Journal of International Criminal Justice*, Vol. 3, No. 3, 2005, pp. 592-593.

[3] See Third Report on Immunity of State Officials from Foreign Criminal Jurisdiction, by Roman Anatolevich Kolodkin, Special Rapporteur, A/CN. 4/646, 2011, paras. 32-55.

的豁免并没有确定答案。① 当然，安理会决议具有如下特点，即它本身属于自足的规则体系，对它的解释不能增加或减少其中所包含的权利和义务。安理会决议规定，ICC合作义务所涉及的所有内容必须"根据本决议"展开，决议并没有明文规定苏丹受《罗马规约》整体的约束，以至于第27条将会剥夺巴希尔总统所享有的豁免。至少从条文看，无法得出决议包含使ICC成员国以及苏丹违背习惯国际法取消国家元首豁免的意图。

对于安理会决议使苏丹获得类似成员国地位的主张，可能存在两点回应。首先，作为依据国际条约建立的国际组织，ICC的权力和职能是由其缔约国通过基本法律文件赋予的，它具有独立的国际法律地位，其他国际组织不能够擅自更改国际组织的权力或职权。如果安理会决议"完全合作"的措辞取消了苏丹国家元首所享有的豁免，进而使得ICC不再必须考虑第98条第1款的豁免问题，那么，第98条"取得第三国同意"的规定便失去了意义，作为第三国的苏丹没有机会作出取消豁免的同意，面临ICC合作请求的成员国必须违背其对苏丹所承担的国际法义务，这显然属于未经ICC成员国同意的情况下扩大法院的职权。

其次，苏丹在安理会决议之下之合作义务的范围涉及安理会的权限，即安理会是否有权使主权国家受到它们未赋予同意之国际条约的拘束。"塔迪奇案"上诉决定指出，《宪章》并未限制安理会为恢复和平与安全可以采取的措施的范围，安理会在此方面拥有巨大的裁量权，不过，上诉庭指出，集体措施的本质在于它们是以"共同方式"来执行的②，它体现的是成员国合意。毫无疑问，作为政治机构，安理会致力于恢复的是和平，而非法律本身，安理会可以通过采取改变规则的措施来达到《宪章》目的③，但是，这样的裁量权仍源于国际法的授权，安理会并非不受法律限制。具体而言，安理会当然可以对苏丹，甚至是全体成员国施加与ICC进行合作的国际义务。但是，它能否代表苏丹接受其未曾加入之国际条约的

---

① Al Bashir Case, Minority Opinion of Judge Marc Perrin de Brichambaut, ICC-02/05-01/09-302-Anx 06-07-2017, paras. 59-83.

② *Prosecutor v. Tadic*, Decision on the Defence Motion for Interlocutory Appeal on Jurisdiction, 1995, paras. 31, 35-36.

③ Eugenia Lopez-Jacotste, "The UN Collective Security System and Its Relationship with Economic Sanctions and Human Rights", *Max Planck Yearbook of United Nations Law*, Vol. 14, No. 1, 2010, pp. 284-285.

义务，并以此为依据剥夺其国家元首所享有的个人豁免，这尚存在争议。因此，如此措施将会颠覆国家同意原则，超越《宪章》的授权。①

扩张性的观点认为，安理会在维护国际和平与安全领域的权威性应被强调，以促进其在促进国际刑事合作方面的重要作用，它的论理逻辑似乎是，为了达到有效追责的目的，安理会决议应当以积极的、扩张的方式进行解读。

1. 安理会决议适用《罗马规约》，取消豁免的含义不必以明文为之。首先，《罗马规约》第13条第1款第2项的目的在于使ICC能够展开针对非成员国的调查和起诉。安理会依据第13条提起的情势并不用专门规定ICC应当适用的规则，因为《罗马规约》第1条已经明确指出，"法院的管辖和运转受规约条款的规制"。其次，安理会决议对主权国家施加义务并不以明确的或面面俱到的方式呈现，相反，安理会往往会采用必要措施，或者以反向排除的方式（如may not）规定主权国家的义务。因此，安理会第1593号决议虽未明确规定取消豁免，但所谓的"完全合作"应当包括ICC行使管辖权所必要的全部措施，包括取消程序上的豁免。最后，根据《宪章》第25条、第103条以及国际法院案例，所有主权国家都必须对取消豁免的法律效果加以承认②，即安理会提交之情势所涉及的个人均应当适用《罗马规约》第27条的规定，联合国会员国不可以援引国内法、国际条约以及习惯国际法所包含的豁免规则阻止ICC有效行使管辖权。

2. 根据《宪章》及决议条文，《罗马规约》义务扩展适用于非ICC成员国。联合国时任秘书长安南在评价安理会第1593号决议时指出，安理会利用其在规约下的权力，为取消豁免、追究责任提供了合适的机制，而这可能包含效力扩张的含义。③ 针对第1593号决议所涉及的情形，朱文奇指

---

① 里德法官在"西南非洲案"中指出，一项多边条约，无论其成员多寡或重要性高低，其成员不能够损害其他国家的权利，这是一项国际法原则。International Status of South-West Africa, Advisory Opinion, Judge Read's Dissenting Opinion, ICJ Reports, 1950, para. 128.
② Erika de Wet, "The Implications of President Al-Bashir's Visit to South Africa for International and Domestic Law", *Journal of International Criminal Justice*, Vol. 13, No. 5, 2015, pp. 1057-1063.
③ Secretary-General Welcomes Adoption of Security Council Resolution Referring Situation in Darfur, Sudan, to International Criminal Court Prosecutor, United Nations, https://www.un.org/press/en/2005/sgsm9797.doc.htm，最后访问时间：2024年5月30日。

出，依据补充性管辖的原则，任何相关国家都可以挑战 ICC 的管辖权，但非成员国应当服从《罗马规约》所规定的程序，遵守《罗马规约》所载的义务，这显然具有突破性，这可能构成对"条约不为第三方创造权利和义务"原则的发展。① 也就是说，安理会决议为非 ICC 成员国创造了《罗马规约》之下的权利和义务。

3. 对安理会决议的解读应当遵循有效原则，采用目的解释方法。安理会第 1593 号决议并没有明文指出苏丹受《罗马规约》的约束，但是，安理会依据第 13 条第 1 款第 2 项向 ICC 提交情势之时应当能够预见到《罗马规约》的适用，而且，唯有适用《宪章》，情势的提交才会是有效的；依据《宪章》第 25 条，非成员国应当承认法院将《罗马规约》适用于苏丹所产生的法律效果；况且，苏丹应当与 ICC 完全合作，这意味着，苏丹应当服从法院的管辖、请求和决定。由此，根据决议，苏丹处于类似成员国的地位，《罗马规约》第 27 条适用于苏丹，苏丹根据国内法和国际法所给与其国家元首的豁免被去除，成员国履行 ICC 的合作义务不存在法律上的障碍。②

四 个人责任的政治化及选择性司法

"国际制度并不是代替政治，而是确认它……任何事情都可能包含政治性，但没有事情本身就是政治性的，包括法庭可能拥有管辖权的任何问题；'政治的'和'法律的'并非对称相关……政治性总是笼罩在法律实体问题之上，当国家开始急切感觉到法律已经足够之时，政治随时准备取代法律"③。政治化是国际关系中常见的措辞和现象，它常被用于针对国际组织的负面指控。在公法领域，政治与法律往往是看待一个问题的两个方面，但并不是说，政治的问题便是法律的禁区，或者法律的问题便会屏蔽

---

① Zhu Wenqi, "On Cooperation by States not Party to the International Criminal Court", *International Review of the Red Cross*, Vol. 88, No. 861, 2006, pp. 90-92.

② Dapo Akande, "The Legal Nature of Security Council's Referrals to the ICC and Its Impacts on Al Bashir's Immunities", *Journal of International Criminal Justice*, Vol. 7, No. 7, 2009, pp. 339-342.

③ Martti Koskenniemi, *The Gentle Civilizer of Nations: The Rise and Fall of International Law 1878—1960*, Cambridge: Cambridge University Press, 2004, pp. 441-442.

政治的影响。相反，法律总在掌握"排斥"政治介入的法律界限，而政治总在审视法律禁区所产生的政治影响。现实中，规则灰区或缺陷、义务的履行与否，或者授权的实际行使及影响都会为政治考量介入国际刑事司法提供空间和机会。

（一）个人责任的中立性假设与执行机制政治化

对国际法学者来讲，政治化与法制化（或者法治）背道而驰，它意味着国际行为者的现实行为背离法律原则和规则，法律权利和义务的考量被政治需求所代替，个人责任基本法理所蕴含的中立性原则被侵蚀。大卫·米特兰尼（David Mitrany）的功能主义理论植根于国际组织的功利主义传统，该理论认为，对于国家政府无法独自有效满足的国际公共需求，国家倾向于进行国际合作。一方面，某些技术、经济和社会领域的人类共同需求具有普遍性，建立相应的国际制度是构建国际利益共同体的开始。另一方面，国际制度能够促进"依存网络"的形成，国家之间的政治和外交冲突会因此得到缓和，这能够促进国家间有效的和平体系的建立。[1] 现实中，功能主义被视为解决国际关系中低敏感度问题的实用方案。功能主义基本架构表现为：

1. 确定领域，识别和确立政府间合作较之纯粹国家方案更能够促进福利和技术服务的领域；

2. 建立组织，以共识为基础，建立提供或者协调跨境服务的（尤其是政府间）国际组织，其职能源自国家同意；

3. 职能约束，国际组织在程序和实体规则约束下运行，只有基于成员国的同意，事实或法律上的职能扩展才能够被允许；

4. 利益权衡，当功能性合作的利益超越战争或冲突的成本，国家会倾向于在组织体内解决争端。[2]

由此，功能主义天然排斥所谓的政治化，而且，唯有在政治与组织功

---

[1] Mark Imber, *The USA, ILO, UNESCO and IAEA: Politicization and Withdrawal in the Specialized Agencies*, New York: Palgrave Macmillan, 1989, pp. 16–18.

[2] Mark Imber, *The USA, ILO, UNESCO and IAEA: Politicization and Withdrawal in the Specialized Agencies*, New York: Palgrave Macmillan, 1989, pp. 18–20.

能相互区分的基础上，国际组织方能具备实现其宗旨和目的之合法性，所谓的"去政治化"也旨在恢复国际组织的这种区分性。赋予授权的政治决定与国际组织本身毕竟分属两个阶段，国际组织的决策与外部政治环境也存在分隔，至少可以得出以下结论：国际组织根据国家间共识、为满足特定的合作需求而建立，它们首先应对和解决国家认可的非政治性的、专门性的议题；政治与组织的区分性是国际组织体的基本特征，缺乏依据合法组织程序所表达的同意，这种区分性不能够被挑战。[1] 当国际组织或机构的行动偏离或超越了成员国（方）的授权范围，突破了功能主义路径下国际组织所包含的、特定的区分性，那么，它们便会受到来自成员国（方）的政治化指责。

政治化指控并不是具有单一涵义的概念，根据理论基础的差异，它呈现为以政治指控和法律诉求为两端的区间。区间左端，政治化指控围绕国际组织的正当性展开，它以绝对主权观为理论基础，以客观、中立、平等、公正等价值为导向，其本质是减损甚至取消不符合基本价值的授权，本书将之称为"政治意义上的政治化"；区间右端，政治化指控以国际组织及其行为的合法性为对象展开，它包括对程序和实体合法性的质疑，其实质在于固守功能主义的边界，防止国际组织超越授权而踏入纯粹政治领域，笔者将之称为"法律意义上的政治化"。政治类型的政治化指控缺乏明确的、共同的评价依据，虽然不能否定组织行为的合法性，但容易导致国际组织、成员方及相互之间的政治对抗；法律意义上的政治化以共同的规则和程序为基础，评断标准较为清晰，国际组织应当主动避免跨越"授权"的界限。[2]

根据内容差异，国际组织的政治化包含如下基本类型：

第一，在职能范围之外审议或做出行为（ultra vires actions）；
第二，对职能范围之外的国际关系做出了法律判断和评价；

---

[1] Bartram S. Brown, "Depoliticizing Individual Criminal Responsibility", In Leila N. Sadat & Michael P. Scharf eds., *The Theory and Practice of International Criminal Law: Essays in Honor of Cherif M. Bassiouni*, Leiden: Martinus Nijhoff Publishers, 2008, pp. 92-95.

[2] ICC 政治化包括内部机制在形成政治策略和政策中的作用，后者则指 ICC 作为独立个体对地缘政治的介入。Steven Roach, *Politicizing the International Criminal Court: The Convergence of Politics, Ethics, and Law*, MD: Rowman and Littlefield, 2006, pp. 4-7.

第三，职能范围内的程序事项却反映了政治因素；

第四，职能范围内的特定行为被认为表达了政治立场。①

根据巴特拉姆·布朗（Bartram S. Brown）的分类，积极的政治化指将组织资源运用于职能范围外的目的，消极政治化则指依据与其职能无关的或没有紧密联系的政治因素而做出行为。前者主要围绕组织职能的范围，后者则主要牵涉组织职能的选择性。② 第一种和第二种政治化（积极类型）指控围绕合法性问题展开，属于笔者所谓法律意义上的政治化；第三种和第四种（消极类型）以正当性为中心展开，属于政治意义上的政治化。

（二）针对国际刑事司法的政治化指控

针对国际刑事司法的政治化指控的本质仍旧是区分问题。以 ICC 为例，ICC 所管辖的国际罪行往往以充斥暴力和政治对抗的国际或国内冲突为背景，作为司法机关，尽管它必须宣称和坚持客观和中立的立场，避免作为"隐形政客"的嫌疑，但是，它也不得不在政治气氛最为浓烈的环境中运行。因为与政治环境的紧密联系，ICC 的运行总会在某种程度上诠释政治局势，并对国家及国内政治团体造成政治影响。一直以来，沿循功能主义的路径，ICC 通过严格司法程序和寻求政治支持来确立纯粹司法者的定位，从而巩固自身的正当性。但是，政治和法律的区分是如此的不清晰，以至于政治化指控可以被视为一种基于机构本身固有特征的表达。③

国际刑事司法的政治化部分源于政治权威对司法体系的介入。政治因素内嵌于国际刑事司法的规范和组织结构内，成为影响个人追责进程的重要因素；不过，由于政治因素的介入通过某种合法的方式实现，因此，它本身并不必然导致积极的政治化。例如，联合国安理会第 1422 号决议要求 ICC 一般性地暂停如下调查，即对非《罗马规约》缔约国前任或现任官员

---

① 第一、三、四种类型源自于大卫·凯的总结，而第二种实际上是第一种政治化类型的延伸。

② 消极类型的政治化往往指向某个或某些特定的成员国（方）。Bartram S. Brown, "Depoliticizing Individual Criminal Responsibility", In Leila N. Sadat & Michael P. Scharf eds., *The Theory and Practice of International Criminal Law: Essays in Honor of Cherif M. Bassiouni*, Leiden: Martinus Nijhoff Publishers, 2008, p. 99.

③ Benjamin N. Schiff, *Building the International Criminal Court*, New York: Cambridge University Press, 2008, pp. 9–10.

参与联合国授权或启动的行动中所发生的情势，ICC 不应当继续进行调查。从某种程度上讲，该决议可被视为将政治考量凌驾于法律之上的举动，这不仅违反了《罗马规约》与《宪章》，也无异于宣扬旧时的否决秩序、秘密会议以及对国家安全的自足解释。毫无疑问，这不符合惩治核心国际罪行的要求，此类做法与安理会构建日益倚重正义价值的安全体系的努力背道而驰。①

此外，政治化也源于国际刑事司法组织与主权国家的合作或对抗关系。现实中，国际刑事司法面临的最为紧迫的政治化指控属于消极类型，其核心表现是选择性司法，它表现为政治诉求，所针对的是司法机构及其行为所表现出的政治立场，当然，它与国际刑事司法的"政治基因"不无关系。例如，2013 年 10 月，非洲联盟特别大会在埃塞俄比亚召开，大会通过了"非盟关于非洲与国际刑事法院的关系的决定"，该决定在序言中指出，对于 ICC 起诉非洲领导人的错误举动和政治化，以及针对肯尼亚在任总统和副总统的史无前例的起诉，非洲联盟表达其关切。② 该决定用了"错误"而非"非法"来描述政治化现象，这显示了消极政治化的典型特征，即不针对合法性问题。

积极类型的政治化也偶有发生，虽然事例相对较少，但仍旧会对政治局势产生巨大影响。例如，俄罗斯于 2016 年宣布撤回对《罗马规约》的签署，其原因在于 ICC "关于 2016 年初审查活动的报告"对于克里米亚局势作为国际武装冲突的认定，其认为，克里米亚地区处于被占领状态。此外，该报告被指将武装冲突激化原因归于俄罗斯的介入和影响。③ 俄罗斯则因应指出，ICC 报告充满政治色彩，报告内容存在选择性和针对性，因而该机构本身失去了代表客观、公正之国际司法的地位。综述之，国际刑事司法图景中，政治化指控往往直指体系的根基，即正当性问题，它们属于政治意义上的政治化指控，要求基于主权重新定义对国际组织的授权，

---

① Robert Cryer, *Prosecuting International Crimes: Selectivity and the International Criminal Law Regime*, Cambridge: Cambridge University Press, 2005, p. 228.
② African Union, Decision on Africa's Relationship with the International Criminal Court (ICC), Ext/Assembly/AU/Dec. 1, 12 October, 2013, para. 4.
③ See Report on Preliminary Examination Activities, 2016, pp. 33 – 36, International Criminal Court, https://www.icc-cpi.int/iccdocs/otp/161114 – otp-rep-PE_ENG.pdf, 最后访问时间：2024 年 5 月 30 日。

甚至，它们体现着现实主义思维在国际刑事司法中的存在，是主权国家或国家集团抗拒国际法"暴政"统治的现象。很难说如此意义上的政治化没有道理，毕竟，这属于国际法最初"立法者"对其参与制定的法律的指控。

（三）个人责任的普遍性假设与选择性司法

国际刑事司法政治化最为突出的表现是选择性司法，它被视为颠覆中立、普遍、公正等个人责任理论预设的隐患，同时，以选择性司法为焦点，国际刑事司法的政治支持也被侵蚀。[①] 政治化与否的判断标准在于其公正性、独立性和非歧视，特别是安理会与检察官在情势及针对个人的案件选择上是否不偏不倚。一方面，须承认，选择性是 ICC 检察权限中的固有内容。《罗马规约》起草之初便将安理会提起情势及检察官选择案件的权力纳入在内，其核心考量便是设置必要的选择权，这能够赋予 ICC 摆脱政治束缚和积案累牍而普遍、高效地惩治国际罪行的能力。另一方面，合法基础之上的选择性并未完全摆脱"区分问题"。安理会提起情势和要求暂停调查的权力无法表现出何种程度的选择性，这完全在 ICC 的控制之外；就 ICC 本身来说，以明确的危害性标准作为选择依据，以解决区分问题的企图并不成功，原因在于规则本身具有很大的解释空间，这种法律方程并不能完全克服结果选择性所带来的批评和质疑，它的适用实际上无法避免来自安理会和成员国的影响。[②] 威廉·沙巴斯（William Schabas）的指责比较直白，所谓的严重性话语只是检察官们以法律方程的方式来实现起

---

① 例如，2016 年第 95 届联合国大会第 70 次会议讨论了联合国与 ICC 的关系问题。一方面，许多国家的代表强调普遍性司法的重要性，主张 ICC 和安理会的司法行为应当一致且连贯；另一方面，一些国家的代表对于 ICC 调查和起诉工作的政治化、选择性司法问题提出疑问。苏丹代表谴责 ICC 只关注非洲国家和非洲领导人，他指出，政治化的国际刑事司法致力于取得狭隘的目的，这与《宪章》和国际法原则相悖，并号召非洲对 ICC 选择性实践采取共同立场；肯尼亚代表认为，ICC 在国际刑事司法中人为地造成"主人"与"臣民"的对立，ICC 须根本转变这种理念，保证平等对待所有国家，这关系到 ICC 的存亡；叙利亚代表警告说，法庭不应该蜕变为强权操控弱小的工具；尼加拉瓜代表认为司法政治化导致司法实践违反不干涉原则。Delegations Accuse International Criminal Court of "Double Standards", "Selectivity", as General Assembly Adopts Resolution Welcoming Its Report, United Nations, https://www.un.org/press/en/2016/ga11784.doc.htm, 最后访问时间：2024 年 5 月 30 日。

② ICC 关于罪行严重性的认定标准主要有四个，即罪行性质、范围、实施罪行的方式以及罪行的影响。Alana Tiemessen, "The International Criminal Court and the Politics of Prosecutions", *The International Journal of Human Rights*, Vol. 18, No. 4, 2014, pp. 448-450.

诉目的的工具，其实就是让政治决定看起来更像司法决定而已①。

针对国际刑事司法的选择性批评集中于情势和案件的选择上，其中，特定选择和双重标准问题尤其突出。根据戴维斯的说法，法律执行方面的选择性是指，当法律执行机构或官员有权对某些应当依法执行的案件置之不理时，选择性执行的裁量权力便产生了，它包括选择执行的对象，也包括选择执行所依据或适用的法律。② 换言之，所谓的选择性司法实际上是一种裁量权力，它的合法与否需要依据相关的规则来判定。选择性司法问题是国际特设刑事法庭所面临的指控之一，这样的指控包括起诉、裁决、刑罚、法律适用等方面的内容。有国家代表指出，ICTY并没有完成其促进和解的功能，它的判决总是存在偏见，它的起诉充满选择性和歧视。裁决被撤销、裁决遗漏罪行使人怀疑某些裁决是否在法律实体问题基础上所作。与此相关，选择性的起诉策略以及刑罚判决引起了某些国家的不满。③

选择性指控以政治与法律的分立为前提，某些时候，法律人会将这种分立推向极端。现实情况是，政治与法律的绝对对立仅仅是理想状态，而且，绝对对立本身也并非就等于正义的实现。"在某些时候，政治利益，而非对正义的追求，占据优先"。政治私利和选择新的法律适用可能对国际刑事司法造成损害，平等、公平和一致的法律适用关系着国际刑事司法事业的正当性。不过，沙巴斯教授认为，国际刑事司法的政治面向是其所固有的，是否起诉或者起诉的内容都是由政治来决定的④，因此，所谓的选择性是国际刑事司法中再正常不过的现象，国际刑事司法的全景并不都是由法律决定的，包括政治、法律、时间、人员、资源等诸多因素决定着刑事司法的选择性特征，而选择性司法只是该特征的体现。⑤ 换言之，对

---

① William Schabas, *Unimaginable Atrocities: Justice, Politics, and Rights at War Crimes Tribunals*, Oxford: Oxford University Press, 2012, p. 89.

② Kenneth C. Davis, *Discretionary Justice: A Preliminary Enquiry*, Baton Rouge: Louisiana State University Press, 1969, p. 163.

③ ICC, Office of the President of General Assembly, Thematic Debate "Role of International Criminal Justice in Reconciliation", President Summary, 10 April, 2013, pp. 7-8.

④ ICC, Office of the President of General Assembly, Thematic Debate "Role of International Criminal Justice in Reconciliation", President Summary, 10 April, 2013, pp. 8, 10, 15.

⑤ Awaya Kentaro, "Selecting Defendant at Tokyo Trial", In Yuki Tanaka et al. eds., *Beyond Victor's Justice? The Tokyo War Crimes Trial Revisited*, Leiden: Martinus Nijhoff Publishers, 2011, pp. 59-62.

国际刑事司法来说，政治的归政治，法律的归法律，偶然的归偶然，混淆而言的说法没有说服力。

选择性指控使国际刑事司法面临正当性拷问。继续推动国际刑事司法的普遍性是 ICC 所面临的两个主要挑战之一，司法缺乏普遍性，程序正义的努力便会大打折扣，对选择性司法的批评也会接踵而至。① 同样，曾任"佩利奇案"（Prlic Case）辩护律师的迈克尔·卡纳瓦斯（Michael Karnavas）指出，ICTY 在起诉对象的选择以及审判资源的分配上存在选择性。首先，检察官的起诉存在选择性，起诉未能反映对相关罪行负责的个人及其权力和责任。例如，检察官只是着重强调少数几个民族，对于波黑地区所发生的暴行，没有一个属于该民族且执行政策或指挥军队的政治领导人被起诉。似乎，不起诉或者最低限度起诉是基于政治甚至是检察官偏见所作出的决定。其次，审判庭在适用规则时不一致，各庭之间判决存在差别，从而导致不同民族的被告认为被赋予不同程度之正义的结果。最后，ICTY 选择性司法的确会造成这样的结果，即法庭所传达的案件事实、个人责任等信息被认为不可靠或有误导，这毫无疑问会影响到缓和冲突与促进民族和解的进程，而且，这也会损害法庭本身的客观性和公正性。②

综述之，国际刑事司法的选择性指控一方面是主观的，它指向国际刑事司法机构在情势选择、被告确定、规则适用等方面所体现的能动性，它一般不涉及法院的正当性问题，所谓的区域平衡或"示范性起诉"从来不是司法选择的标准。③ 有观点认为，司法机构发挥其主观能动性，尽管在法律允许的范围内，却反映着法律实践的歧视或政治考量，而这违背了平等、公正等基本的价值。另一方面，如沙巴斯教授所言，所谓的选择性反映了国际刑事司法的特征，它不仅是国际关系现实主义底色的体现，也是国际刑事司法灵活性的反映，因而，选择性只是涉及合法与否的问题，在这方面，不存在价值判断的空间。例如，阿尔及利亚代表和哥斯达黎加代表在联合国的发言针锋相对：前者认为，ICC 的起诉选择性地

---

① Birju Kotecha, "The International Criminal Court's Selectivity and Procedural Justice", *Journal of International Criminal Justice*, Vol. 18, No. 1, 2020, pp. 107-139.
② Michael Karnavas, "The ICTY Legacy: A Defense Counsel's Perspective", *Gottingen Journal of International Law*, Vol. 3, No. 3, 2011, pp. 1088-1090.
③ Ignaz Stegmiller, "The Gravity Threshold under the ICC Statute: Gravity Back and Forth in Lubanga and Ntaganda", *International Criminal Law Review*, Vol. 9, No. 3, 2009, pp. 556-557.

针对非洲国家，他对 ICC 不接受非盟暂停司法程序的建议表示失望；后者则认为，ICC 政治化的论调根本站不住脚，因为，法院在依据正当程序原则运行。①

面对选择性司法的指控，有必要再次明确个人与国家的联系和区分在选择性司法指控中的意义：第一，国家往往指控国际刑事司法具有选择性，但是，即便如此，以国家名义实施的、可归因于国家的国际罪行也必然会产生个人责任，作为程序层面的指控，选择性司法不能消灭责任本身。第二，选择性司法的指控往往以国家的名义作出，但是，国际刑事司法追究的是个人责任，可以思考的问题是，究竟是国家认为受到了不公平的待遇，还是说个人企图继续操纵国家机器来逃避刑事责任？不可否认，选择性指控包含浓重的民族主义因素，但也不能忽视，可能或者已经被追诉的个人往往位高权重，他们在引发民族情绪方面发挥着怎样的角色。

普遍和公正的刑事司法是应对选择性司法指控的必要，但从现实角度来看，这并不意味着国际刑事司法机构必然能够对某些优势力量的所作所为展开追诉，在正当性已然面临危机的时刻再去触发反对，这可能是不明智的。对于多边国际刑事司法机构，主权国家的支持仍旧是主要趋势，况且，试图退出 ICC 的成员国的最终意图并不明晰，认为必须将司法指向大国以实现某种形式的平衡的说法，可能误解了事件的本质。除依靠公正、透明和普遍的程序维护和提升机制正当性之外，积蓄和调动社会力量的支持是国际刑事司法前行的重要任务。② 当然，笔者认为，如中国政府立场所指，最为重要的还是 ICC 本身在制度效能上的完善和进步，以弥补其在补充性管辖权实施、检察官权力制衡、侵略罪概念和判定、审判去政治化等方面存在的重大缺陷。

---

① See UNGA, International Criminal Court Receives Mixed Performance Review, as General Assembly Concludes Discussion of Body's Annual Report, 65th Session, 35th & 36th meetings, https://www.un.org/press/en/2014/ga11577.doc.htm, 最后访问时间: 2024 年 6 月 10 日。
② Lee J. M. Seymour, "The ICC and Africa: Rhetoric, Hypocrisy Management and Legitimacy", In Kamari M. Clarke et al. eds., *Africa and the ICC: Perceptions of Justice*, Cambridge: Cambridge University Press, 2016, pp. 121–122.

结　语

　　个人责任的基本法理要求遵循个人责任立体理论框架所营建的规律性，在实体—程序—责任的规范层次的互动衍生中观察和认识个人责任的理论演进和实践状态。在世界历史进程中，曾经，国家身份的法理垄断是如此深刻，以至于国际关系层面的国家行为理论完全遮蔽了人文主义的光辉。现代社会的道德法律关系中，"人"正在成为基本的称谓，因为，对个人尊严和权利的关注正在逐渐突破地界、种族、政治等因素所造成的隔阂，人类命运共同体渐趋成型。因为，个人不仅需要服从于政治权威、上级命令和国内法，他们还必须信奉并遵守人类良知、共有道德以及国际法，并对自己的理性选择和所作所为负责。同样地，作为与个人同享社会性的集合体的国家，也在逐渐实现其本身和相互关系的人本化转向，这是全球现代化给法权带来的重要影响。

　　作为国际刑法上的一个基本概念和法律原则，个人责任是人类探索、反思精神和思维创造性在法律层面的产物，它反映了人类对国际秩序更为深入和全面的理解。虽然被视为国际司法在战后阶段的创造物，但是，个人责任首先是长期思想演进的结晶，其拥有国际责任层面的制度基础和价值渊源，它源于理性，基于道德，又符合正义，因而，它表现出强劲的生命力。作为一项法律原则，个人责任原则已经成为国际刑事司法事业的基石，并日益成为国际社会正义价值的重要体现以及秩序共识的重要组成部分。

　　对国际社会而言，有关善恶的基本共识是秩序构建和存续的必要条件。历史证明，社会成员的凝聚无法永远依靠物质联系和控制，无形的共识纽带才能防止社会过度分化，甚至解体。此种社会共识最初表现为所有文明社会所接受的共同道德，而后上升为国际社会所接纳的法律原则和规则。① 对这种共识的认同以及危机感明显地反映在《罗马规约》中，其序言指出，世界人民因共同的纽带而凝聚，他们的文化因共同的遗产而结合到一起，而且，这种精密而脆弱的共同体可能随时被拆散，因为，严重罪行威胁和破坏着国际社会的和平、安全和人类的生活，为制止此种危险，国际正义应当被尊重和执行。

大体讲来，国际法体系仍旧建立在同意的基础上，国际人道法与国际刑法领域也非例外。但是，同意本身并非无所限制，否则，和平、安全与福利便会因主权国家间的纷争而变得不可预期②，即便传统的同意原则仍旧可以被依赖，相关的行为也会因违反秩序共识而产生消极影响。雨果在《罪之历史》（《The History of a Crime》）中说道，正义是人之内核，而真相则是世界之心。没有军队和国界可以抵抗时代思潮的力量：野蛮之荣耀将被人性战胜，暴行之喧嚣将被文明所代替，而黑暗势力终将被光辉所征服。③ 思想启发并引领实践，对国际刑事司法事业而言，首先穿越国境的并不是执行机制，而是透着理性、常识和道德力量的正义价值，为追寻正义与和平，严重违反国际法的行为被广泛视为罪行，个人需要为其行为承担责任。巴西奥尼先生感叹说，在数十年前被视为无法执行之道德规则的国际法，现在凭借自身的力量促进了自愿的遵守，这在过去无法想象。二战后，正是靠着普遍共享的价值，国际刑事司法的需求才开始涌现。④

思想是国际法发展的动力，也是国际法产生影响力的源泉。梅隆教授指出，过去的五十年间，国际和区域人权法展现出了强大的道德力量，产生了难以想象的巨大影响，而"最为有效的法律执行方式不是外部制裁，而是接受思想所导致的内部服从"⑤。传统讲来，执行管辖决定了法律秩序

---

① Patrick Devlin, "Morals and the Criminal Law", In David Dyzenhaus et al eds., *Law and Morality: Readings in Legal Philosophy* (3rd edition), Toronto: University of Toronto Press, 2003, p. 378.

② Nico Krisch, "The Decay of Consent: International Law in an Age of Global Public Goods", *American Journal of International Law*, Vol. 108, No. 1, 2014, pp. 2-6.

③ Victor Hugo, *The History of a Crime*, Boston: Little, Brown and Company, 1909, pp. 627-628.

④ Cherif Bassiouni, *Introduction to International Criminal Law* (2nd edition), Leiden: Martinus Nijhoff Publishers, 2013, pp. 46-47.

⑤ Harold Hongju Koh, "How Is International Human Rights Law Enforced?", *Indiana Law Journal*, Vol. 74, No. 4, 1999, p. 1401.

的实体规则被遵守的程度，这种正式的执行往往通过裁决机构的判决所施加的制裁来实现。不过，正如特尔福德·泰勒（Telford Taylor）所言，以刑事审判作为执行国际刑法和人道法所包含限制和义务的主要手段的期望是错误的，大多数法律执行是依靠自愿来完成的。个人责任所呈现的威慑效力能够为自愿遵守提供强大的推力，但追究个人责任所代表的实体正义以及对秩序维护的重要性也是实现遵守所必不可少的因素。① 国内社会对国际人道法与国际刑法理念的认同是国际法规则得以遵从的重要力量。相对于刑事审判的即时和直观，培育遵守精神来得相对缓慢，不过，其结果却是对法律和正义更加牢固的遵从。"预防未来的罪行必然是一个长期的社会和政治转变过程，它意指特定背景或现实之下'理想'的内部化，或者原则进入特定权力现实之中。"②

个人责任原则反映着职责和义务等发扬理性，崇尚文明的导向和追求，个人必须承担起遵守国际法治的责任，掌握权力的人也必须在职责范围内促进遵守的达成。对于国家和政府来说，区分个人和国族，承认错误，反思和借鉴历史是个人责任原则所传递的重要思维，这是负责任国家、成熟的国民应该表现出的姿态。其实，这揭示了如下理念，即违反国际法的罪行并非对一国一族的侵犯，它们侵害的是整个人类的利益和尊严，因此，需要站在整个人类的高度去审视和反思这些罪行及国际司法行为；也正因为如此，应将国际罪行与维护人类文明与和平秩序、发挥大国担当和促进和谐世界等宏大概念联系起来，相反，单纯强调胜者正义和历史仇恨的民族情感则显得狭隘。③

长远来看，通过惩罚来促进国际法的遵守已属下策，因为政治因素、国际关系等复杂因素的介入，个人责任的司法实践引发了巨大的国际争议。相反，个人责任的本质在于促使个人培育自我约束、自愿遵守的能力和环境，这种道德和法律蕴意是支撑个人责任不断实践的基本动力。从个人责任的基本法理看，法律作为主权者命令的原有描述已经不再完整，原

---

① Rupa Bhattacharyya, "Establishing a Rule of Law International Criminal Justice System", *Texas International Law Journal*, Vol. 31, 1999, pp. 88-95.
② Payam Akhavan, "Justice in The Hague, Peace in the Former Yugoslavia? A Commentary on the United Nations War Crimes Tribunal", *Human Rights Quarterly*, Vol. 20, No. 4, 1998, p. 741.
③ 朱文奇：《国际刑法》，北京：商务印书馆，2015年，第5-7页。

因在于，个人行为不仅受限于常识、共同的道德、一般的法理以及国内法治的要求，现在也必须符合条约、习惯法、国际道德等厘定的国际法治的内容和方向。从个人责任原则的秩序蕴意来看，即使是格劳秀斯曾言的"法律隐没"的暴力冲突当中，国际罪行也被塑造成为一道不可触碰的红线，任何行为自由都有边界，否则，行为便会超出人类文明承受的极限，和平秩序也最终无法确立。总之，在暴力和法治之间，人类必须作出选择，国际法上的个人责任是人类抑制甚至摒弃暴力的法治成果，同时，它也是国际正义和构筑和平秩序的重要内容。

参考文献

（一）中文著作

〔奥〕曼弗雷德·诺瓦克：《国际人权制度导论》，柳华文译，北京大学出版社，2010年。

〔法〕艾迪安·若代尔：《东京审判：被忘却的纽伦堡》，杨亚平译，程兆奇注，上海交通大学出版社，2013年。

〔美〕谢里夫·巴西奥尼：《国际刑法的渊源与内涵：理论体系》，王秀梅译，法律出版社，2003年。

〔美〕约瑟夫·珀西科：《纽伦堡大审判》，刘巍等译，上海人民出版社，2000年。

〔苏〕童金：《国际法原论》，尹玉海译，中国民主法制出版社，2006年。

〔英〕布朗利：《国际公法原理》，曾令良等译，法律出版社，2007年。

高铭暄、赵秉志主编《当代国际刑法的理论与实践》，吉林人民出版社，2001年。

黄风：《国际刑法学》，中国人民大学出版社，2007年。

李浩培：《国际法的概念和渊源》，贵州人民出版社，1994年。

梁西：《梁著国际组织法》（第六版），武汉大学出版社，2011年。

马呈元：《国际刑法论》，中国政法大学出版社，2013年。

梅汝璈：《东京审判文稿》，上海交通大学出版社，2013年。

王世洲：《现代国际刑法学原理》，中国人民公安大学出版社，2009年。

王铁崖：《国际法》，法律出版社，1995年。

赵秉志：《国际刑事法院专论》，人民法院出版社，2003年。

周鲠生：《国际法》，武汉大学出版社，2009年。

朱文奇：《现代国际刑法》，商务印书馆，2015 年。

（二）中文论文

邓华：《终结有罪不罚抑或打开"潘多拉的盒子"——对国际法委员会"官员豁免专题"中"国际罪行例外条款草案"的批判》，《国际法研究》2022 年第 6 期。

冯洁：《浅析〈罗马规约〉中的豁免规则——以巴希尔案为视角》，《法学评论》2010 年第 3 期。

高秀东：《论普遍管辖原则》，《法学研究》2008 年第 3 期。

管建强：《普遍性管辖与豁免的冲突》，《东方法学》2010 年第 6 期。

冷新宇：《国际法上个人责任及模式的早期发展——兼论远东国际军事法庭的运用》，《国际法研究》2023 年第 2 期。

刘大群：《论国际刑法上的共同犯罪理论》，《刑事法评论》2023 年第 2 期。

宋杰：《国际关系中的司法干涉：新干涉时代来临》，《世界经济与政治》2011 年第 7 期。

王秀梅：《国际刑事审判的司法理念——透视国际刑事法院审理的第一案》，《吉林大学社会科学学报》2007 年第 6 期。

肖永平：《"长臂管辖权"的法理分析与对策研究》，《中国法学》2019 年第 6 期。

朱利江：《普遍管辖国内立法近期发展态势》，《环球法律评论》2010 年第 1 期。

朱利江：《国家官员外国刑事管辖豁免的最新发展——评"巴希尔案"约旦上诉判决》，《国际法学刊》2019 年第 1 期。

朱文奇：《东京审判与追究侵略之罪责》，《中国法学》2015 年第 4 期。

（三）英文著作

Antonio Cassese ed. , *Five Masters of International Law*, Hart Publishing, 2011.

Antonio Cassese ed. , *The Oxford Companion to International Criminal Justice*, Oxford University Press, 2009.

Antonio Cassese, *International Law* (2nd edition), Oxford University Press, 2005.

Beth Van Schaack & Ronald C. Slye, *International Criminal Law and Its En-*

forcement: *Cases and Materials* (2nd edition), Foundation Press, 2010.

Brody Reed, *The Pinochet Papers*: *the Case of Augusto Pinochet in Spain and Britain*, Kulwer Law International, 2000.

Cherif Bassiouni, *Crimes against Humanity in International Criminal Law*, Martinus Nijhoff Publishers, 1992.

Cherif Bassiouni, *Introduction to International Criminal Law* (2nd edition), Martinus Nijhoff Publishers, 2013.

David Kennedy, *Deterrence and Crime Prevention*: *Reconsidering the Prospect of Sanction*, Routledge, 2008.

Fernando R. Teson, *A Philosophy of International Law*, Westview Press, 1998.

Hans Kelsen, *General Theory of Law and State*, Anders Wedberg trans., Harvard University Press, 2009.

Hans Kelsen, *Pure Theory of Law*, Max Knight trans., The Lawbook Exchange, 2005.

Hector Olasolo, *The Criminal Responsibility of Senior Political and Military Leaders as Principals to International Crimes*, Hart Publishing, 2009.

Joseph W. Bishop, *Justice under Fire*: *A Study of Military Law*, Charterhouse, 1974.

Kevin Jon Heller & Gerry Simpson eds., *The Hidden Histories of War Crimes Trials*, Oxford University Press, 2013.

Leila N. Sadat & Michael P. Scharf eds., *The Theory and Practice of International Criminal Law*: *Essays in Honor of Cherif M. Bassiouni*, Martinus Nijhoff Publishers, 2008.

Leon Degerlle, *Hitler*: *Born at Versailles*, Institute For Historical Review, 1987.

Leon Friedman, *The Law of War*: *A Documentary History*, Random House, 1972.

Louis Henkin, *How Nations Behave* (2nd edition), Columbia University Press, 1979.

Louis Henkin, *International Law*: *Politics and Values*, Martinus Nijhoff Publisher, 1995.

Markus Burgstaller, *Theories of Compliance with International Law*, Martinus Nijhoff Publishers, 2004.

Mitsue Inazumi, *Universal Jurisdiction in Modern International Law: Expansion of National Jurisdiction for Prosecuting Serious Crimes under International Law*, Intersentia, 2005.

Philippe Sands ed., *From Nuremberg to the Hague: The Future of International Criminal Justice*, Cambridge University Press, 2003.

Robert C. Ellickson, *Order Without Law: How Neighbors Settle Disputes*, Harvard University Press, 1991.

Theodor Meron, *The Humanization of International Law*, Martinus Nijhoff Publishers, 2006.

Thomas M. Franck, *The Power of Legitimacy Among Nations*, Oxford University Press, 1990.

（四）英文论文

Alexandra Huneeus, "International Criminal Law by Other Means: The Quasi-Criminal Jurisdiction of the Human Rights Courts", *American Journal of International Law*, Vol. 107, 2013.

Charles Garraway, "Superior Orders and the International Criminal Court: Justice Delivered or Justice Denied", *International Review of the Red Cross*, Vol. 81, No. 836, 1999.

Charles Leben, "Hans Kelsen and the Advancement of International Law", *European Journal of International Law*, Vol. 9, 1998.

Cherif Bassiouni, "The New Wars and the Crisis of Compliance with the Law of Armed Conflict by Non-State Actors", *The Journal of Criminal Law and Criminology*, Vol. 98, No. 3, 2008.

Cherif Bassiouni, "World War I The War to End All Wars and the Birth of a Handicapped International Criminal Justice System", *Denver Journal of International Law*, Vol. 30, No. 3, 2002.

Darryl Robinson & Gillian MacNeil, "The Tribunal and the Renaissance of International Criminal Law: Three Themes", *American Journal of International Law*, Vol. 110, 2016.

Immi Tallgren, "The Sensibility and Sense of International Criminal Law", *European Journal of International Law*, Vol. 13, 2002.

Jakob Kellenberger, "Confronting Complexity Though Law: The Case for Reason, Vision and Humanity", *American Society of International Law Proceedings*, Vol. 106, 2012.

James Crawford, "Responsibility to the International Community as a Whole", *Indiana Journal of Global Legal Studies*, Vol. 8, 2001.

James Crawford, "The Current Political Discourse Concerning International Law", *Modern Law Review*, Vol. 81, No. 1, 2018.

Joakim Dungel & Shannon Ghadiri, "The Temporal Scope of Command Responsibility Revisited: Why Commanders Have a Duty to Prevent Crimes Commanded after the Cessation of Effective Control", *U. C. Davis Journal of International Law and Policy*, Vol. 17, 2010.

Johannes Andenaes, "The General Preventive Effects of Punishment", *University of Pennsylvania Law Review*, Vol. 114, No. 7, 1966.

Jordan J. Paust, "My Lai and Vietnam: Norms, Myths and Leader Responsibility", *Military Law Review*, Vol. 57, 1972.

Marco Sassoli, "State Responsibility for Violations of International Humanitarian Law", *International Review of the Red Cross*, Vol. 84, No. 846, 2002.

Naomi Roht-Arriaza, "The Pinochet Precedent and Universal Jurisdiction", *New England Law Review*, Vol. 35, 2001.

Olivia Swaak-Goldman, "*Prosecutor v. Erdemovic*, Judgement", *American Journal of International Law*, Vol. 92, No. 2, 1998.

Oran R. Young, "International Law and International Relations Theory: Building Bridges", *American Society of International Law Proceedings*, Vol. 86, 1992.

R. Y. Jennings, "The Caroline and McLeod Cases", *American Journal of International Law*, Vol. 32, No. 1, 1938.

Rebecca Crootof, "War Torts: Accountability for Autonomous Weapons", *University of Pennsylvania Law Review*, Vol. 164, 2016.

Robert Howse & Ruti Teitel, "Beyond Compliance: Rethinking Why International Law Really Matters", *Global Policy*, Vol. 1, No. 2, 2010.

Theodor Meron, "Reflections on the Prosecution of War Crimes by International Tribunals", *American Journal of International Law*, Vol. 1000, 2006.

Tom Dannenbaum, "Why Have We Criminalized Aggressive War?", *The Yale Law Journal*, Vol. 126, 2017.

（五）案例材料

Application of the Convention on the Prevention and Punishment of the Crime of Genocide, *Bosnia and Herzegovina v. Serbia and Montenegro*, Judgment, ICJ Reports, 2007.

Case Concerning the Arrest Warrant, *Congo v. Belgium*, Separate Opinion of President Guillaume, ICJ Reports, 2000.

East Timor Case, *Portugal v. Australia*, ICJ Reports, 1995.

Ilaşcu and Others v. Moldova and Russia, ECtHR, Appl. No. 48787/99, Judgment, 2004.

International Military Tribunal (IMT), Judgment for the Trial of German War Criminals, 1946.

Israel District Court of Jerusalem, *Attorney-General v. Eichmann*, Criminal Case No. 40/61, Judgment, 1961.

Kantaga and Ngudjolo Case, Decision on the Confirmation of Charges, ICC-01/04/-01/07, 2008.

Loizidou v. Turkey, ECtHR, Appl. No. 40/1993/435/514, Judgment, 1996.

Military and Paramilitary Activities in and Against Nicaragua, *Nicaragua v. USA*, Judgment, ICJ Reports, 1986.

Monetary Gold Case, Advisory Opinion, ICJ Reports, 1954.

Prosecutor v. Blaskic, Appeal Judgment, IT-95-14-A, 2004.

Prosecutor v. Delalic et al., Appeal Judgment, ICTY-96-21-A, 2001.

Prosecutor v. Erdemovic, Judgement, IT-96-22-A, 1997.

Prosecutor v. Kambanda, Judgment, ICTR-97-23-5, 1998.

Prosecutor v. Kordic & Cerkez, IT-95-14/2, Judgment, 2001.

Prosecutor v. Lean-Paul Akayesu, Appeal Judgment, 2001.

Prosecutor v. Lubanga, Decision on the Confirmation of Charges, ICC-01/04/-01/06, 2007.

Prosecutor v. Tadic, Appeal Judgment, ICTY-94-1-A, 1999.

The Lotus Case, PCIJ. Judgment, series A, No. 10, 1927.

缩略词表

CRTR，东帝汶接纳、真相与和解委员会
ECHR，欧洲人权法院
ICC，国际刑事法院
ICJ，联合国国际法院
ICTR，联合国前南斯拉夫国际刑事法庭
ICTY，联合国卢旺达国际刑事法庭
ILC，联合国国际法委员会
IMT，国际军事法庭（纽伦堡）
IMTFE，远东国际军事法庭（东京）
JCE，共同犯罪集团
STL，黎巴嫩问题特别法庭
UN，联合国
UNGA，联合国大会
UNSC，联合国安全理事会
UNTAET，联合国东帝汶过渡委员会

图书在版编目(CIP)数据

国际法上的个人责任：历史与法理 / 李将著 .
北京：社会科学文献出版社，2024.10.--ISBN 978-7-5228-4330-8

Ⅰ.D99

中国国家版本馆 CIP 数据核字第 20246CJ195 号

国际法上的个人责任：历史与法理

著　　者 / 李　将
出 版 人 / 冀祥德
责任编辑 / 李　晨　魏延艳
责任印制 / 王京美

出　　版 / 社会科学文献出版社·法治分社（010）59367161
　　　　　地址：北京市北三环中路甲 29 号院华龙大厦　邮编：100029
　　　　　网址：www.ssap.com.cn
发　　行 / 社会科学文献出版社（010）59367028
印　　装 / 三河市东方印刷有限公司

规　　格 / 开　本：787mm×1092mm　1/16
　　　　　印　张：13.25　字　数：215 千字
版　　次 / 2024 年 10 月第 1 版　2024 年 10 月第 1 次印刷
书　　号 / ISBN 978-7-5228-4330-8
定　　价 / 79.00 元

读者服务电话：4008918866

版权所有 翻印必究